Steve Biddulph

# Jungen!

## Wie sie glücklich heranwachsen

**Warum sie anders sind – und wie sie zu ausgeglichenen, liebevollen und fähigen Männern werden**

Steve Biddulph

# Jungen!

## Wie sie glücklich heranwachsen

Warum sie anders sind – und wie sie zu ausgeglichenen, liebevollen und fähigen Männern werden

Illustrationen von Paul Stanish

TB|B
TASCHEN
BUCHBEUST

Ungekürzte Taschenbuchausgabe


Titel der australischen Originalausgabe: Raising Boys. Zuerst
erschienen bei Finch Publishing Pty Ltd, Lane Cove NSW 2066,
Australia



Illustrationen: Paul Stanish
Übersetzung: Christian Quatmann für GAIA Text, München
Lektorat: Berndt Tilp für GAIA Text, München
Layoutdesign, Satz und Produktion: GAIA Text, München
Umschlagdesign: Markus Härle für GAIA Text, München
Druck: Pressedruck, Augsburg

ISBN 3-89530-505-7

Printed in Germany

# Inhalt

# Eine wichtige Anmerkung

Es ist noch gar nicht so lange her, dass Mädchen als geringwertiger eingestuft wurden als Jungen und dass man ihnen auch weniger zutraute.

Die Familien verwendeten ihr ganzes Geld, um den Söhnen eine gute Ausbildung zu ermöglichen, und glaubten, dass solche Bemühungen bei Mädchen reine Zeitverschwendung seien. Der Junge erhielt das beste Essen und die beste Kleidung, da er angeblich die Zukunft der Familie sicherte. Die Geburt eines Jungen war ein Segen, die eines Mädchens hingegen ein Unglück.

Noch heute werden, etwa in Nepal und Thailand, Mädchen ge- und verkauft und in manchen Gegenden Chinas lässt man neugeborene Mädchen einfach sterben. Für uns klingt das erschreckend. Doch auch bei uns bedurfte es erst eines langen, schweren Kampfes, bevor Mädchen als gleichwertig angesehen wurden und Frauen sich entsprechend ihren Begabungen entwickeln konnten. Und dieser Kampf ist noch immer nicht zu Ende.

Mit diesem Buch über Jungen und ihre besonderen Bedürfnisse möchte ich keinesfalls den Bemühungen in den Rücken fallen, die überall unternommen werden, um die Situation von Frauen und Mädchen zu verbessern. Andererseits wird uns immer wieder schmerzlich bewusst (man braucht nur eine Zeitung aufzuschlagen), dass auch Jungen oftmals leiden. Eine bessere Welt werden wir nur schaffen können, wenn beide Geschlechter glücklicher und ihren Bedürfnissen gemäß leben können. Wenn wir wollen, dass es in der Welt mehr ausgeglichene, liebevolle und fähige Männer gibt, dann müssen wir damit beginnen, Jungen weniger zu kritisieren und zu korrigieren und ihnen mehr Verständnis entgegenzubringen.

Steve Biddulph, Frühjahr 2000

# Kapitel 1
# Was es mit Jungen auf sich hat

Neulich Abend war ich mit dem Auto unterwegs zu einer Versammlung in der Stadt; jedenfalls hatte ich das vor und wurde einmal mehr auf krasse Weise mit der Situation junger Männer konfrontiert. Denn unmittelbar vor mir war der Pacific Highway gesperrt. Ein mit fünf Jungen besetzter Wagen hatte auf den Highway auffahren wollen, wobei der erst siebzehnjährige Fahrer einen Lastwagen übersehen hatte, der von hinten heranraste. Der Lkw hatte das Auto fast um die Hälfte zusammengedrückt und beinahe fünfzig Meter weit mitgeschleift. Während ich wartete, trafen die herbeigerufenen Rettungsfahrzeuge ein: Feuerwehr-, Kranken- und Polizeiwagen. Die Männer arbeiteten in Gruppen und gingen konzentriert ihrer Aufgabe nach.

Der bewusstlose junge Fahrer wurde langsam aus dem Autowrack herausgeschnitten. Seine vier männlichen Begleiter waren ebenfalls verletzt. Von einer nahe gelegenen Farm kam eine ältere Frau, vielleicht die Mutter eines der Jungen, zum Unfallort gerannt. Ein Polizist kümmerte sich teilnahmsvoll um sie. Ansonsten überall nur Männer – unerfahrene und leichtsinnige Jugendliche ebenso wie kompetente, fürsorgliche und verlässliche ältere Männer.

Das Bild, das sich mir bot, brachte die Lage des Mannes irgendwie auf den Punkt. Gut geratene Männer sind schlicht wundervoll. Aber junge Männer sind so überaus verletzlich und wandeln häufig am Rande einer Katastrophe. Wenn heute ein Junge geboren wird, fragen wir uns mit bangem Herzen: Was wird wohl aus ihm werden?

## Gefährdete Jungen

Heutzutage sind die Mädchen selbstbewusster, motivierter und fleißiger als ihre männlichen Altersgenossen. Jungen stehen oft hilflos da, versagen in der Schule, sind beziehungsgestört, gewaltbereit, alkohol- und drogengefährdet und so weiter. Mädchen arbeiten fröhlich zusammen. Jungen dagegen lungern herum, ärgern die Mädchen und prügeln sich.

In der Grundschule fallen Jungen oft durch schlechte Leistungen und Nachlässigkeit auf. Schon in der dritten Klasse lesen die meisten von ihnen keine Bücher mehr. Sprachlich zeichnen sie sich vor allem durch Einsilbigkeit aus. Im Gymnasium drücken sie sich dann vor Diskussionsrunden, Konzerten, Aufgaben in der Schülermitverwaltung, kurz: vor allem, was nicht mit Sport zu tun hat. Sie stellen gegenüber allem und jedem eine gespielte Gleichgültigkeit zur Schau und legen es unentwegt darauf an, »cool« zu wirken.

Als Jugendliche sind viele Jungen dann beziehungsgestört und wissen nicht, wie sie sich bei den Mädchen beliebt machen können. Manche sind gegenüber Mädchen schüchtern, andere dafür umso aggressiver und unangenehmer. Häufig gelingt es ihnen nicht einmal, auch nur das einfachste Gespräch anzuknüpfen.

Doch Jungen leben auch wesentlich riskanter. Mit fünfzehn Jahren ist die Gefahr, dass sie eines frühen Todes sterben – vor allem durch Unfälle, Gewalt oder Selbstmord – dreimal so hoch wie bei gleichaltrigen Mädchen.

## Die gute Nachricht

Wir alle wünschen uns fröhliche, kreative, energiegeladene und freundliche junge Männer. Wir möchten, dass unsere Söhne zu jungen Männern heranwachsen, die sich um andere kümmern

und zur Lösung der Probleme des 21. Jahrhunderts beitragen. Doch zuvor müssen wir sie erst einmal dazu bringen, dass sie das Geschirr abspülen und ihr Zimmer aufräumen!

In den letzten fünf Jahren ist einiges Überraschendes und viel Erfreuliches über die Natur von Jungen entdeckt worden. Wir glauben deshalb, dass Ihnen dieses Buch Mut machen wird. In den letzten dreißig Jahren ist es Mode gewesen, männliche Werte zu leugnen und Jungen und Mädchen in einen Topf zu werfen. Doch viele Eltern und Lehrer haben immer wieder darauf hingewiesen, dass dieser Ansatz falsch ist. Jetzt hat diese intuitive Erfahrung der Eltern ihre wissenschaftliche Bestätigung gefunden: Jungen sind tatsächlich – und zwar positiv – anders. Wir lernen gerade erst, ihre Männlichkeit – welche Form auch immer sie annimmt – zu schätzen und sie nicht einfach zu unterdrücken.

In diesem Buch werden wir uns mit zahlreichen bahnbrechenden Erkenntnissen über die physische und psychische Entwicklung des männlichen Kindes befassen – eine Entwicklung, die sich in **drei Stadien** vollzieht. Wir werden die mächtige Wirkung der männlichen **Hormone** auf die Psyche des Jungen erläutern und Strategien aufzeigen, wie Sie auf diese Entwicklungsschübe reagieren können. Ferner stellen wir neue wissenschaftliche Erkenntnisse über die **Gehirnentwicklung** des männlichen Kindes vor und erklären, wie Jungen ihre kommunikativen Fähigkeiten verbessern können. Danach folgen einige Geschichten und Ausführungen, die zeigen sollen, wie wichtig für einen Jungen die Beziehung zur **Mutter**, aber auch zum **Vater** ist und wie sich **Schulen** wesentlich verbessern ließen. Wir befassen uns mit dem **Sport**, der sich inzwischen zu einer echten Gefahr entwickelt hat, obwohl er für Jungen so viel Gutes bewirken kann. Zudem sprechen wir über die **Sexualität** von Jungen. Und schließlich beschäftigen wir uns noch damit, was wir als **Gesellschaft** tun können, um Jungen beim Heranwachsen zu Männern zu helfen.

Jungen können großartig sein. Wir können sie zu großartigen Jungen machen. Der Schlüssel dazu ist, ihnen Verständnis entgegenzubringen.

# Kapitel 2
# Die drei Stadien im Leben eines Jungen

Jungen wachsen nicht einfach glatt und problemlos heran. Es genügt nicht, sie mit Müsli zu füttern, die Wäsche zu waschen und darauf zu warten, dass sie eines Tages als Männer aufwachen! Vielmehr muss man ein bestimmtes Programm befolgen. Jeder, der regelmäßig mit Jungen zu tun hat, ist immer wieder erstaunt, wie sie sich verändern und wie sehr ihre Stimmungen und Antriebskräfte im Laufe der Zeit Schwankungen unterworfen sind. Entscheidend ist es deshalb, zu verstehen, wann wir ihnen wie beizustehen haben.

Aber immerhin gibt es Jungen schon sehr lange und wir sind nicht die Ersten, die mit ihnen zu tun haben. Alle Kulturen der Welt standen vor der Aufgabe, Jungen aufzuziehen und Lösungen dafür zu finden. Erst in den vergangenen so überaus ereignisreichen Jahrzehnten haben wir es verpasst, einen für die Bedürfnisse unserer Söhne geeigneten Plan zu ihrer Erziehung zu erarbeiten. Wir waren schlicht zu sehr damit beschäftigt, andere Dinge zu tun!

Die drei Stadien im Leben eines Jungen sind zeitlos und global gültig. Wann immer ich mit Eltern darüber spreche, entgegnen sie, dass diese drei Stadien ihre eigene Erfahrung bestätigen.

## Die drei Stadien auf einen Blick

### 1 Das erste Stadium

reicht von der **Geburt bis zum sechsten Lebensjahr** und umfasst jenen Lebensabschnitt, in dem ein Junge vornehmlich der eigenen Mutter gehört. In diesen Jahren ist er »ihr« Junge, auch wenn der Vater in seinem Leben durchaus eine große Rolle spielt. In dieser Phase geht es in erster Linie darum, dem kleinen Jungen viel Liebe und Sicherheit zu geben und ihm das Leben als eine hoffnungsvolle, viel versprechende Erfahrung »schmackhaft« zu machen.

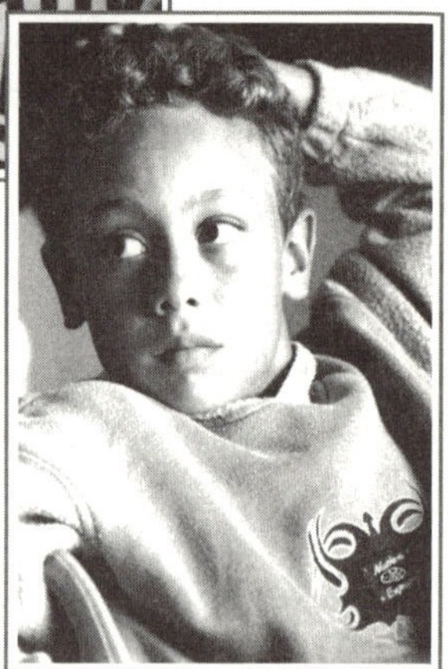

## 2 Die zweite Phase

umfasst die Zeit zwischen dem **sechsten und dem vierzehnten Lebensjahr**. In diesem Stadium möchte der Junge aus eigenem Antrieb lernen, was es heißt, ein Mann zu sein. Deshalb orientiert er sich jetzt zunehmend an den Interessen und Aktivitäten seines Vaters. (Gleichwohl hat seine Mutter weiterhin eine erhebliche Bedeutung, und auch die Welt konfrontiert den »jungen Mann« zunehmend mit ihren Forderungen.) In dieser Phase geht es darum, bestimmte Kompetenzen und Fertigkeiten zu entwickeln und zu einem freundlichen und auch spielerisch begabten Jüngling heranzuwachsen – kurz: eine ausgeglichene Persönlichkeit zu entwickeln. In diesem

Alter entwickelt ein Junge allmählich ein Gefühl dafür, was es heißt, ein Mann zu sein, und ist stolz auf diese Männlichkeit.

### 3 Die letzte Phase

umfasst die Jahre zwischen **vierzehn und dem Erwachsenenalter**. In dieser Zeit braucht der Junge den Rat und die Unterstützung männlicher Mentoren, damit er zu einem voll entwickelten Mann heranwachsen kann. Mami und Papi treten jetzt ein wenig zurück, aber sie müssen dafür sorgen, dass es im Leben ihres Sohnes einige gute männliche Mentoren gibt, damit er für die Entwicklung seines Selbst nicht nur auf seine ebenso hilfsbedürftigen Altersgenossen angewiesen ist. Das Ziel besteht nun darin, in einem immer engeren Kontakt mit der Welt der Erwachsenen Selbstachtung und bestimmte Fertigkeiten zu erwerben sowie zugleich Verantwortung zu übernehmen.

**Wichtig:** Diese Stadien erfordern nicht die abrupte Abwendung des Jungen von einem Elternteil zu Gunsten des anderen. Am besten ist es, wenn sich beide Eltern während der ganzen Kindheit und in den Jahren der Pubertät intensiv um ihren Sohn kümmern. Die Stadien bezeichnen lediglich gewisse Prioritäten, etwa dass die Rolle des Vaters zwischen dem sechsten und dem dreizehnten Lebensjahr an Bedeutung gewinnt und dass männliche Leitfiguren oder Mentoren nach dem vierzehnten Lebensjahr immer wichtiger werden. Solche Mentoren sollten von den Eltern stets auf ihre Eignung und Charakterfestigkeit überprüft werden.

Wenn uns die Bedeutung der drei Stadien bewusst ist, wissen wir ziemlich genau, worauf es ankommt. So ist beispielsweise klar, dass es einem Jungen zwischen sechs und vierzehn Jahren wenig nützt, wenn sein Vater unentwegt nur arbeitet oder sich gefühlsmäßig oder auch körperlich von seiner Familie fernhält. Ist dies der Fall, wird der Junge gewiss Schaden nehmen (in diesem Jahrhundert haben die meisten Väter aber genau das getan, wie viele von uns noch aus der eigenen Kindheit wissen).

Wenn wir uns der Bedeutung der drei Stadien bewusst sind, wissen wir beispielsweise, dass unsere Söhne im Alter von fünfzehn bis siebzehn Jahren besonders auf die Unterstützung durch ihr soziales Umfeld angewiesen sind und von dort jene Resonanz bekommen müssen, für die früher Onkel und Großväter, aber auch Lehrherren zuständig waren. Viele männliche Teenager treten heute in die Welt hinaus, ohne dort die nötige Zuwendung zu finden, und verbringen ihre Jugend- und frühen Erwachsenenjahre in völlig unklaren Verhältnissen. Manche werden sogar nie wirklich erwachsen.

Es spricht einiges dafür, dass viele Probleme – besonders das bei Jungen verbreitete schlechte Benehmen, ihre Leistungsverweigerung in der Schule und ihre Konflikte mit dem Gesetz (wegen Alkohol am Steuer oder Schlägereien) – darauf zurückzuführen sind, dass wir die Bedeutung dieser Stadien verkannt und nicht zum richtigen Zeitpunkt die entsprechende menschliche Unterstützung gewährt haben.

Diese Stadien sind so wichtig, dass wir uns im Folgenden näher damit befassen und herausfinden wollen, was unsere Söhne in den verschiedenen Phasen von uns selbst erwarten können.

## Von der Geburt bis zum sechsten Lebensjahr: Zeit der Zärtlichkeit

Babys sind Babys. Ob sie ein Junge oder ein Mädchen sind, ist ihnen egal und kann auch für uns gleichgültig sein. Säuglinge lieben es, geknuddelt und gekitzelt zu werden, zu spielen und zu lachen, Dinge zu erkunden und in die Luft geworfen zu werden. Ihre Persönlichkeiten unterscheiden sich stark voneinander. Manche sind pflegeleicht – ruhig und entspannt – und schlafen viele Stunden. Andere machen viel Lärm, sind ständig wach und wollen unentwegt beschäftigt werden. Einige von ihnen sind ängstlich, leicht gereizt und brauchen immer wieder die Versicherung, dass wir da sind und sie lieben.

Besonders wichtig ist es, dass Säuglinge und Kleinkinder zu wenigstens einer Person eine besonders enge Beziehung aufbauen.

Für gewöhnlich ist diese Person ihre Mutter. Da sie dem Kind im Allgemeinen die größte Zuneigung entgegenbringt und es mit Milch versorgt, zum Teil aber auch, weil sie mit dem Säugling besonders liebevoll und beruhigend umgeht, ist eine Mutter im Normalfall am besten geeignet, dem Kleinen all das zu geben, was es braucht. Ihre eigenen Hormone (besonders das Prolaktin, das während der Stillzeit in ihr Blut ausgeschüttet wird) erwecken in ihr den Wunsch, bei ihrem Kind zu sein und ihm ihre ganze Aufmerksamkeit zu schenken. Mit Ausnahme des Stillens können aber auch Väter alle Leistungen vollbringen, auf die ein

Baby angewiesen ist, obwohl sie dabei anders vorgehen: Studien haben gezeigt, dass sie sich beim Spielen energischer verhalten und ihr Kind eher zum »Aufdrehen« veranlassen, während Mütter meist eine beruhigende Wirkung ausüben. (Wenn Väter ähnlich unter Schlafmangel litten wie vielfach die Mütter, würden sie vielleicht ebenfalls eher bemüht sein, den Nachwuchs zu besänftigen!)

### Erste Geschlechtsunterschiede werden sichtbar

Einige geschlechtsspezifische Unterschiede zwischen Jungen und Mädchen treten bereits früh in Erscheinung. Kleine Jungen reagieren weniger auf Gesichter. Weibliche Babys verfügen über einen ausgeprägteren Tastsinn. Jungen wachsen schneller und werden rasch kräftiger und sie leiden stärker unter Trennungen von ihrer Mutter. Im Kleinkindalter sind Jungen beim Spielen eher in Bewegung und nehmen mehr Platz für sich in Anspruch. Sie finden eher Gefallen daran, an Objekten herumzubasteln und sie zu manipulieren – etwa wenn sie aus Bauklötzen Hochhäuser bauen, während Mädchen mit ihren Bauten nicht so hoch hinauswollen. Im Kindergartenalter neigen Jungen dazu, ein Kind, das neu in ihre Gruppe kommt, zu ignorieren, während Mädchen einen solchen Neuling sogleich bemerken und sich mit ihm anfreunden.

Bedauerlicherweise verhalten sich Erwachsene im Umgang mit Jungen meist weniger liebevoll als mit Mädchen. Studien haben gezeigt, dass Eltern ihren kleinen Töchtern weit mehr Zärtlichkeit entgegenbringen als ihren Söhnen, und das bereits im frühen Säuglingsalter. Sie reden in dieser Phase auch weniger mit kleinen Jungen. Überdies schlagen Mütter kleine Jungen im Allgemeinen heftiger und auch häufiger als kleine Mädchen.

Wenn sich die Mutter vorwiegend um den Säugling kümmert, vermittelt sie dem kleinen Jungen einen tiefen ersten Eindruck davon, was Liebe und Intimität bedeuten. Wenn sie ihrem Sohn etwa vom zweiten Lebensjahr an klare Grenzen setzt – ohne ihn jedoch zu schlagen oder zu beschimpfen –, wird er diese Erfahrung problemlos verarbeiten können. Denn er weiß, dass er einen besonderen Platz in ihrem Herzen einnimmt.

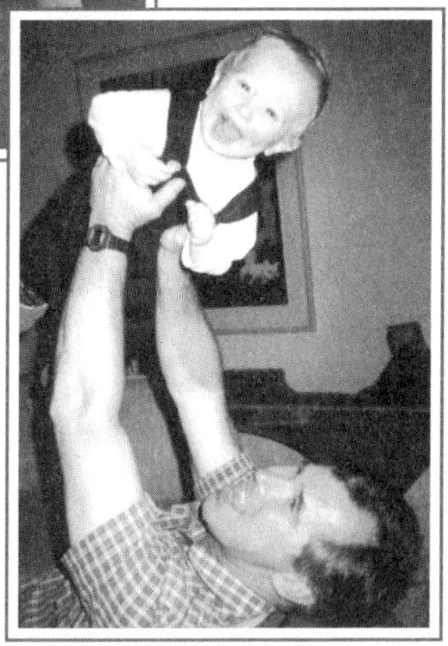

Das Interesse der Mutter und der Spaß, den sie daran hat, mit ihrem Sohn zu sprechen und ihm etwas beizubringen, tragen dazu bei, dass sein Gehirn mehr sprachliche Fähigkeiten entwickelt. Wir werden später noch sehen, dass dies für Jungen sehr wichtig ist, weil sie zur Ausbildung dieser Fähigkeiten mehr als Mädchen auf Hilfe angewiesen sind.

Wenn eine Mutter extrem depressiv ist und deshalb während der ersten ein, zwei Lebensjahre ihres Sohnes kaum auf ihn reagiert, kann dies dazu führen, dass bestimmte Bahnen in seinem

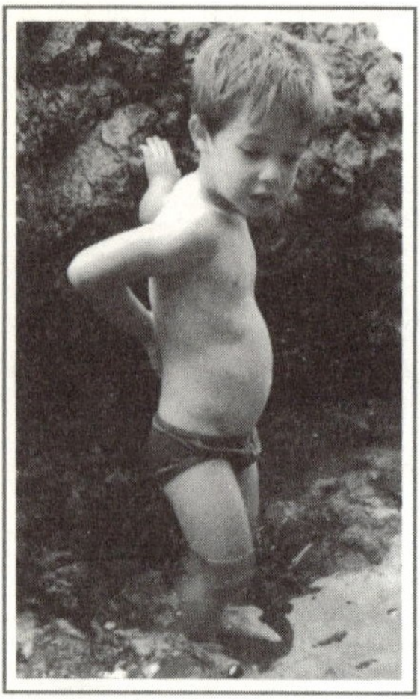

Gehirn auf »Trauer« umschalten. Wenn sie oft böse ist, ihn schlägt oder anderweitig verletzt, dann hegt er Zweifel daran, dass sie ihn liebt. Eine Mutter braucht andere Menschen, die sie unterstützen, damit sie dieser wichtigen Aufgabe entspannt nachgehen kann. Sie braucht selbst Fürsorge, damit sie ihrem Kind fürsorglich begegnen kann.

Eine Mutter ist entzückt, wenn ihr Sohn eine Eidechse fängt oder aus Sand »Kuchen backt«, und bewundert solche Errungenschaften. Der Vater hingegen kitzelt den Kleinen, vollführt mit ihm spielerisch Ringkämpfe, ist ebenfalls zärtlich und fürsorglich, liest ihm Geschichten vor und tröstet ihn, wenn er krank ist. So lernt der kleine Bub, dass Männer freundlich, aber auch interessant sind, dass Männer Bücher lesen und sich innerhalb der Familie nützlich zu machen wissen.

## Fremdbetreuung ist nicht gut für kleine Jungen

Ein kleiner Junge sollte während der ersten drei Jahre mit einem Elternteil zu Hause bleiben. Kinderkrippen oder ähnliche Einrichtungen sind für einen Jungen dieses Alters nicht von Vorteil. Studien haben ergeben, dass Jungen häufiger als Mädchen unter Trennungsangst leiden und infolge von Verlassenheitsgefühlen dazu neigen, sich emotional abzukapseln. Auch reagieren fremdbetreute Jungen dieses Alters häufig unruhig und aggressiv und nehmen diese Etikettierung und das entsprechende Rollenverhalten oft noch in den Kindergarten oder sogar in die Schule mit.

Viel geeigneter als die Betreuung in einer Kinderkrippe ist es deshalb für Jungen dieses Alters, wenn sich ein liebevoller Verwandter oder Tagesbetreuer, der in die Familie kommt, um den Kleinen kümmert. Kinder unter drei Jahren sollten die langen Tage der Kindheit mit Leuten verbringen, mit denen sie sich besonders eng verbunden fühlen. Die ersten notwendigen Entwicklungsschritte sollte ein Junge deshalb nach Möglichkeit in einer behüteten, vertrauensvollen, herzlichen, fröhlichen und freundlichen Atmosphäre machen.

### Kurzgefasst

Bis zum Alter von sechs Jahren spielt das Geschlecht noch keine so große Rolle und sollte deshalb auch nicht übermäßig gewertet werden. Im Normalfall ist die Mutter die wichtigste Bezugsperson, aber auch der Vater kann diese Funktion übernehmen. Entscheidend ist, dass ein oder zwei Hauptpersonen das Kind lieben und es für einige Jahre in den Mittelpunkt ihres Daseins stellen. Auf diese Weise gewinnt das Kind, ob Junge oder Mädchen, dem Leben gegenüber die nötige Sicherheit und erwirbt die Fähigkeit zu vertrauter Kommunikation sowie Lernbereitschaft und das Vermögen, konstruktiv mit anderen Menschen umzugehen.

Diese Jahre sind bald vorüber. Erfreuen Sie sich an Ihrem kleinen Jungen, solange es möglich ist!

## Vom sechsten bis zum dreizehnten Lebensjahr: Lernen, was es heißt, ein Mann zu sein

Mit etwa sechs Jahren kommt es im Leben eines Jungen zu tief greifenden Veränderungen. Denn in dieser Phase erwacht unvermittelt seine Männlichkeit. Selbst Jungen, die bis dahin kaum ferngesehen haben, sind plötzlich ganz wild darauf, mit Schwer-

tern zu spielen, einen Superman-Umhang zu tragen, zu kämpfen, zu ringen und möglichst viel Lärm zu veranstalten.

Aber noch etwas anderes sehr Wichtiges geschieht jetzt, und das gilt für alle Kulturen der Welt gleichermaßen: Mit etwa sechs Jahren hängen sich kleine Jungen an ihren Papa oder Stiefvater oder einen anderen verfügbaren Mann und möchten möglichst viel Zeit mit ihm verbringen, von ihm lernen und ihn nachahmen. Sie möchten herausfinden, was es heißt, ein Mann zu sein.

Wenn ein Vater seinen Sohn in dieser Phase nicht beachtet, kann dieser einen regelrechten Feldzug starten, um dessen Aufmerksamkeit zu gewinnen. Einmal wurde ich wegen eines kleinen Jungen konsultiert, der aus keinem ersichtlichen Grund immer wieder ernstlich erkrankte. Man legte ihn sogar auf die Intensivstation. Sein Vater, eine medizinische Koryphäe, kehrte sofort von einer Konferenz in Amerika zurück, um bei seinem Sohn zu sein, und sogleich ging es diesem besser. Kurz darauf besuchte der Vater wieder eine Konferenz und der Kleine wurde abermals krank. Wir baten den Vater, der **acht Monate im Jahr** unterwegs war, seine Lebensweise zu überdenken. Er änderte sein Leben und der kleine Junge ist seither nie mehr krank gewesen.

Manche Jungen stehlen, nässen ins Bett, verhalten sich in der Schule aggressiv und entwickeln alle möglichen problematischen Verhaltensweisen, und das alles nur, um Papis Interesse zu wecken.

## Auch die Mutter steht weiterhin im Mittelpunkt

Diese plötzliche Hinwendung zum Vater bedeutet natürlich nicht, dass Mami von der Szene verschwindet. In manchen Ländern (so z.B. den Vereinigten Staaten) distanzieren sich die Mütter in dieser Phase bewusst von ihren Söhnen, um diese »abzuhärten«. (Und die britische Oberschicht schickte früher ihren männlichen Nachwuchs in diesem Alter ins Internat.) Aber wie Olga Silverstein in ihrem Buch *The Courage to Raise Good Men* angemerkt hat, liegt dieser Praxis ein völlig abwegiges Konzept zugrunde. Denn Jungen müssen wissen, dass sie sich auf Mami verlassen können, und sollten keinesfalls gezwungen werden, ihre zärtlichen Regungen zu verdrängen.

Am besten ist es, wenn sie in Mamis Nähe bleiben können, aber auch Zugriff auf Papi haben. Wenn ein Vater den Eindruck hat, dass sein Sohn zu sehr der mütterlichen Welt verhaftet ist (was passieren kann), dann sollte er sein eigenes Engagement verstärken – und nicht etwa die Mutter allein dafür verantwortlich machen! Vielleicht ist der Vater aber auch zu kritisch und erwartet zu viel, so dass der Junge Angst vor ihm hat.

Wenn eine Mutter ihrem Sohn in frühen Jahren ihre Liebe und Zuneigung entzieht, geschieht etwas Furchtbares: Um von seinem Kummer und seinem Schmerz nicht überwältigt zu werden, verschließt der Junge jenen Teil seiner Persönlichkeit, der ihn mit ihr verbindet – seine zärtlichen, liebevollen Regungen. Er empfindet es als zu schmerzhaft, Gefühle der Liebe zu empfinden, wenn sie nicht von seiner Mutter erwidert werden. Wenn ein Junge diesen Teil seiner selbst verschließt, wird er als Erwachsener Schwierigkeiten haben, gegenüber seinem Partner oder seinen Kindern Wärme und Zärtlichkeit zu zeigen, und sich verschlossen und kaltherzig verhalten. Wir alle kennen solche Männer (Chefs, Väter, sogar Ehemänner), die emotional gehemmt auftreten und nicht mit Menschen umgehen können. Wir können jedoch dafür sorgen, dass unsere Söhne nicht so werden, indem wir sie des Öfteren in die Arme nehmen, seien sie fünf, zehn oder fünfzehn Jahre alt.

## Das richtige männliche Vorbild finden

Im Alter zwischen sechs und dreizehn Jahren ist die Mutter für einen Jungen noch immer die Nummer eins und er kann weiter von ihr lernen. Doch seine Interessen verändern sich allmählich, und er konzentriert sich zunehmend auf das, was Männer ihm bieten. Ein Junge weiß, dass er zu einem Mann heranwächst. Deshalb muss er sich bei einem männlichen Vorbild die nötige »Software« besorgen, um sich in die richtige Richtung zu entwickeln.

## Die fünf Hauptmerkmale eines guten Vaters

Im Folgenden einige wesentliche Verhaltenstipps für Väter:

### 1 Beginnen Sie früh

Nehmen Sie schon an der Schwangerschaft regen Anteil. Sprechen Sie über die Hoffnungen, die Sie in das werdende Kind setzen, seien Sie bei der Geburt anwesend. Kümmern Sie sich von Anfang an um das Baby. Schon diese frühe Zeit ist für die spätere Beziehung ausschlaggebend. Wenn Sie an der Pflege des Säuglings aktiv teilnehmen, stimmen Sie sich gewissermaßen hormonell ein und verändern die Prioritäten in Ihrem Leben. Also Vorsicht! Männer, die sich um das physische Wohlergehen ihres Säuglings kümmern, erliegen der Faszination des kleinen Wesens und treten mit ihm in eine tiefe Beziehung. Männer können zu Experten auf dem Gebiet werden, wie ein Säugling in der Nacht wieder zum Schlafen zu bringen ist. Sie können mit ihm umhergehen oder -hüpfen, ihm leise etwas vorsingen oder was immer sonst zweckdienlich sein mag! Versteifen Sie sich nicht darauf, dass Sie mit Babys nicht umgehen können – sondern geben Sie sich Mühe. Lassen Sie sich von der Mutter des Kindes und erfahrenen Freunden beraten. Seien Sie stolz auf Ihre neuen Fähigkeiten.

Selbst wenn Sie beruflich stark in Anspruch genommen sind – nutzen Sie die Wochenenden oder Ferien, um sich mit Ihrem Kind zu beschäftigen. Ist das Kleine erst einmal zwei Jahre alt, kann Ihre Partnerin sogar gelegentlich ein Wochenende wegfahren, damit Sie mit dem Kind allein sind und sich Ihrer Fähigkeiten vergewissern können.

### 2 Nehmen Sie sich Zeit

Darum kommen Sie nicht herum. Hören Sie deshalb gut zu. Für Väter enthält der folgende Satz die wichtigste Botschaft des gesamten Buches: **Wenn Sie üblicherweise einschließlich Hin- und Rückweg fünfzig oder sechzig Stunden in der Woche arbeiten, dann werden Sie Ihrer Vaterrolle nicht gerecht.** Ihre Söhne werden im Leben Probleme bekommen und die Ursache dafür sind Sie. Ein Vater muss abends rechtzeitig nach Hause kommen, um noch mit den Kindern zu spielen, zu lachen, sie zu belehren und zu kitzeln. Die Verhältnisse in den großen Unternehmen, aber auch die Bedingungen der Selbständigkeit sind oft Gift für die Familie. Als Vater muss man deshalb sogar auch bereit sein, ein geringeres Einkommen in Kauf zu nehmen, um mehr Zeit mit der Familie verbringen zu können.

Wenn Ihr Chef Ihnen das nächste Mal eine Beförderung anbietet, die Ihnen einen noch größeren Arbeitseinsatz und noch mehr Zeit abverlangt, sollten Sie sich deshalb nicht scheuen, ihm zu entgegnen: »Tut mir leid, meine Kinder haben Vorrang.«

### 3 Zeigen Sie Ihre Zuneigung

Zärtlichkeiten, Umarmungen, ausgelassene Spiele und Ringkämpfe – dies alles macht selbst Jugendlichen noch Vergnügen. Vergessen Sie aber auch nicht die ruhigeren Dinge des Lebens: Erzählen Sie Ihren Kindern Geschichten, setzen Sie sich mit ihnen zusammen, um zu reden, zu singen oder Musik zu hören. Erzählen Sie Ihren Kindern (möglichst oft und einfühlsam), wie großartig, schön, kreativ und intelligent Sie sie finden. Wenn Ihre Eltern solche Gefühle nicht zeigen konnten, müssen Sie sich die Mühe machen, es zu lernen.

Manche Männer haben Angst, dass sie mit ihrem Sohn nicht kuscheln dürfen, weil dieser sonst schwul wird. Das ist völlig falsch. Ja, vielleicht ist sogar das Gegenteil der Fall. Viele homosexuelle oder bisexuelle Männer berichten, dass mangelnde väterliche Zuwendung ihren Wunsch nach männlicher Zuneigung noch deutlich verstärkt hat.

### 4 Entspannen Sie sich

Erfreuen Sie sich an Ihren Kindern. Wenn Sie nur aus Schuld- oder Pflichtgefühl Zeit mit ihnen verbringen, haben weder Ihr Nachwuchs noch Sie selbst etwas davon. Finden Sie heraus, welche Aktivitäten allen Beteiligten am meisten Spaß machen. Setzen Sie Ihre Kinder nicht fortdauernd dem Anspruch aus, etwas leisten zu müssen – beharren Sie jedoch darauf, dass sie sich im Haushalt irgendwie nützlich machen. Sorgen Sie dafür, dass die Kinder möglichst nur ein bis maximal zwei sportlichen oder sonstigen Aktivitäten nachgehen, damit ihnen noch Zeit bleibt, einfach nur »da zu sein«. Lassen Sie das unentwegte »Etwas unternehmen« sein und verwenden Sie die so gewonnene Zeit für Spaziergänge, Spiele und Gespräche.

Vermeiden Sie bei allen Aktivitäten übertriebenes Wettbewerbsdenken – der Spaß, den alle an der Sache haben, ist der eigentliche Maßstab, den Sie anlegen sollten. Bringen Sie Ihren Kindern ganz allmählich alles bei, was Sie selbst wissen und können.

### 5 Nehmen Sie Ihre Aufgabe ernst

Manche Ehemänner sind nur Schönwetter-Väter und lassen ihre Partnerin mit den unangenehmen Dingen allein. Beteiligen Sie sich an den wichtigen Entscheidungen in der Familie, beaufsichtigen Sie Ihre Kinder bei den Hausaufgaben und bei der Mithilfe im Haushalt. Sorgen Sie ruhig, aber bestimmt für Disziplin. Schlagen Sie Ihre Kinder nicht – bei Kleinkindern kann es allerdings manchmal nötig sein, sie festzuhalten oder physisch an einem bestimmten Verhalten zu hindern. Bestehen Sie auf Respekt und verhalten Sie sich nicht, als wären Sie selbst noch ein Kind. Hören Sie den Kleinen zu und nehmen Sie ihre Gefühle ernst.

Sprechen Sie mit Ihrer Partnerin über die Familienthemen: »Wie geht es uns als Familie eigentlich – insgesamt gesehen? Was müssen wir gegebenenfalls verändern?« Wenn Sie gemeinsam Ihre Kinder erziehen, wird dies das Band zwischen Ihnen und Ihrer Partnerin nur verstärken.

Die Mutter darf sich durch diese Entwicklung nicht irritieren lassen und muss weiterhin herzlich und hilfreich sein. Der Vater wiederum muss sein Engagement zunehmend verstärken. Ist jedoch der Vater nicht verfügbar, muss der Junge andere männliche Vorbilder finden – beispielsweise in der Schule. Doch besonders in der Grundschule gibt es immer weniger männliche Lehrer und das ist gewiss nicht ganz unproblematisch. (Doch darüber später mehr.)

## Allein erziehende Mütter

Seit Tausenden von Jahren mussten Frauen immer wieder Jungen ohne männliche Unterstützung erziehen. Es besteht kein Zweifel, dass Frauen Jungen zu guten Männern erziehen können.

Doch diejenigen dieser Frauen, mit denen ich gesprochen habe, betonen stets, dass sie auf gute männliche Rollenvorbilder – Onkel, gute Freunde, Lehrer, Sporttrainer, Jugendarbeiter – zurückgreifen konnten (und bei ihrer Auswahl sehr sorgfältig vorgegangen seien, um das Risiko sexuellen Missbrauchs zu minimieren).

Außerdem verweisen sie darauf, dass sie ohne zusätzliche Erleichterungen (durch Freunde, Massagen oder zeitliche Freiräume) ihrer Aufgabe wohl nicht gewachsen gewesen wären. (Nähere Ausführungen zu diesem Thema finden Sie auf S. 129ff.)

## Kurzgefasst

In der Grundschulzeit, aber auch noch während der ersten Jahre der weiterführenden Schulen sollten Jungen viel Zeit mit ihren Vätern und Müttern verbringen und von ihnen unterstützt werden. Sie sollten von ihnen lernen, wie sie mit verschiedenen Dingen umgehen können, und sich über ihre Gesellschaft freuen. Psychologisch gesehen spielt der Vater jetzt eine wesentlich wichtigere Rolle als zuvor. Der Junge ist bereit, von seinem Vater zu lernen, und hört zu, was dieser ihm zu sagen hat. Häufig steht der Vater für den Sohn sogar völlig im Mittelpunkt, was schon so manche Mutter auf die Palme gebracht hat.

Diese goldene Zeit, die Zeit zwischen dem sechsten und vierzehnten Lebensjahr, bietet einem Vater viel Gelegenheit, Einfluss auf seinen Sohn zu nehmen und das Fundament für dessen Männlichkeit zu legen. Jetzt ist es an der Zeit, sich Zeit zu nehmen. Wichtig sind vor allem die kleinen Dinge: Spielen Sie an Sommerabenden mit Ihrem Sohn im Garten, unternehmen Sie Spaziergänge, reden Sie über Gott und die Welt und erzählen Sie ihm von Ihrer eigenen Kindheit. Gehen Sie gemeinsamen Hobbys oder sportlichen Aktivitäten nach. Dies ist die Zeit der schönen Erinnerungen, auf die Ihr Sohn und Sie selbst noch Jahrzehnte später zurückgreifen können.

## Das Hyperkinetische Syndrom

Vor zwei Jahren trat nach einem Vortrag Don, ein Zuhörer, an mich heran und erzählte mir seine Geschichte. Don war Lastwagenfahrer, und ein Jahr zuvor hatte man bei seinem achtjährigen Sohn das so genannte Hyperkinetische Syndrom (auch Hyperaktivität genannt) festgestellt. Doch Don interpretierte diese Diagnose dahin gehend, dass er selbst weit mehr Anzeichen von Hyperaktivität zeigte als sein Junge: Denn er war ständig unterwegs und hatte kaum Zeit für den Sohnemann.

Und so setzte Don sich das Ziel, sich fortan intensiver um seinen Sprössling Troy zu kümmern. Bis dahin hatte er stets geglaubt, die Kindererziehung sei Sache der Frauen, während er selbst arbeite und die Rechnungen bezahle. Jetzt veränderte sich dies alles. Wann immer möglich, begleitete Troy jetzt in den Ferien und nach der Schule seinen Vater im Lastwagen. Auch wenn Don am Wochenende seine Kumpels traf, die alte Motorräder herrichteten und damit in der Gegend herumfuhren, war Troy dabei.

»Natürlich durften wir jetzt nicht mehr so viel fluchen, aber dafür hatten alle Verständnis. Einige von ihnen fingen sogar an, ihre eigenen Kinder mitzubringen«, berichtete Don lächelnd.

Lassen Sie sich nicht verwirren, wenn Ihr Sohn sich jetzt »cool« verhält, wie er es von seinen Schulkameraden gelernt hat. Lassen Sie nicht locker, dann werden Sie unter dieser Oberfläche einen fröhlichen, verspielten Jungen entdecken. Genießen Sie die Phase, in der Ihr Sohn wirklich mit Ihnen beisammen sein möchte. Gegen Ende der Pubertät werden sich seine Interessen dann auch ohne Ihr Zutun immer mehr der Welt zuwenden. Ich kann Ihnen an dieser Stelle nur raten: Lassen Sie diese Jahre nicht ungenützt verstreichen!

Die gute Nachricht: Troy wurde schon nach wenigen Monaten wesentlich ruhiger und entspannter und seine Konzentrationsstörungen verschwanden völlig. Die medikamentöse Behandlung mit dem Psychopharmakon Ritalin (leider wird dieses Medikament, das eine Sucht auslösen kann, in den angelsächsischen Ländern allzu oft und allzu schnell verschrieben) konnte bald abgesetzt werden, und Vater und Sohn verbringen noch immer viel Zeit miteinander, weil es ihnen einfach Spaß macht.

Freilich wollen wir hier nicht behaupten, dass sämtliche Fälle des Hyperkinetischen Syndroms auf mangelnde väterliche Zuwendung zurückzuführen sind, doch vielfach ist dies tatsächlich der Fall. (Mehr über kindliche und jugendliche Hyperaktivität finden Sie auf S. 232f.)

## Das vierzehnte Lebensjahr und danach: Ein Mann werden

Mit etwa vierzehn Jahren beginnt ein neues Stadium. Im Allgemeinen schießt der Jüngling jetzt in die Höhe und auch in seinem Körper vollziehen sich bemerkenswerte Dinge – sein Testosteronspiegel steigt nämlich um fast 800 Prozent an!

Obwohl nicht alle Jungen völlig gleich sind, werden die meisten von ihnen in diesem Alter ein wenig streitsüchtig, unruhig

und stimmungsabhängig. Doch das sind nicht etwa charakterliche Defizite – vielmehr entwickeln sie jetzt ein neues Selbst und bekanntlich ist jede Geburt mit gewissen Aufs und Abs verbunden. Jungen in dieser Altersstufe beginnen, Antworten auf die großen Fragen des Lebens zu suchen, sie setzen sich mit großer Neugier Abenteuern und Herausforderungen aus und erwerben Lebensstrategien – und auch die Uhr ihres Körpers drängt sie vorwärts.

Ich glaube, dass unsere Gesellschaft gerade gegenüber dieser Altersgruppe am meisten versagt. Denn wir haben den Jugendlichen in diesem Alter nur das zu bieten, was sie schon zur Genüge kennen: den gleichen schulischen und familiären Alltag. Doch der Jugendliche hungert nach etwas Neuem. Er ist jetzt hormonell und physisch für die Erwachsenenrolle bereit, doch wir möchten, dass er noch fünf oder sechs Jahre wartet! Kein Wunder, dass Probleme entstehen!

Erforderlich ist jetzt etwas, das den Jungen fasziniert – ihn kopfüber in ein kreatives Unternehmen oder eine schöpferische Leidenschaft hineinreißt, die seinem Leben Flügel verleiht. All die Dinge, die so vielen Eltern Alpträume bereiten (jugendliche Risikofreude, Alkohol, Drogen und kriminelle Handlungen), geschehen ja nur, weil wir jungen Männern keine Möglichkeiten bieten, ihr Verlangen nach großen, heroischen Taten auszuleben.

Die jungen Männer beobachten die Gesellschaft und erkennen nur wenig, woran sie glauben oder womit sie sich identifizieren können. Selbst ihre rebellische Haltung wird ihnen von der Werbung und der Musikindustrie in Form der entsprechenden Produkte gegen Geld über den Ladentisch gereicht. Sie wollen höher hinaus, dazu beitragen, dass Dinge besser werden, doch eine Gelegenheit dazu wird ihnen vorenthalten.

## Wie man früher dieses Problem anpackte

In allen alten Kulturen und Stammesgesellschaften – ob bei den Eskimos oder in Afrika –, überall auf der Welt hat die jeweilige Gemeinschaft den heranwachsenden Jüngling von jeher mit viel Wohlwollen und großer Aufmerksamkeit behandelt. Diese Kulturen wussten etwas, was wir erst wieder lernen müssen – nämlich, dass **Eltern ihre heranwachsenden Jungen nicht allein, ohne die Unterstützung anderer vertrauenswürdiger und langfristig mitwirkender Erwachsener erziehen können.**

Einer der Gründe dafür ist, dass vierzehnjährige Söhne und ihre Väter sich gegenseitig in den Wahnsinn treiben. In dieser Phase ist ein Vater in der Regel gerade noch dazu in der Lage, sich selbst zu versichern, dass er seinen Sohn liebt. Ihn aber zu lieben **und** ihm gleichzeitig etwas beizubringen, das kann gar nicht klappen (oder hat Ihnen etwa der eigene Vater das Autofahren beigebracht?). Irgendwie geraten die beiden Männer in dieser Zeit wie kämpfende Hirsche aneinander und machen sich das Leben gegenseitig unnötig schwer. Falls in dieser Situation jemand anderer einspringen kann, können sich Vater und Sohn wenigstens ein bisschen entspannen (einige wundervolle Filme befassen sich mit diesem Thema, etwa *Das Königsspiel – Ein Meister wird geboren* und *Stürmische Begegnungen* mit Albert Finney in der Hauptrolle).

In alten Gesellschaften unternahmen die Erwachsenen zwei Dinge, um den Jugendlichen das Erwachsenwerden zu erleichtern. Einer oder mehrere Männer, denen das Wohlergehen des

## Eine Initiation bei den Lakota

Vielleicht ist Ihnen ja der Stamm der amerikanischen Lakota-Indianer aus dem Film *Der mit dem Wolf tanzt* bekannt. Die Angehörigen dieses Volkes bildeten eine kraftvolle, erfolgreiche Gesellschaft mit einer reichen Kultur. Besonders positiv war bei ihnen das Verhältnis zwischen Männern und Frauen.

Mit etwa vierzehn Jahren wurden die Jungen der Lakota auf eine »visionäre Reise« geschickt und einer Initiationsprüfung unterzogen. Dabei mussten sie fastend auf dem Gipfel eines Berges ausharren und auf die durch den Nahrungsentzug ausgelösten Visionen oder Halluzinationen warten. In diesen Visionen tauchte auch ein Wesen auf, das dem betreffenden Jüngling für die Lebensführung entscheidende Hinweise aus der Geisterwelt überbrachte. Während der Junge nun fastend und zitternd allein auf dem Berggipfel saß, hörte er Berglöwen fauchen, die in der Dunkelheit unter ihm umherschlichen.

In Wahrheit erzeugten jedoch die Männer des Stammes, die den Jungen bewachten und dessen Sicherheit gewährleisteten, diese bedrohlichen Geräusche. Ein junger Mensch war in den Augen der Lakota zu wertvoll, um ihn unnötigen Gefahren auszusetzen.

betreffenden Jungen besonders am Herzen lag, nahmen sich seiner als **Mentoren** an und machten ihn mit den wichtigsten Überlebenstechniken vertraut. In gewissen Stadien dieser »Lehrzeit« entfernten sich die jüngeren Männer dann gemeinsam mit ihren älteren Geschlechtsgenossen aus der alltäglichen Gemeinschaft und wurden **initiiert**. Das heißt, die älteren Männer ließen sie auf ihrem Weg zum Mannsein gewisse ritualisierte Reifungsprozesse durchlaufen, stellten sie vor Prüfungen, gewährten ihnen Einblick in die heiligen Geheimlehren der Gemeinschaft und übertrugen ihnen neue Pflichten.

Wenn der junge Mann schließlich zum Stamm zurückkehrte, wurde die Leistung, die er vollbracht hatte, gebührlich gefeiert. Doch von jenem Tag an war es ihm **zwei Jahre lang verboten, seine Mutter direkt anzusprechen.**

Wie in allen Jäger- und Sammlergesellschaften stehen auch bei den Lakota die Mütter ihren Kindern sehr nahe: Die Kinder schlafen oft in den Frauenhütten und -zelten direkt neben ihnen. Die Lakota glauben, ein Junge, der unmittelbar nach seinem Eintritt in die Welt der Männer mit seiner Mutter spreche, werde der Verführung der Kindheit erliegen, in die Welt der Frauen zurückfallen und niemals wirklich erwachsen werden.

Sobald die zwei Jahre vorüber waren, wurden Mutter und Sohn wieder feierlich vereint, doch der Knabe war inzwischen zum Mann herangewachsen und konnte seiner Mutter deshalb jetzt entsprechend entgegentreten.

Frauen, denen ich auf Veranstaltungen diese Geschichte erzählt habe, waren vielfach tief gerührt – da in dieser Geschichte Kummer und Freude eine seltsame Mischung eingehen.

Belohnt wurden die Lakota-Mütter für diesen Akt des »Loslassens« durch die Sicherheit, dass ihre Söhne nach Ablauf der zwei Jahre mit dem gebührenden Respekt gegenüber der Mutter und als erwachsene Freunde zu ihnen zurückkehren würden.

Wenn man sich die Beziehung heutiger Söhne und Mütter einmal vor dem Hintergrund der beschriebenen Lakota-Tradition anschaut, stellt man fest, dass sich dieses Verhältnis (wie die australische Autorin Babette Smith in *Mothers and Sons* schreibt) häufig durch Unbeholfenheit, Distanz und Unreife auszeichnet. Die Söhne haben Angst vor zu großer Nähe, können sich aber von ihren Müttern nie wirklich lösen, weil sie nicht zu Männern geformt wurden. Ja, sie verhalten sich in ihren Beziehungen zu allen Frauen abhängig und unreif. Da sie in die Gemeinschaft der Männer nie wirklich aufgenommen worden sind, misstrauen sie anderen Männern und haben nur sehr wenige echte Freunde. Sie haben Angst, sich an Frauen zu binden, weil sie sich vor Bemutterung und Bevormundung fürchten. Deshalb leben sie ihre Männlichkeit gleichsam im luftleeren Raum.

Nur wenn sie die Welt der Frauen verlassen, können junge Männer die starke Bindung an die Mutter überwinden und Frauen als normale erwachsene Mitmenschen erfahren. Häusliche Gewalt, Untreue und die Unfähigkeit, eine gute Ehe zu führen – dies alles ist vielleicht weniger auf Probleme des betreffenden Mannes mit Frauen als vielmehr darauf zurückzuführen, dass die erwachsenen Männer in unserer Kultur die jungen Männer nicht mehr auf die »Reise der Wandlungen« mitnehmen.

Sie könnten einwenden, dass die Mütter der Jungen und vielleicht sogar deren Väter (in den alten Gesellschaften) ihre Söhne

doch sicherlich nur ungern den anderen Männern ihrer Gemeinschaft überlassen haben. Aber das ist nicht der Fall. Die Männer, die den Sohn in die Geheimnisse des Mannseins einführten, waren schließlich Personen, die die Eltern bereits ein Leben lang kannten und schätzten. Auch die Frauen verstanden und begrüßten diese Hilfe, da sie deren Notwendigkeit spürten. Sie trennten sich vorübergehend von einem meist schwierigen Sohn und erhielten später einen reiferen, mit sich selbst versöhnten jungen Mann zurück. Und sie waren vermutlich sogar sehr stolz auf ihn.

Doch die Einweihung in das Mannsein war keine bloße Wochenendveranstaltung. Sie konnte einige Monate in Anspruch nehmen. Dabei lernte der Jüngling, wie er sich als Mann zu verhalten, welche Pflichten er zu erfüllen hatte und wo er Kraft und Orientierung finden konnte. Die Zeremonien, von denen wir meist hören, zeigten lediglich die Außenseite des Geschehens. Sie waren zwar grausam und erschreckend (so würden wir sie heute nicht mehr akzeptieren), aber sie wurden sorgfältig und mit einer klaren Zielsetzung ausgeführt, und jene, die sie am eigenen Leib erfahren hatten, sprachen davon mit großer Anerkennung und Dankbarkeit.

Kurz: Für die alten Gesellschaften war die Erziehung tüchtiger und verantwortungsbewusster junger Männer geradezu eine Frage des Überlebens – das Überleben des ganzen Stammes hing davon ab. Es war eine »Frage auf Leben und Tod«, und deshalb überließ man sie in solchen Kulturen nicht dem Zufall, sondern ging systematisch zu Werke. Auch war die ganze Gemeinschaft der Erwachsenen in dieses Geschehen einbezogen (Näheres über Wege der Initiation, die in unsere Zeit passen, finden Sie im Schlusskapitel dieses Buches »Eine Herausforderung für die ganze Gemeinschaft«.)

Praktische Hilfe

## Warum Jungen zur Überheblichkeit neigen und was man dagegen tun kann

Möglicherweise bringen Jungen von Natur aus ein gewisses Maß an Überheblichkeit mit. Bis vor kurzem noch wuchsen viele Jungen in der Meinung auf, Frauen seien nur dazu da, sie zu bedienen. In manchen Kulturen werden sie bis heute wie kleine Götter behandelt. In der heutigen Welt führt diese Einstellung dazu, dass Jungen sich mitunter so unausstehlich verhalten, dass niemand etwas mit ihnen zu tun haben will.

Aus diesem Grund ist es besonders wichtig, Jungen Bescheidenheit und Rücksichtnahme beizubringen. Dies ist am besten zu erreichen, wenn man von ihnen verlangt, Entschuldigungen auszusprechen oder tätig Abbitte zu leisten, wenn man sie dazu anhält, anderen zu helfen und sich stets rücksichtsvoll zu verhalten. Kinder müssen ihren Platz in der Welt kennen lernen, ansonsten wird ihnen die Welt höchstwahrscheinlich eine harte Lektion erteilen.

Wann immer Sie auf rüpelhafte Jugendliche treffen – sei es, dass ein junger Skateboardfahrer Sie auf der Straße anrempelt, ein Jungverkäufer Ihnen unverschämt kommt oder jugendliche Rowdys Sie belästigen –,

### In der modernen Welt

Einen Mentor zu finden ist für junge Männer heute nicht mehr einfach, und viele Jungen haben niemanden, der in ihrem Leben diese wichtige Rolle übernimmt. Jene, die sich in der Position eines Mentors befinden – also Sporttrainer, Onkel, Lehrer und auch Vorgesetzte –, sind sich ihrer Verantwortung kaum je bewusst und werden ihr nur selten gerecht. Früher war etwa der Meister in einem Handwerksbetrieb ein solcher Mentor und vermittelte dem Lehrling nicht nur die nötigen Fertigkeiten, sonhaben Sie es mit Teenagern zu tun, die nie Bescheidenheit und Rücksichtnahme haben praktizieren müssen.

Jugendliche sind gewissermaßen von Natur aus selbstbezogen, passen ihre moralischen Maßstäbe ihrem jeweiligen Interesse an und machen sich nicht allzu viele Gedanken über andere. Als Eltern müssen wir ihnen aber immer wieder klarmachen, dass sie auch gegenüber anderen zur Fairness und Hilfsbereitschaft verpflichtet sind und dass es Dinge gibt, die man einfach nicht tut. Dazu müssen wir ihnen einige Grundsätze verdeutlichen: »Verhalte dich verantwortungsbewusst. Denke darüber nach, was du tust. Nimm Rücksicht auf andere. Bedenke die Folgen deines Handelns.«

Kinder nur zu lieben ist nicht genug, etwas Strenge ist bisweilen ebenso notwendig. Die Mütter beginnen damit, den Kleinen diese Grundsätze beizubringen. Danach kommen die Väter mit ihrer Autorität ins Spiel, wenn das noch nicht ausreicht, müssen auch die Älteren ihr Gewicht in die Waagschale werfen. Besonders wirksam ist es, wenn man männliche Jugendliche dazu bringt, anderen zu helfen – älteren oder behinderten Menschen oder kleinen Kindern, denen sie etwas abnehmen oder beibringen können. Dann lernen sie die Befriedigung kennen, die mit solcher Hilfsbereitschaft einhergeht, und gewinnen zugleich an Selbstwertgefühl.

dern klärte ihn auch über seine Pflichten sowie richtiges und falsches Verhalten auf. Das alles ist nahezu verschwunden. Wer im Supermarkt an der Ecke jobbt, wird dort kaum auf jemanden treffen, der die Rolle eines Mentors übernehmen könnte.

## Wie Sie sich die Mithilfe anderer sichern

In den Jahren zwischen vierzehn und Anfang zwanzig wächst der Jugendliche allmählich in die Welt der Erwachsenen hinein und nabelt sich von seinen Eltern ab. Auch diese ziehen sich behutsam zurück. In diesen Jahren baut sich ein junger Mann allmählich ein Leben außerhalb der Familie auf. Er hat nicht nur Lehrer, die seine Eltern kaum kennen, sondern er macht auch Erfahrungen, von denen sie nichts wissen, und steht schließlich vor Herausforderungen, bei deren Bewältigung sie ihm nicht mehr helfen können. Und das alles geht natürlich nicht ganz ohne Blessuren ab.

Ein Vierzehn- oder Sechzehnjähriger ist noch lange nicht ausreichend auf die »Welt draußen« vorbereitet. Er braucht weiterhin andere, die Brückenfunktionen für ihn übernehmen, und genau das ist die Aufgabe eines Mentors. Wir sollten Jugendliche dieses Alters noch nicht ausschließlich sich selbst überlassen. Aber ein Mentor ist mehr als ein Lehrer oder Erzieher: Er steht zu dem Kind in einem besonderen Verhältnis und das gilt umgekehrt genauso. Ein Sechzehnjähriger hört selten auf seine Eltern. Doch bei einem Mentor verhält sich dies anders. In dieser Lebensphase begehen junge Leute häufig ihre ersten »berühmt-berüchtigten Fehler«, und ein Mentor hat dafür zu sorgen, dass diese nicht in Katastrophen ausarten.

Eltern wiederum sollten dafür sorgen, dass es für ihren Sohn einen solchen Mentor überhaupt gibt, und bei der Auswahl umsichtig zu Werke gehen. Deshalb ist es hilfreich, wenn man einer starken sozialen Gruppe angehört – sei es einer

Kirchengemeinde, einem guten Sportverein, einer gemeinschaftlich orientierten Schule oder einem Freundeskreis, dessen Angehörige sich wirklich umeinander kümmern. Sie brauchen solche Freunde, damit jemand die Rolle übernimmt, die früher Onkel und Tante zukam. Das heißt, es muss Erwachsene geben, die Ihre Kinder mögen und sich um sie kümmern. Solche Freunde können dann ganz unbefangen mit ihrem Nachwuchs reden. Wenn alles gut geht, werden sie Ihre Kinder auch zu sich nach Hause einladen, ihnen mal die Meinung sagen und ihnen zuhören, wenn daheim der Haussegen schief hängt. (Viele Mütter haben schon erlebt, dass ihre halbwüchsige Tochter nach einem Riesenkrach aus dem Haus und zu Mamis bester Freundin rennt, um dort ihr Herz auszuschütten. Und genau dafür sind Freunde schließlich da!) Dasselbe können Sie natürlich auch für die Kinder Ihrer Freunde tun. Teenager sind ganz amüsant, wenn es nicht gerade die eigenen sind!

## Isolierte Kinder sind gefährdet

Teenager leiden schwer darunter, wenn ihre Eltern isoliert sind. Ich weiß das aus Erfahrung. Als meine Eltern nach Australien auswanderten, waren sie bereits scheue Menschen, und sie wur-

## Die Geschichte von Nat, Stan und dem Motorrad

Nat war fünfzehn und sein Leben war aus den Fugen geraten. Er war nie gerne zur Schule gegangen und hatte zudem Schwierigkeiten mit der Rechtschreibung. Die Schule, die er besuchte, war um sein Wohl besorgt, und seine Eltern standen mit dem Direktor und dem Schulpsychologen im Gespräch. Sie vereinbarten, dass Nat von der Schule befreit werden sollte, falls er einen Job fände. Vielleicht gehörte er ja zu den Jungen, die in der Welt der Erwachsenen besser zurechtkommen als in der Schule.

Glücklicherweise fand Nat einen Job bei dem Ein-Mann-Unternehmen »Stan´s Pizza« und verließ die Schule. Der etwa 35jährige Stan war erfolgreich und brauchte Unterstützung. Und die Arbeit machte Nat Spaß. Seine Stimme klang jetzt tiefer, seine Körperhaltung verbesserte sich ebenso wie sein Kontostand.

Seine Eltern machten sich jetzt jedoch aus einem anderen Grund Sorgen. Nat wollte sich nämlich für den Weg zur Arbeit ein Motorrad anschaffen. Das Haus der Familie lag am Ende einer kurvenreichen, rutschigen Straße in den Bergen. Schließlich stellten Nats Eltern mit Entsetzen fest, dass Nat das Geld für das Motorrad schon fast zusammengespart hatte. Sie rieten ihm zum Kauf eines Wagens, doch ohne Erfolg. Die Zeit verging.

Eines Tages kam Nat nach Hause und murmelte beim Abendessen etwas von einem Auto vor sich hin. Er tat es wie ein typischer Teenager, beiläufig und ohne vom Teller aufzublicken. Seine leicht verunsicherten Eltern baten ihn, zu wiederholen, was er gesagt hatte. »Na ja, ich kauf' mir jetzt doch kein Motorrad. Ich habe mit Stan gesprochen, und der findet es saublöd, wenn ich mir ein Motorrad zulege, wo wir doch hier oben in den Bergen wohnen. Er meint, ich soll noch ein bisschen warten und mir dann ein Auto kaufen.«

»Diesen Stan hat uns der liebe Gott geschickt!«, dachten die Eltern, doch sie ließen sich nichts anmerken, lächelten nur und aßen weiter.

den noch scheuer, nachdem wir uns einmal hier niedergelassen hatten. Sie fanden nie eine Gruppe von Freunden oder Gleichgesinnten, in die wir Kinder allmählich hätten hineinwachsen können. Meine Schwester und ich sahen uns deshalb in unseren Teenagerjahren gezwungen, auf riskante und holperige Weise Anschluss an die Außenwelt zu suchen.

Manche jungen Leute empfinden solche Bedingungen als schwere Belastung, sie werden psychisch krank, tragen sich mit Selbstmordgedanken oder werden magersüchtig. Andere reagieren so rebellisch, dass sie sich Jugendgruppen anschließen, in deren Umfeld sie dann meist Drogen, Kriminalität und sexueller Ausbeutung ausgesetzt sind.

Wenn Sie Kinder im Teenageralter haben, müssen Sie sich notfalls zur Teilnahme am gesellschaftlichen Leben zwingen, damit Ihre Sprößlinge auf ein soziales Netzwerk zurückgreifen können. Man kann nicht als Einsiedler leben und gleichzeitig erfolgreich Kinder aufziehen.

## Was ist zu tun, wenn kein Mentor da ist?

Ein junger Mann, der auf keinen Mentor zurückgreifen kann, wird auf der Straße zum Erwachsensein in eine Reihe von Schlaglöchern hineinfahren. Vielleicht verwickelt er sich bei dem Versuch, seine Unabhängigkeit zu gewinnen, sogar mit seinen Eltern in völlig überflüssige Konflikte. Vielleicht zieht er sich aber auch zurück und reagiert depressiv. Jugendliche in diesem Alter stehen vor vielen Schwierigkeiten und Entscheidungen – sie müssen sich sexuell finden, sich beruflich orientieren und ihr Verhältnis zum Alkohol und zu Drogen klären.

Wenn Mami und Papi weiterhin ausreichend Zeit mit ihren Kindern verbringen und den Kontakt zu deren Welt nicht abreißen lassen, dann werden auch die jungen Leute mit ihren

Eltern weiterhin über diese Dinge sprechen. Doch bisweilen verspüren sie auch das Bedürfnis, mit anderen Erwachsenen zu reden. Eine Studie hat sogar gezeigt, dass Jungen, die auf nur einen erwachsenen guten Freund außerhalb der Familie zurückgreifen können, signifikant seltener kriminell werden (natürlich nur, solange dieser Freund **nicht selbst** kriminell ist).

Junge Männer sind auf der Suche nach einer Struktur und Orientierung für ihr Leben. Vielleicht entscheiden sie sich für eine die Wiedergeburt verkündende Religion, »verschwinden« im Internet, interessieren sich für Musik und Sport oder aber schließen sich einer Jugendgang an oder gehen surfen.

Wenn wir den jungen Leuten nicht eine Gruppe von Menschen anbieten, zu der sie gehören können, machen sie ihren eigenen Verein auf. Doch eine Gruppe, die nur aus Gleichaltrigen besteht, ist nicht genug. Vielleicht ist sie nur eine Gemeinschaft verlorener Seelen, vielleicht sind ihre Mitglieder selbst hilflos und verfügen weder über das Wissen noch die Fähigkeiten, sich gegenseitig zu helfen.

Häufig sind die Gruppen, zu denen Jungen sich zusammenschließen, lediglich lockere Verbände, die weder emotionale Unterstützung noch viele Gemeinsamkeiten zu bieten haben.

Das Schlimmste, was wir Heranwachsenden antun können, ist, sie allein zu lassen. Deshalb ist es so wichtig, dass Jugendliche in diesem Alter mit wirklich guten Lehrern, Trainern, Jugendgruppen-Leitern und anderen wohlmeinenden Erwachsenen zu tun haben. Wir brauchen viele Alternativen, damit jedem jungen Menschen außerhalb der Familie ein geeigneter Erwachsener zur Seite steht – eine ziemlich große Aufgabe.

Die einzigen, die ihrer Aufgabe heutzutage meist zufriedenstellend nachkommen, sind die Mütter. Die Väter beginnen zu begreifen, dass sie gebraucht werden, und nun müssen wir für unsere halbwüchsigen Kinder irgendwo in unserem sozialen Umfeld geeignete Mentoren finden.

## Kurzgefasst

1 In den Jahren zwischen der Geburt und dem sechsten Lebensjahr brauchen Jungen viel Zuneigung, damit sie lernen, Liebe zu geben. Wenn man viel mit ihnen spricht und immer wieder auf sie eingeht, hilft man ihnen dabei, sich mit der Welt verbunden zu fühlen. Für all dies ist im Allgemeinen die Mutter besonders geeignet, obwohl auch der Vater diese Funktion übernehmen kann.

2 Etwa ab dem sechsten Lebensjahr bekunden Jungen ein starkes Interesse am Mannsein und der Vater wird zur wichtigsten Bezugsperson. Er sollte deshalb reichlich Interesse zeigen und möglichst viel von seiner Zeit für den Jungen aufbringen. Doch auch die Mutter spielt weiterhin eine wichtige Rolle und sollte sich von ihrem Sohn jetzt nicht zurückziehen, nur weil er inzwischen älter geworden ist.

3 Etwa vom vierzehnten Lebensjahr an braucht ein Junge einen oder mehrere Mentoren – also Erwachsene, die sich für ihn interessieren und ihm die Welt Schritt für Schritt erklären. In früheren Gesellschaften gab es noch ausreichend Mentoren und Initiationsriten, die die Jungen in die Welt der Männer einführten.

## Wenn Jungen nicht wachsen wollen

Bisweilen machen sich Eltern Sorgen, weil ihr Sohn deutlich kleiner ist als seine Altersgenossen. Im Allgemeinen sind solche Sorgen völlig überflüssig. Eine neuere Studie an Jungen und Mädchen zwischen acht und fünfzehn Jahren, die immerhin so klein waren, dass sie an eine besondere Einrichtung verwiesen wurden, ergab, dass kleiner geratene Kinder nicht häufiger unter Anpassungsschwierigkeiten leiden als größer gewachsene.

Ältere Untersuchungen kamen zu dem Ergebnis, dass kleinwüchsige Kinder häufiger zu Schüchternheit, Ängstlichkeit und Depressivität neigen, doch diese neueste Studie hat diese Ansicht nicht bestätigt. Vielleicht liegt das daran, dass die Gesellschaft sich inzwischen verändert hat und toleranter geworden ist. Wenn ein Kind gelobt und geschätzt wird, empfindet es solche Abweichungen von der Norm kaum als Belastung.

Die Jungen in der Studie bezeichneten sich als sozial weniger aktiv, sie hatten jedoch nicht mehr Verhaltensstörungen als Jungen durchschnittlicher Größe. Die an der Studie beteiligten Mädchen waren sogar emotional stabiler als durchschnittlich große gleichaltrige. Noch weniger Probleme hatten Kinder, deren Eltern selbst eher kleinwüchsig waren, wahrscheinlich wegen des positiven Rollenbildes, das diese vermittelten. Diese Eltern waren auch weniger besorgt und seltener bemüht, medizinisch Abhilfe zu schaffen.

In den Vereinigten Staaten haben 20 000 Kinder wegen Kleinwüchsigkeit Wachstumshormone eingenommen, eine Behandlung, die rund 30 000 Dollar kostet. Die Ärzte empfehlen diese Hormonbehandlung nur, wenn sie medizinisch unerlässlich ist, etwa wenn Nieren- oder andere Schäden die Ausschüttung eines Wachstumshormons verhindern. Kinderärzte meinen, dass psychische Gründe nicht ausreichen, eine solch schmerzhafte Behandlung durchzuführen, die bisweilen »mehr schadet als nützt«.

Außerdem ist es heute höchste Zeit, sich von alten Schönheitsklischees zu verabschieden und tolerant gegenüber dem unterschiedlichen Aussehen von Erwachsenen und Kindern zu sein.

4 Auch allein erziehende Mütter können fröhliche, lebenstüchtige Jungen aufziehen, allerdings sollten sie sorgfältig nach verantwortungsvollen männlichen Rollenvorbildern suchen und auch ihr eigenes Wohlergehen nicht aus den Augen verlieren (schließlich sind sie doppelt gefordert).

### Eine besondere Ankündigung zum Schluss: Es gibt tatsächlich geschlechtsspezifische Unterschiede!

Die seit rund dreißig Jahren vorherrschende Theorie nimmt an, dass Unterschiede zwischen Jungen und Mädchen ausschließlich erziehungsbedingt seien. Dieser Denkschule zufolge sind diese Differenzen allesamt darauf zurückzuführen, dass wir den Kleinen unterschiedliche Kleider anziehen, anderes Spielzeug schenken und so fort. Wohlmeinende Eltern sowie zahlreiche Kindergärten und Schulen haben sich diesen Standpunkt geradezu fanatisch zu eigen gemacht und alles unternommen, damit Jungen mit Puppen und Mädchen mit Lego-Bausteinen spielen. Die Verantwortlichen glaubten, dass die geschlechtsspezifischen Unterschiede bei gleicher Erziehung aller Kinder allmählich verschwinden würden.

Das lobenswerte Ziel dieser Bestrebungen war es, die alten Rollenstereotypen aufzubrechen, denen zufolge ein Mädchen nur Krankenschwester oder Sekretärin werden konnte, während einem Jungen eine Laufbahn als Arzt, Geschäftsmann oder Soldat offen stand. Und die auf diese Weise eingeleitete Verände-

rung markiert den vielleicht grundlegendsten sozialen Wandlungsprozess des 20. Jahrhunderts.

Die Vorstellung, dass es zwischen Jungen und Mädchen gleichsam biologisch fest eingebaute Unterschiede geben könne, war den Verfechtern dieser Theorie demgemäß völlig fremd, ja es war geradezu tabu, darüber überhaupt nachzudenken. Das war auch durchaus zu verstehen: Denn im Namen der Biologie wurden in diesem Jahrhundert schon die schrecklichsten Dinge getan – nicht nur, was die Geschlechterrollen betrifft. So hieß es etwa noch in den ersten Jahrzehnten des 20. Jahrhunderts, Frauen seien wegen ihres kleineren Gehirns für andere als häusliche Tätigkeiten und Mutterschaftspflichten einfach nicht geeignet (jedenfalls verlangt die Mutterschaft eine ganze Menge Grips!). Mit ähnlichen Argumenten weigerte man sich auch, Frauen das Wahlrecht, die gleiche Bezahlung oder bestimmte Eigentumsrechte und Ähnliches einzuräumen. Um in den siebziger und achtziger Jahren die Gleichberechtigung der Frau durchzusetzen, war deshalb der Verweis auf die biologische Gleichheit beider Geschlechter unerlässlich. Die Erforschung der Unterschiede wurde deshalb tabuisiert, weil niemand sich dem Vorwurf aussetzen wollte, der Befreiung der Frau Hindernisse in den Weg zu legen.

Heutzutage ist jedoch diese pauschale Leugnung sämtlicher Unterschiede zwischen den Geschlechtern nicht mehr völlig unumstritten. Vielmehr wächst die Bereitschaft, zur Kenntnis zu nehmen, dass es auch Unterschiede gibt, die nicht allein sozial bestimmt sind, und dass daran auch nichts auszusetzen ist – solange diese Erkenntnis nicht zu einer Ungleichbehandlung der Geschlechter führt. Wenn sich das Gehirn eines Mädchens schneller entwickelt als das eines Jungen, können wir uns in unseren Erziehungsmaßnahmen entsprechend darauf einstellen, so dass Probleme gar nicht erst auftauchen. Wenn Jungen in der Schule klare Anweisungen bevorzugen – während Mädchen lieber zusammen in der Gruppe arbeiten –, dann können wir dem leicht Rechnung tragen. Wenn Jungen sich besser körperlich und Mädchen mit Worten auszudrücken vermögen, dann können wir ihnen dabei helfen, einander zu verstehen und die (Körper-) Sprache der anderen Seite zu erlernen. So können wir unnötige Streitereien vermeiden und das gegenseitige Verständnis fördern.

## Jungen und ihr Gehör

Praktische Hilfe

Die Geschlechter unterscheiden sich zum Beispiel darin, dass Jungen Wachstumsschübe haben, die auch ihre Gehörgänge in Mitleidenschaft ziehen. Dabei strecken und verengen sich die Gehörgänge und sind mitunter sogar völlig blockiert, so dass die Hörfähigkeit drastisch abnimmt.

So werden Jungen bisweilen in der Schule oder daheim zurechtgewiesen, weil sie angeblich nicht zuhören oder nicht tun, was ihnen gesagt wird. Es kann durchaus geschehen, dass die Jungen in einer Klasse im Laufe der Zeit reihum unter diesem Symptom leiden. Diese Form der Schwerhörigkeit verschwindet bald wieder; man sollte allerdings darauf achten, dass Jungen in solchen Phasen tatsächlich verstanden haben, was man zu ihnen gesagt hat.

In den beiden folgenden Kapiteln wollen wir uns deshalb mit zwei wesentlichen Unterschieden beschäftigen, deren Kenntnis uns die Aufgabe, unsere Söhne richtig zu erziehen, erheblich erleichtern kann. Wir befassen uns deshalb zunächst mit

- **den Hormonen** (etwa dem Testosteron) und mit deren Auswirkungen auf das Verhalten der Jungen

und mit

- **der Gehirnentwicklung,** die bei Jungen und Mädchen nicht gleich verläuft, was auch deren Verhaltens- und Denkweisen beeinflusst.

Praktische Hilfe

## Die Unterschiede kennen

Einige Unterschiede zwischen Jungen und Mädchen sind so offenkundig, dass es verwundert, wie man sie übersehen konnte. So hat etwa ein durchschnittlicher Junge dreißig Prozent mehr Muskelmasse als ein gleichaltriges Mädchen. Jungen sind kräftiger und körperlich aktiver. Sie haben auch wesentlich mehr rote Blutkörperchen.

Und das ist nicht auf geschlechtsspezifische Erziehung zurückzuführen. Wir müssen Jungen deshalb reichlich Gelegenheit geben, sich körperlich auszutoben – Mädchen natürlich auch, wenn sie es möchten. Hingegen muss man bei Jungen mehr aufpassen, dass sie sich nicht prügeln oder Mädchen schlagen. Mädchen wiederum sollte man davon abhalten, ihre überlegene sprachliche Befähigung dafür einzusetzen, Jungen zu ärgern oder zu erniedrigen. Und so fort.

Das hat nichts mit Sprüchen wie »Alle Jungen sollen ...« oder »Alle Mädchen sollen ...« zu tun. Schließlich sind manche Mädchen kräftiger und geben sich körperbetonter als die meisten Jungen. (Auch gibt es durchaus gewaltbereite Mädchen. In Sydney nahmen die Eltern ihre Söhne von einer Schule, weil diese dort von ein paar Mädchen ständig geschlagen wurden.)

Geschlechtsunterschiede sind immer Verallgemeinerungen, die aber so viel für sich haben, dass sie uns die Orientierung erleichtern können.

# Kapitel 3
# Testosteron!

Janine ist schwanger – seit sieben Wochen schwanger – und ziemlich aufgeregt. Sie weiß es zwar noch nicht, aber ihr Kind wird ein Junge sein. Wir sagen »wird sein«, weil ein Fötus im Anfangsstadium noch keine männlichen Merkmale aufweist. Vielleicht überrascht es Sie, aber alle kleinen Lebewesen sind nach der Befruchtung zunächst weiblich. Das Y-Chromosom, das aus einem Fötus einen Jungen macht, entfaltet seinen Einfluss erst später im Mutterleib und sorgt dafür, dass sich bei einem Jungen bestimmte Körperfunktionen entwickeln, andere hingegen nicht. Ein Mann ist nämlich genau genommen eine Frau mit einigen Extras. Deshalb haben wir auch alle Brustwarzen, obwohl nicht jeder von uns damit etwas anfangen kann.

## Der Zyklus des Testosteron

Im Körper von Janines kleinem Baby werden etwa nach der achten Schwangerschaftswoche die Y-Chromosomen aktiv und die Produktion von Testosteron beginnt. Infolge dieser chemischen Veränderungen nimmt der Fötus allmählich die Gestalt eines Jungen an – die Hoden und der Penis entwickeln sich und im Gehirn und im sonstigen Körper finden leichte Veränderungen statt. Sind die Hoden erst einmal voll entwickelt (was am Ende der fünfzehnten Woche der Fall ist), produzieren sie zusätzliches Testosteron, so dass der Fötus jetzt immer deutlicher männliche Züge annimmt.

Wenn Janine **erheblich** unter Stress steht, kann es geschehen, dass dadurch die Testosteronproduktion im Körper ihres Kindes

unterdrückt wird und der Embryo seinen Penis und seine Hoden nicht voll auszubilden vermag, so dass seine Geschlechtsorgane bei der Geburt noch nicht vollständig entwickelt sind. Er wird diesen Mangel jedoch bereits im ersten Lebensjahr ausgleichen.

Nach der Geburt hat der kleine Säugling – nennen wir ihn Fabian – dann bereits genauso viel Testosteron im Blut wie ein zwölfjähriger Junge! Diese große Menge des männlichen Geschlechtshormons dient dem Fötus bereits im Mutterleib dazu, seine männlichen Eigenschaften noch rechtzeitig vor der Geburt auszubilden. Der Testosteronüberschuss führt aber auch dazu, dass kleine Jungen bereits als Neugeborene bisweilen Erektionen haben.

Ein paar Monate nach der Geburt sinkt der Testosteronspiegel dann um etwa 80 Prozent ab und pendelt sich während der Kleinkindphase auf diesem niedrigen Niveau ein. Deshalb gibt es zwischen kleinen Jungen und Mädchen – wie Sie sicher bestätigen können – zunächst auch keine großen Verhaltensunterschiede.

Mit **vier Jahren** verdoppelt sich dann aus Gründen, die bisher niemand so recht versteht, plötzlich wieder der Testosteronspiegel kleiner Jungen. In diesem Alter erwacht deshalb mit großer Wahrscheinlichkeit unversehens das Interesse des kleinen Fabian an körperlichen Aktivitäten, Abenteuern und handfesten Spielen.

Sein Vater findet den Kleinen jetzt vielleicht besonders lieb, denn Fabian kann jetzt Ball spielen, die beiden können zusammen im Garten arbeiten und überhaupt auf eine Weise miteinander umgehen, wie das nicht möglich war, solange der Bub noch klein und hilflos war.

Mit **fünf Jahren** sinkt der Testosteronspiegel dann wieder um 50 Prozent und der kleine Fabian wird gerade rechtzeitig zum Schulbeginn wieder ein wenig ruhiger. Zwar zirkuliert in seinem Körper noch immer genügend Testosteron, um sein Interesse an körperlichen Aktivitäten, an Abenteuern und Entdeckungen wachzuhalten, aber die Mädchen sind ihm noch relativ gleichgültig.

Irgendwann zwischen dem **elften und dreizehnten Lebensjahr** steigt dann der Testosteronspiegel abermals steil an und erreicht schließlich ein Niveau, das 800 Prozent über jenem liegt, das für die Kleinkindphase typisch ist. Die Folge ist ein plötzlicher Wachstumsschub, eine Verlängerung der Arme und Beine, so dass das gesamte Nervensystem sich neu verknüpfen muss. (Auf Computerverhältnisse übertragen, könnte man den Vorgang vielleicht mit der Installierung einer neuen Windows-Version vergleichen!) Bei etwa 50 Prozent der Jungen ist der Testosteronspiegel so hoch, dass ein Teil des Hormons in Östrogen verwandelt wird, so dass die Brust anschwillt und gewisse zärtliche Regungen erwachen können. Doch das ist kein Anlass zur Sorge.

## Wo ist Fabians Verstand geblieben?

Die durch das rasche Wachstum verursachte Reorganisation von Fabians Gehirn führt dazu, dass er sich monatelang geistig abwesend und chaotisch verhält. Seine Eltern müssen ihm deshalb vorübergehend den Verstand ersetzen! Wenn sie nicht wissen, warum dies so ist, kann es passieren, dass sie sich fragen, was sie falsch gemacht haben.

Wenn ihnen hingegen klar ist, dass dies alles zur Pubertät gehört, und sie zwar wachsam, aber entspannt reagieren, bestehen gute Aussichten, dass die Dinge sich in der Zukunft positiv entwickeln.

Mit **vierzehn Jahren** hat der Testosteronspiegel dann seinen Höhepunkt erreicht, das Schamhaar wächst, die Akne blüht und starke sexuelle Gefühle und eine allgemeine Ruhelosigkeit rauben Fabian und der nächsten Umgebung mehr oder weniger den Verstand.

Ist Fabian dann **Mitte zwanzig**, beruhigen sich die Dinge – hormonell gesehen – allmählich wieder. Sein Testosteronspiegel ist zwar noch immer genauso hoch wie zuvor, doch sein Körper hat sich inzwischen daran gewöhnt und reagiert nicht mehr so empfindlich auf diesen Zustand. Die Erektionen sind eher unter Kontrolle. Das Hormon gewährleistet Fabians Männlichkeit bis weit in die zweite Lebenshälfte – mitsamt hohen Cholesterinwerten, Glatzenbildung und Härchen in der Nase. Außerdem bewirkt das Testosteron immer wieder einmal Schübe kreativer Energie, bestärkt Fabian in seinem Konkurrenzdenken, steigert seinen Leistungswillen und weckt seine Schutzinstinkte. Wenn alles gut geht, begünstigen diese Energien seine Aktivitäten und beruflichen Entscheidungen, fördern ein glückliches Sexualleben und bringen ihm alle möglichen Befriedigungen und Belohnungen ein.

Mit Anfang **vierzig** beginnt Fabians Testosteronspiegel dann ganz langsam zu sinken. Er denkt manchmal tagelang nicht mehr an Sex! Im Schlafzimmer tritt jetzt immer mehr die Qualität an die Stelle der Quantität. Fabian muss sich nun nicht mehr so häufig beweisen und wird reifer und weiser. Er übernimmt in Gruppen und in Arbeitssituationen ohne viel Aufhebens Führungsaufgaben. Er weiß Freundschaft zu schätzen und leistet seine wertvollsten Beiträge zum Weltgeschehen.

### Jeder Junge ist anders

Wir haben hier die Entwicklung eines durchschnittlichen Jungen beschrieben. Natürlich gibt es von Mann zu Mann erhebliche Unterschiede und auch zahlreiche Überschneidungen zwischen den Geschlechtern. Etliche Mädchen legen ein stärker von Testosteron geprägtes Verhalten an den Tag als manche Jungen und etliche Jungen entsprechen mehr dem Östrogentypus als manche Mädchen. Dennoch ist dieses Grundmuster für die meisten Kinder charakteristisch.

Wenn wir verstehen, wie das männliche Geschlechtshormon auf einen Jungen wirkt, begreifen wir auch, was mit diesem vor sich geht, und können einfühlsamer und hilfreicher reagieren. So wie ein guter Ehemann die hormonell bedingten Schwankungen seiner Partnerin vor den Tagen versteht, begreifen gute Eltern, welche Auswirkungen das Testosteron auf das Verhalten ihres Sohnes hat.

## Warum Jungen streiten und kämpfen

Das Testosteron beeinflusst aber auch die Stimmungen und den Energiehaushalt – es ist mehr als nur ein Wachstumshormon. Zweifellos begünstigt es ein energiegeladenes, lautstarkes und ungestümes Verhalten. Aus diesem Grund hat man auch jahr-

hundertelang Hengste verschnitten, um sie ruhiger zu machen. Weibliche Ratten, denen man Testosteron spritzt, versuchen, sich mit anderen Weibchen zu paaren, und kämpfen miteinander.

Das Hormon lässt bestimmte Hirnpartien besonders rasch, andere dagegen langsamer wachsen. Es verstärkt das Muskelwachstum, unterdrückt die Fettentwicklung und es begünstigt Haarausfall.

Wie das Testosteron die männliche Psyche beeinflusst, zeigt eine berühmte Studie. Wissenschaftler beobachteten in einem Laboratorium einige Affen, um etwas über die soziale Struktur der Gruppe herauszufinden. Dabei stellten die Forscher fest, dass sich die männlichen Affen einer genau definierten Hierarchie oder Rangordnung unterwarfen. Die Hierarchie der Weibchen hingegen war wesentlich lockerer gefügt und hing davon ab, wer wem das Haar pflegte. Aber die Männchen wussten stets, wer der Boss, der Unterboss und der ihm Untergeordnete war und mussten stets neue Kämpfe bestehen, um ihren Rang zu bestätigen.

Nachdem die Wissenschaftler diese Gruppendynamik ergründet hatten, sorgten sie für Unruhe im Gehege: Sie spritzten dem in der Hierarchie am tiefsten stehenden männlichen Affen Testosteron und setzten ihn dann wieder in das Gehege. Bestimmt werden Sie erraten, was als Nächstes geschah. Der Affe begann einen Boxkampf mit seinem unmittelbaren »Vorgesetzten«. Und zu seiner eigenen Verwunderung siegte er sogar. Als Nächstes nahm er sich dann den nächsthöheren Artgenossen zur Brust. Innerhalb von nur zwanzig Minuten hatte er sich bis oben durchgeboxt und den stärksten Affen vom höchsten Ast gestoßen. Unser Held war zwar kleingewachsen, aber sein **Testosteronspiegel** war besonders hoch. Und so wurde er innerhalb kürzester Zeit zum neuen »Manager vom Dienst«.

Doch leider war dieser Zustand nicht von Dauer. Die Spritze verlor rasch an Wirkung und unser kleiner Held wurde nun durch die gesamte Hierarchie wieder nach unten geboxt.

Als ich diese Geschichte einmal in einem meiner Seminare erzählte, warf ein Spaßvogel ein: »Das erinnert mich an die Liberal Party!« Welche Partei in Ihrem Land diesem Bild entspricht, müssen Sie entscheiden. Wichtig ist, dass Testosteron das Gehirn beeinflusst und die Rang- und Wettbewerbsorientierung des männlichen Nachwuchses stärkt.

## Jungen brauchen Ordnung

In ihrem Buch *Söhne erziehen* erzählen Don und Jeanne Elium die Geschichte eines alten Pfadfinderleiters, der in einer hoffnungslos rüpelhaften Pfadfindertruppe für Ordnung sorgen soll. In der Gruppe geht es drunter und drüber. Die Jungen streiten und prügeln sich unentwegt, verwüsten ihre Unterkunft, lernen nichts und einige der zart besaiteteren Jungen haben inzwischen die Gruppe verlassen. Deshalb bleibt dem Mann keine andere

Wahl, als hart durchzugreifen. Schon in seinem ersten Gespräch mit den Jungen stellt er einige Regeln auf und fordert ein paar besonders widerspenstige junge Burschen auf, sich entweder zu fügen oder die Gruppe zu verlassen. Er schafft klare Strukturen und sorgt dafür, dass die Pfadfinderkenntnisse wieder in geordneter Weise vermittelt werden. So gelingt es ihm allmählich, die Gruppe »umzukrempeln«. Einige Monate später ist alles wieder in bester Ordnung.

Den Eliums erklärte der Pfadfinderleiter, dass Jungen stets drei Dinge beantwortet haben wollen, und zwar:

1 Wer hat das Sagen?
2 Wie lauten die Regeln?
3 Werden diese Regeln gerecht durchgesetzt?

## Das Wichtigste ist Struktur

Jungen fühlen sich unsicher und gefährdet, wenn eine Situation ihnen keine klaren Strukturen bietet. Wenn niemand das Sagen hat, fangen sie an herumzurangeln, um eine Rangordnung zu etablieren. Sie versuchen, hierarchische Verhältnisse herzustellen, können dies jedoch nicht immer, falls sie allesamt gleichaltrig sind. Wenn wir ihnen eine Struktur anbieten, können sie sich entspannen. Mädchen macht dieses Problem weniger zu schaffen.

Vor ein paar Jahren habe ich einige Zeit in den Elendsvierteln Kalkuttas verbracht, um mich über die dortigen Familien zu informieren. Auf den ersten Blick erschien mir die Stadt chaotisch und erschreckend. Die Lebensverhältnisse dort wurden von den Anführern von Verbrecherbanden und ausgeprägten Hierarchien in den Wohnvierteln bestimmt. Doch diese sorgten dafür, dass die Leute wenigstens ein halbwegs berechenbares

Leben führen konnten. Tatsächlich lebte man dort – mit einer mafiaartigen Struktur – immer noch sicherer als ohne. Wenn es vertrauenswürdigen und fähigen religiösen oder kommunalpolitischen Führern zuweilen gelang, gerechtere Strukturen zu etablieren, dann war das Leben der Menschen natürlich noch weitaus erträglicher.

Ähnlich verhält es sich mit Jungen, die sich zu einer Gang zusammenschließen. Eine solche Gruppe stellt von Seiten der Jungen den Versuch dar, sich ein Gefühl der Zugehörigkeit, der Ordnung und Sicherheit zu verschaffen. Wann immer Sie eine bedrohlich erscheinende Jugendgang sehen, können Sie davon ausgehen, dass es weit und breit keinen Erwachsenen gibt, der die Leitung übernimmt. Diese Jugendgang ist entstanden, weil die Jungen sich aus Gründen des physischen und auch des psychischen Überlebens eine eigene Ordnung geschaffen haben.

Jungen treten nach außen hin forsch auf, um ihre Angst zu verbergen. Erst wenn jemand eindeutig der Chef ist, können sie sich entspannen. Aber ein solcher Chef darf nicht launisch sein und nur strafend. Wenn ein Tyrann das Sagen hat, steigt die Stressbelastung der Jungen, und das Gesetz des Dschungels setzt sich wieder durch. Wenn ein Lehrer, Jugendgruppenleiter oder ein Elternteil freundlich und fair auftritt (zugleich aber auch be-

stimmt), dann verzichten Jungen sofort auf ihre Machoallüren und sind lernwillig.

Wir haben es hier offensichtlich mit einer naturgegebenen Differenz der Geschlechter zu tun. Denn wenn Mädchen innerhalb einer Gruppensituation Angst haben, machen sie sich im Allgemeinen eher klein und verhalten sich still, während Jungen unter den gleichen Bedingungen umherlaufen und möglichst viel Lärm veranstalten. Man hat das fälschlicherweise oft dahin gehend interpretiert, dass Jungen in der Vorschule und ähnlichen Einrichtungen »raumbeherrschend« auftreten. Doch in Wahrheit handelt es sich bei diesem Verhalten um eine Angstreaktion.

Schulen, die es verstehen, Jungen mit interessanten und konkreten Aufgaben zu beschäftigen (etwa die Montessori-Schulen, in denen viel mit Holzblöcken, -figuren und -perlen gearbeitet wird), haben kaum mit diesen geschlechtsspezifischen Verhaltensdifferenzen zwischen Mädchen und Jungen zu kämpfen.

Nicht alle Fachleute akzeptieren, dass Hormone das Verhalten von Jungen beeinflussen. Einige feministische Biologinnen haben dahin gehend argumentiert, dass Männer nicht von Natur aus, sondern durch Konditionierung – also im weitesten Sinne Erziehung – mehr bzw. weniger Testosteron produzieren.

Das trifft zum Teil zu: Eine Studie hat ergeben, dass Jungen in einer Angst erregenden, gewalttätigen schulischen Umgebung mehr Testosteron ausschütten. Als sich an derselben Schule eine angenehmere Atmosphäre eingestellt hatte (die Lehrer weniger bedrohlich auftraten und die Aggressivität zwischen den Schülern durch besondere Verhaltensschulungen abgebaut wurde), sank der Testosteronspiegel der betroffenen Jungen deutlich ab. Folglich sind biologische **und** soziale Einflüsse an diesen Vorgängen beteiligt.

Aber soziale Faktoren beeinflussen lediglich die Ausschüttung des Hormons. Die Natur und die innere Uhr regen jedoch die Produktion an. Erfolgreich mit Jungen umgehen kann nur, wer ihre Natur akzeptiert und diese in die richtige Richtung lenkt. Der Versuch, aus Jungen Mädchen machen zu wollen, ist zum Scheitern verurteilt.

## Wie der Unterschied zwischen Männern und Frauen entsteht

Die Evolution verändert ständig die Erscheinungsform aller Lebewesen. So hatte etwa der frühe Mensch einen riesigen Kiefer und große Zähne, um rohe Nahrung leichter zerkauen zu können. Als dann jedoch das Feuer und damit das Kochen entdeckt wurde, verkleinerten sich unser Unterkiefer und unsere Zähne im Laufe vieler Generationen immer mehr, weil das Essen jetzt leichter zu kauen war. Mithin hat unser Verhalten tatsächlich unsere körperliche Erscheinungsform verändert. Wenn wir noch einige tausend Jahre Fast Food zu uns nehmen, könnte es sein, dass wir am Ende ganz ohne Kinn dastehen!

**Die Entwicklung des menschlichen Kiefers**

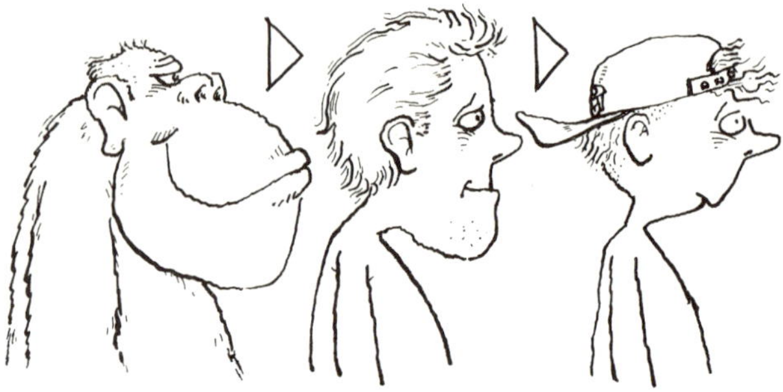

Einige Unterschiede zwischen Mann und Frau sind auf den ersten Blick sichtbar – etwa die Größe, die mehr oder weniger ausgeprägte Behaarung und anderes. Doch die wesentlichen Unterschiede sind verborgen. Diese verdanken sich den unterschiedlichen Rollen, die beide Geschlechter im Verlauf einer langen Evolution gespielt haben. So richtete sich bereits in den Gesellschaften der Jäger und Sammler die Aufteilung der Arbeit nach den Geschlechtergrenzen. Während 99 Prozent der Menschheitsgeschichte waren die Frauen vor allem mit dem Sammeln, die Männer hingegen mit der Jagd befasst.

Die Jagd war eine spezialisierte Tätigkeit. Sie verlangte rasche Kooperation, plötzliche und intensive Muskelaktivität über eine kurze Zeitspanne und darüber hinaus ein hohes Maß an Konzentrationsfähigkeit. War die Jagd einmal eröffnet, blieb keine Zeit mehr für Diskussionen. Einer hatte das Kommando und die anderen machten mit oder schieden aus der Gruppe aus.

Die Arbeit der Frauen hingegen, die damit beschäftigt waren, Samen, Wurzeln und Insekten zu sammeln, war völlig anders geartet. Sie ließ den beteiligten Frauen Zeit für Gespräche, erforderte geschickte und feinfühlige Finger und schloss überdies die Versorgung der kleinen und größeren Kinder ein. Infolgedessen sind die Hände der Frau durchschnittlich wesentlich empfindsamer als die der Männer. Die Arbeit der Frauen erforderte Vorsicht, Beständigkeit und die Berücksichtigung vieler Details, während die Jagd ein gewisses Maß an Verwegenheit und notfalls sogar die Bereitschaft zum Selbstopfer verlangte. Deswegen sind Frauen körperlich im Allgemeinen kleiner als Männer, aber auch zäher und ausdauernder.

Der Körper des Mannes hingegen ist besser für spontane Kraftausbrüche geeignet, wird aber umso leichter durch ein Grippevirus oder einen eingewachsenen Zehennagel außer Gefecht gesetzt. So groß waren die Unterschiede dann aber auch wieder nicht, wobei sicherlich eine gewisse Rollenflexibilität geholfen hat. Und so ist aus uns eine Spezies geworden, deren beide Geschlechter sich in puncto Körperbau und Gehirn zwar nicht übermäßig, aber doch signifikant unterscheiden.

Diese Jäger-Sammler-Tradition ist für uns jedoch bis heute ein nicht unproblematisches Erbe. In der Dritten Welt (wo die Menschen heute vorwiegend von der Landwirtschaft leben) arbeiten die Männer vielfach nicht annähernd so hart wie die Frauen. Vermutlich warten sie noch immer darauf, gegen jemanden zu kämpfen oder auf die Jagd zu gehen!

## Was das Geschlecht mit Aggressivität zu tun hat

Studien an Affen legen die Vermutung nahe, dass kräftige Männchen auch mit einem stärkeren Sexualtrieb ausgestattet sind. Die männlichen Mitglieder siegreicher Sportmannschaften haben (nach dem Spiel) einen höheren Testosteronspiegel als die Verlierer. Und nach Auskunft der Historiker haben viele bedeutende politische Führer (wie zum Beispiel die amerikanischen Präsidenten Kennedy und Clinton) einen außerordentlich starken Sexualtrieb und das in einem fast tragischen, belastenden Ausmaß. (Schließlich ist es nicht ganz einfach, ein Land zu führen, wenn man ständig aus der Alltagsroutine ausbrechen und Sex haben will.)

Nach einer in den achtziger Jahren an jugendlichen Straftätern durchgeführten Studie gerieten diese in den sechs Monaten vor ihrem ersten Geschlechtsverkehr signifikant häufiger in Konflikt mit dem Gesetz. Mit anderen Worten: Die sexuellen Erfahrungen trugen zu ihrer Beruhigung bei. Da alle Jungen in diesem Alter masturbieren, kann für dieses Ergebnis nicht allein der Abbau sexueller Spannungen ausschlaggebend gewesen sein.

Doch vielleicht hatten die Jungen, nachdem sie eine wirkliche Sexualpartnerin gefunden hatten, das Gefühl, endlich so etwas wie »vollwertige Menschen« zu sein. (Das kann natürlich kein Vorschlag zur Therapie straffällig gewordener Jugendlicher sein, gleichwohl klingt die Schlussfolgerung recht plausibel.)

Sexualität und Aggressivität hängen zusammen und werden von denselben Gehirnzentren und Hormonen gesteuert. Dieser Umstand hat seit jeher große menschliche Tragödien und Schmerzen ausgelöst, unter denen Frauen, Kinder und auch Männer zu leiden hatten.

Wegen dieser engen Verknüpfung von Sexualität und Aggressivität beim Mann sollte man Jungen immer darin unterstützen, zu Mädchen personenbestimmte Beziehungen aufzubauen, Einfühlungsvermögen zu entwickeln und als Liebhaber sich von Zärtlichkeit und Rücksicht leiten zu lassen.

Natürlich kann sich ein Mann, der sich zu einem sexuellen Gewaltakt hat hinreißen lassen, niemals mit dem Verweis auf seine Hormone herausreden. Doch sollten wir Männer unbedingt lernen, aggressive von sexuellen Impulsen zu unterscheiden. Wir sollten deshalb auch keine Filme produzieren, in denen beides mitein-

ander verquickt ist. Die Vergewaltigungs-Rache-Verknüpfung, von der zahlreiche zweitklassige Filme leben, ist absolut schädlich.

Sogar ältere, erfahrene Männer können daraus die falschen Schlussfolgerungen ziehen. So bedrängte erst kürzlich ein über sechzigjähriger Mann, der eine Partnerschaftsvermittlung in Anspruch genommen hatte, bei den arrangierten Begegnungen seine potentiellen Partnerinnen sexuell. Dieser eigentlich sehr sanfte und rücksichtsvolle (seit zwei Jahren verwitwete) Mann hatte sich in mehreren Exemplaren der Zeitschrift *Cosmopolitan* darüber informiert, was die heutigen Frauen von einem Mann erwarten, und sich entsprechend verhalten!

Pornographische Filme sind genauso schlimm. In den typischen einfältigen Pornos gibt es ohnehin nicht viel mehr zu sehen als ziemlich unappetitliche Leute, die besinnungslos herumrammeln. Wo aber sind die Filme, in denen zärtliche, sinnliche, verspielte, ausgelassene Liebesakte gezeigt werden (die zudem in Gespräche, Gemeinsamkeit und Zeichen der Verletzlichkeit eingebettet wären, so dass sich heranwachsende Jungen mit einem wesentlich tieferen und vielschichtigeren Begriff von Sexualität auseinander setzen könnten)?

Doch ob ein Junge Sexualität und Aggressivität vermischt, wird wohl bereits viel früher entschieden. Entscheidend dabei ist, ob er genügend Freundlichkeit und Zuneigung erfahren hat. Raymond Wyre, ein britischer Experte, der vor allem mit Männern arbeitet, die Kinder sexuell missbraucht haben, hat festgestellt, dass zwar nicht jeder dieser Männer selbst Opfer eines solchen Vergehens gewesen ist (obwohl vielfach der Fall), dass aber seine sämtlichen Patienten eine harte, lieblose Kindheit durchlebt hatten. Er glaubt, dass es diesen Männern am nötigen Einfühlungsvermögen fehlt, weil sie selbst niemals über einen längeren Zeitraum Verständnis und Freundlichkeit erfahren haben und deshalb in gewisser Hinsicht nicht wirklich wussten, was sie ihren Opfern antaten.

### Besonders »energiestrotzende« Jungen brauchen Führung

Testosteron ist eine Energiebombe. Jungen, die mit diesem Hormon reichlich ausgestattet sind, verfügen oft über außergewöhnliche Führungsqualitäten. Schon in den ersten Schuljahren fallen den Lehrern diese Jungen auf, die das Potential entweder zum Helden oder zum Bösewicht der Klasse haben.

Für Jungen dieser Art gibt es keinen Mittelweg. Sie unterscheiden sich von ihren Altersgenossen durch

- ihr herausforderndes Auftreten,
- ihren Wettbewerbsgeist,
- ihre körperliche Frühreife und
- ihre überschäumende Energie.

Wenn es dem Lehrer gelingt, die Aufmerksamkeit eines solchen Jungen zu gewinnen und dessen Energien in positive Bahnen zu lenken, dann wird der junge Mann sich prächtig entwickeln und sich als Gewinn für die ganze Schule erweisen. Falls aber der Lehrer oder die Eltern auf Distanz gehen oder sich dem Jungen gegenüber negativ verhalten, dann wird er seinen ganzen Stolz darauf verwenden, sich mit dem oder der betreffenden Erwachsenen auf einen Kampf einzulassen, aus dem ungeahnte Schwierigkeiten entstehen. Solche Jungen verfügen zwar über ein erhebliches Führungspotential, aber dieses Potential muss bereits früh angemessen strukturiert werden.

## Kurzgefasst

1 Je nach körpereigener Produktion ist jeder Junge von dem Geschlechtshormon Testosteron beeinflusst. Das Hormon bewirkt Wachstumsschübe, steigert die Aktivität und fördert den Wettbewerbsgeist. Deshalb bedürfen Jungen klarer Verhaltensrichtlinien sowie eines sicheren und geordneten häuslichen und schulischen Umfelds.

2 Das Hormon verursacht auffällige Veränderungen:
- Im Alter von vier Jahren bewirkt es einen Aktivitätsschub und macht aus dem Kind einen typischen Jungen.
- Mit dreizehn ist es ursächlich für das rasche Wachstum und jene typische allgemeine Orientierungslosigkeit.
- Mit vierzehn schließlich veranlasst es den Jungen, Grenzen in Frage zu stellen und zum jungen Mann heranzureifen.

3 Jungen unter Testosteroneinwirkung wollen wissen, wer das Sagen hat, brauchen aber auch eine faire Behandlung. Negative Umwelteinflüsse bringen ihre Schattenseiten zum Vor-

schein. Jungen mit einem hohen Testosteronspiegel brauchen besonders viel Unterstützung, damit sie ihre Führungsqualitäten entwickeln und lernen, ihre Energien positiv einzusetzen.

4 Soll ein Junge zu einem rücksichtsvollen und sinnlichen Sexualpartner heranwachsen, muss er früh erfahren, was Einfühlungsvermögen und Zärtlichkeit bedeuten.

5 Auch manche Mädchen haben einen relativ hohen Testosteronspiegel, doch im Großen und Ganzen handelt es sich bei dem Hormon um eine »Männersache«. Jungen brauchen deshalb – was die Auswirkungen dieses Geschlechtshormons betrifft – unser Verständnis und keine Vorhaltungen oder Ironie. Das Testosteron begründet ihre Vitalität, die wir respektieren und in positive Bahnen lenken sollten.

## Wunderliche Testosteron-Fakten

- Im Tierreich gibt es eine Hyänenart – die sogenannte Fleckenhyäne –, deren Testosteronspiegel schon bei der Geburt so hoch ist, dass die weiblichen Jungen einen Pseudopenis aufweisen und ihre Schamlippen an Hoden erinnern. Diese Hyänenart kommt bereits mit vollentwickelten Zähnen auf die Welt, und die Welpen sind so aggressiv, dass sie sich oft gegenseitig in den ersten beiden Tagen nach der Geburt auffressen.

- In der Dominikanischen Republik gibt es bisweilen Fälle, in denen wegen eines fehlenden Enzyms die Testosteronproduktion männlicher Embryos im Mutterleib ausbleibt. Diese Jungen kommen dann ohne Penis und Hoden zur Welt, sehen eher wie Mädchen aus und werden auch so aufgezogen. Doch

im Alter von zwölf Jahren schüttet ihr Körper plötzlich Testosteron aus, und die Kinder entwickeln sich unversehens zu »richtigen« Jungen mit Penis und Hoden, tiefer Stimme und allen anderen Merkmalen. Hinterher führen sie dann offenbar ein normales Männerleben. In der Landessprache werden sie als »Penis-mit-zwölf-Jahren«-Kinder bezeichnet.

- Die angeborene Nebennierenhyperplasie kann ursächlich dafür sein, dass der weibliche Embryo im Mutterleib zu viel Testosteron produziert, doch dieser Defekt verschwindet nach der Geburt automatisch. Obwohl die hormonelle Versorgung dieser Mädchen danach normal verläuft, zeichnen sie sich durch überdurchschnittliche körperliche Fähigkeiten und eine Vorliebe für männliche Spielkameraden, Spielzeugautos und -pistolen sowie »männliche« Kleidung aus.

- Eine Testosteronüberempfindlichkeit oder eine Überschussproduktion des Hormons findet sich auffallend häufig bei mathematisch begabten Kindern, Linkshändern, Asthmatikern und Allergikern.

- Östrogen, das weibliche Gegenstück des Testosterons, bewirkt nachweislich, dass sich zwischen den Nervenzellen mehr Verbindungen bilden. Frauen haben zwar ein kleineres Gehirn, dessen Zellen sind aber besser miteinander verschaltet .

- Bei Bariton-Sängern in walisischen Chören wird mehr Testosteron als bei Tenören ausgeschüttet. Bariton-Sänger sind zudem sexuell aktiver!

- Der Liebesakt lässt den Testosteronspiegel ansteigen. Je mehr geschlechtliche Zuwendung man erhält, umso mehr möchte man davon – wenigstens ein paar Tage lang. Sportliche oder politische Erfolge bewirken ebenfalls eine Erhöhung der Testosteronproduktion. Stress und Einsamkeit lassen sie sinken. Sie regen überdies die Ausschüttung von Östrogen an, so dass sich die weiblichen Züge verstärken.

- Und der schließlich wundersamste Testosteron-Fakt illustriert das enge Zusammenspiel von biologischen Faktoren und Verhalten bei höher entwickelten Tieren. Halten Sie sich fest: Rattenmütter lecken häufig die Geschlechtsorgane ihrer männlichen Jungen und tragen so dazu bei, dass deren Gehirn sich »männlich« entwickelt. Offenbar ist es das Testosteron im Urin der männlichen kleinen Ratten, das die Mutter dazu veranlasst. Wenn man weiblichen kleinen Ratten Testosteroninjektionen verabreicht, leckt die Mutter die Geschlechtsorgane der weiblichen Tiere ebenfalls. Kastriert man wiederum männliche kleine Ratten, hört die Mutter auf, deren Geschlechtsorgane zu lecken. (Eine doppelte Tragödie!)

- Aber das ist noch nicht alles – es wird noch interessanter. Die Rattenjungen, die auf diese Weise von der Mutter beleckt werden, entwickeln eine männlich funktionierende Hypophyse, seien sie nun männlich oder weiblich. Weibliche Ratten, die von der Mutter auf diese Weise »behandelt« worden waren, verhielten sich während ihres restlichen Lebens wie ihre männlichen Artgenossen. Wenn man die Mutter von den Jungen fern hielt und statt dessen einer der Forscher die männlichen und weiblichen Rattenjungen mit einem Pinsel in dieser Weise stimulierte, wurden dadurch im Hirn die gleichen fortwährenden physiologischen Veränderungen angeregt.

Unter den Hunderten von Studien, die ich gesichtet habe, sagt diese womöglich besonders viel aus über das komplizierte Zusammenspiel von Natur und Aufzuchtsverhalten für die Ausprägung der Geschlechtscharakteristika. (Und vermutlich ist das auch die einzige Schlussfolgerung, die wir aus diesem Ergebnis ziehen können.)

Ohnehin sind – in einem komplizierten Wechselspiel – unentwegt zahlreiche physiologische und soziale Einflüsse für die Entwicklung gesunder, funktionstüchtiger männlicher und weiblicher Lebewesen ausschlaggebend. Die Geschlechterdifferenzierung geschieht nämlich nicht automatisch. Denn ohne Zuneigung und Anregungen wachsen Kinder erwiesenermaßen nicht so gut und werden später auch weniger intelligent, als ihre entsprechenden Potentiale dies erlauben würden. Wir müssen deshalb unsere Kinder fürsorglich behandeln, damit sie sich körperlich richtig entwickeln und sich in ihrer geschlechtlichen Identität wohl fühlen können.

# Kapitel 4
# Das weibliche und das männliche Gehirn

## Ein Wachstumswunder

Das Gehirn eines Embryos im Mutterleib wächst sehr rasch und entwickelt sich innerhalb von ein, zwei Monaten aus einem kleinen Zellhaufen zu einer der komplexesten Strukturen in der gesamten Natur. Im sechsten Schwangerschaftsmonat verfügt der Fötus bereits über vom Gehirn koordinierte beeindruckende Fähigkeiten, etwa das Vermögen, Stimmen zu erkennen, auf Bewegungen zu reagieren und zurückzukicken, wenn man ihn stupst. Mittels Ultraschall kann man sogar erkennen, dass das Kind den Mund bewegt, als würde es singen.

Bei der Geburt ist das Gehirn nur teilweise ausgebildet und hat erst ein Drittel seiner Endgröße erreicht. Es dauert noch einige Zeit, bis es vollständig entwickelt ist. So ist etwa das Sprachzentrum des Gehirns erst mit dreizehn Jahren voll ausgereift. (Deshalb sollten auch Jungen während der Grundschulzeit regelmäßig und möglichst häufig zum Lesen angehalten werden.)

Bereits das Gehirn des ungeborenen Kindes weist geschlechtsspezifische Merkmale auf. Einer dieser Unterschiede besteht darin, dass sich das Gehirn der Jungen langsamer entwickelt als das der Mädchen. Ein weiterer Unterschied besteht darin, dass die linke und die rechte Hirnhälfte bei Jungen durch weniger Verbindungen miteinander verknüpft sind.

Alle Tiere haben zwei Gehirnhälften. Bei einfacheren Tieren (etwa Echsen oder Vögeln) bedeutet das, dass alle Funktionen doppelt vorhanden sind. Ein Schlag auf den Kopf mag zwar einen Teil einer Hirnhälfte zerstören, aber dann kann die andere Hälfte sämtliche verloren gegangenen Funktionen übernehmen. Beim Menschen (der über etwas mehr nachzudenken hat!) spezialisieren sich die beiden Hirnhälften auf gewisse Weise. Die eine Hälfte ist für die Sprache und das Denken zuständig, die andere für Bewegungen, Gefühle, den Raum- und den Positionssinn. Beide Hälften kommunizieren durch ein dickes zentrales Nervenbündel miteinander, das so genannte *Corpus callosum* (das hört sich fast an wie eine katholische Schuleinrichtung). Das *Corpus callosum* eines Jungen ist jedoch verhältnismäßig kleiner als

das eines Mädchens, d.h., seine beiden Gehirnhälften sind durch weniger Verbindungen miteinander verknüpft.

Neuere Studien haben gezeigt, dass Jungen bestimmte Problemstellungen (etwa die Lösung eines Buchstabenrätsels oder Wortpuzzles) nur mit einer Hirnhälfte angehen, während Mädchen dazu **beide Hälften** benutzen. Die entsprechenden Vorgänge im Gehirn lassen sich sichtbar machen mit Hilfe eines als Magnetresonanz-Tomographie (MRT) bezeichneten Verfahrens. Bei Mädchen gehen dabei gleichsam im ganzen Kopf die »Lichter« an, während dies bei Jungen nur in einem Teil einer der beiden Hälften der Fall ist. Das hat erhebliche Konsequenzen (auf die wir später noch eingehen werden).

## Weshalb der Unterschied?

Das Gehirn eines Kindes vor und nach der Geburt wächst ungefähr wie ein Topf mit Kressesprossen, der zufällig in der Sonne steht. Die Gehirnzellen werden immer länger und gehen immer neue Verbindungen miteinander ein. Die linke Hälfte der

Gehirnrinde wächst bei kleinen Kindern langsamer als die rechte, bei Jungen noch langsamer als bei Mädchen. Das Testosteron im Blut des Jungen verlangsamt dieses Wachstum. Das im Blut kleiner Mädchen vorherrschende Östrogen jedoch beschleunigt das Wachstum der Gehirnzellen.

Während die rechte Gehirnhälfte heranwächst, versucht sie, Verbindungen zu ihrem linken Gegenstück herzustellen. Bei Jun-

Praktische Hilfe

## Lernen, sich mitzuteilen

Was man heute als Kommunikation bezeichnet, ist ein grundlegender Aspekt des Daseins. Leider findet man in jedem Klassenzimmer etwa vier bis fünf Kinder, die nicht richtig lesen, schreiben oder sprechen können. Rund 80 Prozent dieser Kinder sind Jungen. Die Ursache dafür ist, so sagt man, dass das männliche Gehirn für sprachliche Anforderungen nicht so gut ausgerüstet ist wie das weibliche.

Doch man braucht dies nicht einfach hinzunehmen. Wenn Sie verhindern möchten, dass Ihr Kind unter Lern- und Sprachproblemen leidet, können Sie dagegen eine Menge tun. Das behauptet jedenfalls Dr. Jenny Harasty, die gemeinsam mit ihren Mitarbeitern bahnbrechende Forschungen im Bereich der Kommunikationsstörungen angestellt hat.

So hat Harasty etwa herausgefunden, dass zwei Gehirnregionen, die für die Sprach- und Sprechkompetenz eine besondere Bedeutung haben, bei Frauen proportional um zwanzig bis dreißig Prozent größer sind als bei Männern. Doch niemand weiß, ob diese Regionen bereits bei der Geburt der Mädchen größer sind oder sich erst durch erhöhte Inanspruchnahme vergrößern. Was immer auch die Ursache sein mag, eines jedenfalls wissen wir: Unser Gehirn reagiert sehr empfindlich auf Lernerfahrungen, wenn diese im richtigen Alter stattfinden. Und für den Spracherwerb liegt dieses Alter zwischen der Geburt und dem achten Lebensjahr. Auch Heranwachsende und Erwachsene lernen weiterhin, doch je älter ein gen ist die linke Hälfte jedoch noch nicht darauf vorbereitet, solche Verbindungen einzugehen, weshalb die von der rechten Seite herübertastenden Nervenzellen keine Stellen finden, in die sie sich »einstöpseln« könnten. Deshalb wenden sie sich zur rechten Seite zurück und stöpseln sich stattdessen dort ein.

Infolgedessen ist beim Jungen die rechte Hirnhälfte reicher an internen Verbindungen und ärmer an Vernetzungen mit der ge-

Mensch wird, desto schwieriger ist es, die frühen Vernetzungen innerhalb des Gehirns umzuprogrammieren.

Wenn Sie die kommunikativen Fähigkeiten Ihres Sohnes stärken möchten, sollten Sie damit im Säuglingsalter beginnen. Er wird dann in der Schule besser lesen, schreiben und sprechen können. Und so gehen Sie vor:

### 1 Reden ist Gold – die Stufenleiter des Spracherwerbs

Kinder eignen sich die gesprochene Sprache Schritt für Schritt an. Bereits Säuglinge brabbeln und gestikulieren liebend gerne und versuchen uns auf diese Weise mitzuteilen, dass sie bereit sind, die Regeln der verbalen Kommunikation zu erlernen! Deshalb sollten Eltern bereits in dieser Phase beginnen, ihrem Kind Wörter beizubringen. Wenn Ihr Kind Ihnen etwas vorbrabbelt, dann sollten Sie versuchen zu erraten, welches Wort das Kind eigentlich gemeint hat.

Sagt das Kleine beispielsweise »Gaga« und zeigt auf seine Spielzeugente, dann sagen Sie: »Richtig, Gaga-Ente, Martins Gaga-Ente«, und schon bald wird Martin zunächst »Gaga-Ente« und später nur noch »Ente« sagen. Bei einem Kleinkind, das bereits einzelne Wörter wie »Milch« sagen kann, erweitern Sie den Wortschatz, indem Sie beispielsweise »Milchflasche« sagen. Das hilft dem Kind dabei, Wortpaare zu bilden und so seinen Wortschatz allmählich zu erweitern.

Einem Kind, das Wörter bereits in Paaren oder Dreiergruppen bildet, können Sie helfen, wenn Sie daraus ganze Sätze bilden. Wenn Ihr Sohn beispielsweise sagt: »Albert Auto«, dann erwidern Sie: »Albert möchte ein Auto? Hier ist Alberts Auto.« Und so fort.

Kurz: Kinder lernen am besten, wenn Sie mit ihnen je nach Alter auf einem Niveau sprechen, das der erreichten Sprachkompetenz jeweils um einen Schritt voraus ist. Und die Kleinen mögen dieses Spiel. Denn schließlich lieben alle Menschen jegliche Art von Kommunikation.

### 2 Erklären Sie Ihrem Kind die Dinge, so oft Sie können

Gelegenheiten hierzu bieten sich, wann immer Sie gemeinsam mit Ihren Kindern alltägliche Dinge erledigen: reisen, den Haushalt machen, spazieren gehen. Plaudern Sie mit ihnen, erklären Sie ihnen Dinge, beantworten Sie Fragen. Überraschenderweise begreifen offenbar manche ansonsten sehr liebevollen Eltern (die ihren Nachwuchs rührend umsorgen) nicht, dass regelmäßige Gespräche der Gehirnentwicklung ihres Kindes zugute kommen. Seien Sie nicht schüchtern, sondern erzählen Sie den Kleinen Geschichten, plaudern Sie mit ihnen.

Zum Beispiel: »Siehst du den Hebel da? Damit kann man den Scheibenwischer einschalten, der den Regen von der Scheibe wischt.« – »Dieser Staubsauger hier erzeugt einen künstlichen Wind. Er saugt die Luft an und befördert zugleich damit den Schmutz in eine Tüte. Möchtest du mal?« Diese Art von Unterweisung – sofern Sie Ihr Kind nicht überfordern oder langweilen – ist für die Gehirnentwicklung Ihres Nachwuchses viel wichtiger als eine teure Schule oder kostspielige Nachhilfestunden in späteren Jahren.

### 3 Lesen Sie Ihren Kindern schon früh Geschichten vor

Selbst wenn Ihr Kind erst ein Jahr alt ist, können Sie ihm schon einfache Texte vorlesen, besonders wenn diese sich reimen oder viele Wiederholungen bieten. Wenn Sie Ihren Kindern bereits in ganz frühen Jahren Bil-

derbücher zeigen und vorlesen, lernen die Kleinen, wie unterhaltsam und anregend Bücher und Illustrationen sein können und wie angenehm Ihre Stimme klingt. Sie können diese Darbietungen natürlich auch noch ein wenig »aufmöbeln«, indem Sie Ihre Stimme verstellen oder ein bisschen schauspielern. Nehmen Sie das Kind dazu auf den Schoß oder machen Sie es sich zusammen auf dem Sofa gemütlich.

Hat Ihr Kind erst einmal einige Lieblingsgeschichten für sich entdeckt, können Sie damit beginnen, Ihren Sprössling Sätze vervollständigen zu lassen. Sie lesen etwa vor: »Und die kleine Katze machte ...?«, legen dann eine Pause ein und lassen den Satz, der mit »Miau« endet, von Ihrem Kind zu Ende sprechen. Diese Fähigkeit, den Fortgang von Sätzen im Geiste vorwegzunehmen, ist für die spätere Lesefähigkeit sehr wichtig. Gute Leser haben ein Gespür dafür, welches Wort als Nächstes folgen wird.

Vergessen Sie nicht, spielerisch vorzugehen, wenn Sie mit Ihren Kindern Lernspiele spielen, und fordern Sie stets etwas mehr, als sie bereits wissen – denn genau das lieben Kinder. Jedes Kind profitiert von diesen drei Lernspielen, aber bei Jungen kommt ihnen auch noch eine präventive Bedeutung zu, weil sie von Natur aus sprachlich weniger begabt sind und deshalb unserer besonderen Unterstützung bedürfen. Außerdem bringen diese Lernspiele sämtlichen Beteiligten reichlich Spaß.

Wenn Sie sich wegen der sprachlichen Entwicklung Ihres Jungen Sorgen machen (und der Kleine nicht so gut spricht, wie er es nach Ihrer Auffassung sollte), dann, so Dr. Jenny Harasty, sollten Sie sich auf Ihre Intuition verlassen. Fragen Sie einen Sprachtherapeuten. Kinder finden sprachtherapeutische Sitzungen nämlich unterhaltsam und können durch geeignete Übungen in ihrer sprachlichen Entwicklung erheblich gefördert werden.

genüberliegenden Seite. Das ist möglicherweise eine Erklärung dafür, weshalb Jungen in Mathematik, die vorwiegend die rechte Hirnhälfte fordert, erfolgreicher sind (und größeres Interesse daran finden, Dinge auseinander zu nehmen und die Einzelteile dann herumliegen zu lassen!).

Doch sollten wir diese Schlussfolgerungen nicht auf die Spitze treiben, da die Ausbildung bestimmter Fähigkeiten oft genug auch von der elterlichen Erwartungshaltung, von der notwendigen Übung und vom sozialen Umfeld abhängt. Natürlich ist klar, dass Übung dazu führt, dass mehr dauerhafte Verbindungen hergestellt werden. Deshalb tragen auch Ermutigung und schulische Ausbildung zur Ausgestaltung und Funktionstüchtigkeit des Gehirns in späteren Lebensjahren bei. Ob die Ursachen dafür nun hormoneller oder psychologischer Natur sind, das kann dahingestellt bleiben – jedenfalls besteht kein Zweifel daran, dass zwischen den Männern und Frauen des ausgehenden 20. Jahrhunderts die genannten Gehirnunterschiede bestehen.

Wegen der engeren Verbundenheit ihrer beiden Hirnhälften erholen sich Frauen, die einen Schlaganfall erleiden, meist rascher und vollständiger als Männer. Sie können zusätzliche Verbindungen zur anderen Hälfte ihres Gehirns herstellen, die dann die Funktion der beschädigten Gewebezonen übernehmen können. Aus dem gleichen Grund verbessern auch Mädchen, die unter Lernschwierigkeiten leiden, bei entsprechender Nachhilfe schneller ihre Leistungen als Jungen. Diese sind darüber hinaus geburtsbedingten Hirnschäden hilfloser ausgeliefert als Mädchen. Das erklärt vielleicht auch die große Zahl von Jungen, die unter Lernschwierigkeiten, Autismus und anderen derartigen Störungen leiden.

Es gibt aber noch andere Unterschiede, die noch nicht gründlich erforscht sind. Mit Hilfe von Autopsien und bildgebenden Computerverfahren hat man heute bereits sieben Zonen eingegrenzt, die sich bei Mann und Frau signifikant voneinander unterscheiden.

## Wie das Gehirn eines Jungen gebaut ist

Wer über die Gehirnentwicklung von Jungen Bescheid weiß, versteht auch einige der praktischen Probleme, unter denen Jungen zu leiden haben, und wie Abhilfe zu schaffen ist.

Wenn bei Ihnen die rechte und die linke Gehirnhälfte nur schwach miteinander verbunden sind, dann wird es Ihnen schwer fallen, Dinge gut zu tun, an denen beide Gehirnhälften beteiligt sind. Solche Tätigkeiten sind etwa das **Lesen**, das **Sprechen über Gefühle** oder der Versuch, Probleme durch **ruhige Betrachtung** statt durch Aggressivität oder Gewalt zu lösen. Kommen Ihnen diese Schwierigkeiten bekannt vor? Dann verstehen Sie jetzt vielleicht besser, warum die Gehirnforschung so wichtig ist.

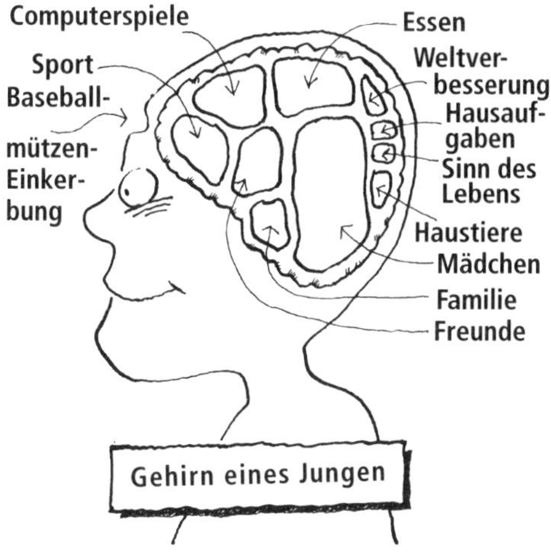


## Achtung: Kein neuer Sexismus

Auf eines möchte ich hier noch nachdrücklich hinweisen. Zu sagen »Jungen sind anders« heißt nicht, dass ihnen etwas »fehlt« oder dass sie »von Natur aus unterlegen« sind. Mit ähnlichen Verallgemeinerungen sahen sich früher die Mädchen konfrontiert, wenn es etwa hieß: »Sie werden es in Wissenschaft und

Technik nie zu etwas bringen«, »Sie sind für Führungspositionen einfach zu emotional« und so fort. Nehmen Sie sich deshalb die folgenden Punkte wirklich zu Herzen:

- Bei den meisten Menschen sind die erwähnten Unterschiede nur schwach ausgeprägt;
- im Allgemeinen handelt es sich lediglich um Tendenzen;
- nicht jede Person ist gleichermaßen betroffen
- und vor allem: Es handelt sich bei diesen Eigenarten nicht um unüberwindliche Grenzen.

## So unterstützen Sie das Gehirnwachstum Ihres Sohnes

Wir können unseren Söhnen dabei helfen, besser lesen zu lernen, sich besser auszudrücken, ihre Konflikte intelligenter zu lösen und sich besser in andere einzufühlen, kurz: dazu beitragen, dass sie zu wundervollen Männern heranwachsen.

Manche Schulen bieten für Mädchen in Mathematik und Naturwissenschaften Förderprogramme an, um die jungen Frauen auch in diesen Fächern zu Höchstleistungen zu motivieren. Entsprechend sollten wir bei unseren Jungen besonders die Sprachausbildung fördern, ihnen Theatergruppen und ähnliche Aktivitäten anbieten, um sie auf diese Weise besser auf das Leben in der heutigen Welt vorzubereiten. (In dem Kapitel »Eine Revolution in der Schule« werden noch weitere derartige Methoden beschrieben.)

Unser Gehirn ist ein hochkomplexes und anpassungsfähiges – stets lernfähiges – Gebilde. Eltern können einem Jungen aber auch beibringen, was er tun muss, um gewalttätigen Auseinandersetzungen aus dem Weg zu gehen: Sie zeigen ihm, dass man kooperativ spielen und Streitereien friedlich beilegen kann. Sie können ihren Sohn aber auch lehren

- die Gefühle anderer Menschen von deren Gesicht abzulesen;
- Freunde zu gewinnen und sich gemeinsam mit anderen ungezwungen an Spielen und Gesprächen zu beteiligen;
- die eigenen Körpersignale richtig zu deuten, etwa zu spüren, wann Ärger aufsteigt und wann es ratsam ist, sich einer gefährlichen Situation zu entziehen.

Wenn Eltern mit ihrem Sohn an der Entwicklung dieser Fähigkeiten arbeiten, sorgen sie dafür, dass sich bei ihm beide Gehirnhälften eng miteinander vernetzen.

Auch in der Schule ist diese Art von Unterstützung erforderlich. Ein Mathematiklehrer, den ich kenne, lässt nur selten eine Unterrichtsstunde ausklingen, ohne für seine theoretischen Ausführungen ein praktisches Beispiel zu liefern. Er geht mit den Kindern häufig sogar ins Freie, um ihnen dort die praktische Anwendung des Lernstoffs zu demonstrieren. Dabei hat er herausgefunden, dass unmotivierte Schüler die Theorien wenigstens teilweise verstehen, wenn sie deren praktische Umsetzung mit eigenen Augen sehen und körperlich etwas tun können, um sich die Abstraktionen zu veranschaulichen.

Auf diese Weise verbinden sie die von ihrer rechten Gehirnhälfte gespeicherten abstrakten Begriffe mit dem Potential ihrer linken Gehirnhälfte – und nützen so ihre Stärken, um ihre Schwächen zu überwinden.

## Einschulung: Warum Jungen später eingeschult werden sollten

Im Alter von sechs oder sieben Jahren, wenn Kinder ernsthaft den Schulalltag kennen lernen, sind Jungen gegenüber Mädchen in ihrer geistigen Entwicklung um sechs bis zwölf Monate zurück. Besonders bemerkbar macht sich dieser Entwicklungsrückstand in der Feinmotorik, die nötig ist, ein Schreibgerät oder eine Schere richtig zu halten und zu führen. Da sie sich noch in der grobmotorischen Entwicklungsphase befinden, fühlen sie sich ständig gedrängt, ihre großen Muskeln zu bewegen, und können einfach nicht still sitzen.

Auch meine Gespräche mit Schulleitern in der tiefsten australischen Provinz ebenso wie mit den Direktoren großer internationaler Schulen in Europa und Asien haben einhellig ergeben: Jungen sollten erst ein Jahr später eingeschult werden. Natürlich sollten alle Kinder etwa vom fünften Lebensjahr an die Vorschule besuchen, da sie die sozialen Anregungen und Erfahrungsmöglichkeiten brauchen, die ihnen dort geboten werden (und auch, weil die Eltern mal eine Pause brauchen!). Aber Jungen sollten dort – im Großen und Ganzen – ein Jahr länger verweilen. Für den durchschnittlichen Jungen würde das bedeuten, dass er bei der Einschulung etwa **ein Jahr älter ist als das Mädchen am Nachbartisch**. Das wiederum bedeutet, dass er ihr intellektuell ebenbürtig ist. Später holen Jungen ihren intellektuellen Entwicklungsrückstand zwar wieder auf, aber unter den Bedingungen, unter denen unsere Schulen heute geführt werden, ist der Schaden dann bereits angerichtet. Die Jungen fühlen sich als Versager, entwickeln von vornherein bestimmte Fähigkeiten nicht, weil sie einfach noch nicht so weit sind und keine Freude am Lernen haben.

In den ersten Grundschuljahren erhalten Jungen (deren motorische Nerven zu dieser Zeit noch wachsen) von ihrem Körper Signale, die von ihnen verlangen: »Beweg mich. Nimm mich in Anspruch.« Ein gestresster Grundschullehrer wird dieses Gezappel vielleicht als Fehlverhalten deuten. Schon bald stellt der kleine Junge außerdem fest, dass er nicht so gut schreiben und zeichnen kann wie die Mädchen und denkt: »Das ist nichts für mich.« Und so dauert es nicht lange, bis ihn das Lernen nicht mehr interessiert

– besonders wenn er nicht von einem männlichen Lehrer unterrichtet wird. »Die Schule ist nur etwas für Mädchen«, sagt er sich.

Im Lichte jüngster Ergebnisse der Hirnforschung betrachtet, gibt es andere Methoden, wie wir unsere Schulen so einrichten können, dass sich auch Jungen dort wohl fühlen. Mit diesen Fragen werden wir uns jedoch erst in dem Kapitel »Eine Revolution in der Schule« näher auseinander setzen.

## Jungen sind nicht minderwertiger – nur anders

Eine gut entwickelte rechte Gehirnhälfte, wie Jungen sie vielfach aufweisen, hat viele Vorteile. So verfügen Männer im Großen und Ganzen nicht nur über ausgeprägte mathematische und technische Fähigkeiten, sie sind auch handlungsorientiert – wann immer sich ihnen ein Problem stellt, möchten sie es lösen. Die rechte Gehirnhälfte ist sowohl für Gefühle als auch für das Handeln zuständig. Deshalb ergreifen Männer häufig die Initiative, während Frauen sich durch ihre Neigung zum Grübeln nicht selten selbst ihrer Handlungsfähigkeit berauben. Doch kostet es einen Mann relativ viel Mühe, in seine linke Hirnhälfte »hinüberzuschalten« und dort die richtigen Worte für die Gefühle zu finden, die in seiner rechten gespeichert sind.

Germaine Greer hat darauf hingewiesen, dass es in vielen Bereichen mehr männliche als weibliche Genies gibt, obwohl es sich bei vielen dieser Männer um charakterlich insgesamt eher labile Personen handelt, die jemanden (für gewöhnlich eine Frau) brauchen, der sich ein bisschen um sie kümmert!

In der eher männerfeindlichen Zeit, in der wir leben, sollten wir deshalb nicht vergessen (und den Jungen vermitteln), dass Männer Flugzeug und Auto erfunden, in gerechten Kriegen gekämpft und Krankenhäuser gebaut haben, kurz: den Prozess der modernen Zivilisation möglich machten. In einem afrikanischen Sprichwort heißt es: »Die Frauen tragen die Hälfte des Himmels.« Doch zweifellos sind es Männer, die die andere Hälfte tragen.

## Der neue Mann

Die Welt kann heute auf Männer verzichten, die einen Büffel niederringen können. In der heutigen Zeit, da Handarbeit oder mechanische Tätigkeiten an Bedeutung verlieren, sollten wir den Tatendrang der Männer daher in eine neue Richtung lenken und einem ganz neuen heroischen Projekt dienstbar machen. Das heißt, wir müssen das Denkvermögen und die Tatkraft unserer kleinen Jungen um ein gesteigertes Empfindungsvermögen und eine weiter entwickelte Sprachfähigkeit ergänzen, also Jungen heranziehen, die ihre verschiedenen Befähigungen flexibel einsetzen können.

Bei näherer Betrachtung zeigt sich ohnehin, dass viele große Männer der Geschichte – zum Beispiel Gandhi, Martin Luther King, Buddha oder Jesus – diesem Ideal bereits entsprachen. Sie waren mutig und entschlossen, zugleich aber auch einfühlsam und voll Liebe für andere Menschen. Diese Mischung ist unschlagbar und genau das, was wir heute brauchen.

## Kurzgefasst

Die hormonale und genetische Geschlechterdifferenz ist nicht zu leugnen, kann aber beeinflusst werden. Im Folgenden finden Sie deshalb eine Zusammenfassung all dessen, was Sie mit Ihrem Jungen tun können, damit er sich zu einem »neuen Mann« entwickelt.

| Weil Jungen ... | ... müssen wir ... |
|---|---|
| ... unter Trennungsangst leiden, ... | ... ihnen so viel Zuneigung schenken wie Mädchen und ihnen vor dem dritten Lebensjahr Trennungen – auch durch Fremdbetreuung – ersparen. |
| ... Testosteronschübe erleben und deshalb reizbar und unruhig reagieren, besonders im Alter von etwa vierzehn Jahren, ... | ... sie ruhig durch Konflikte führen und sie durch Argumente und nicht etwa Anschreien oder Schläge zur Vernunft bringen. Bestehen Sie darauf, dass Ihr Sohn sich stets gut benimmt, und setzen Sie ihn niemals physischer Gewalt aus und drohen Sie ihm auch nicht damit. Als Vater sollten Sie ihm ein gutes Rollenvorbild bieten und darauf bestehen, dass Ihr Sohn seine Mutter respektiert. |
| ... Wachstumsschübe erleben, die sie – besonders im Alter von etwa dreizehn Jahren – aus dem Konzept bringen (das Folgende gilt auch für Mädchen), ... | ... ihnen dabei helfen, sich zu organisieren, und ihnen zeigen, wie man ein Zimmer aufräumt, die Hausarbeiten erledigt, Schulprojekte Schritt für Schritt angeht und einen Alltagsplan aufstellt. |
| ... körperlichen Energieschüben ausgesetzt sind, die sich entladen wollen, ... | ... dafür sorgen, dass sie genügend Platz und Zeit haben, sich auszutoben und sportlich zu betätigen. |
| ... weniger Verbindungen zwischen der sprachorientierten und der sensorischen Gehirnhälfte haben, ... | ... ihnen vorlesen, ihnen Geschichten erzählen, viel mit ihnen reden und ihnen viel erklären, besonders bis zum achten Lebensjahr. |

| Weil Jungen häufig ... | ... müssen wir ... |
|---|---|
| ... eine langsamere Gehirnentwicklung aufweisen, so dass ihre Feinmotorik in den ersten Grundschuljahren noch nicht voll ausgebildet ist, ... | ... ihre Einschulung um ein Jahr verschieben, bis sie mit einem Schreib- oder Malstift oder einer Schere und Ähnlichem richtig umgehen können. |
| ... nach eindeutigen Regeln lechzen und wissen wollen, wer das Sagen hat, ... | ... dafür sorgen, dass sie daheim und in der Schule ruhige und ordentliche Verhältnisse vorfinden. Meiden Sie Schulen, an denen Gewalt an der Tagesordnung ist. |
| ... muskulöser gebaut sind, ... | ... ihnen beibringen, andere weder zu schlagen noch zu verletzen. Ferner müssen sie lernen, ihre Bedürfnisse verbal auszudrücken. (Siehe auch unsere Bücher *Das Geheimnis glücklicher Kinder* und die Fortsetzung *Weitere Geheimnisse glücklicher Kinder*, in denen wir erläutern, wie man auch ohne Schläge, Beschimpfungen und lautes Schreien disziplinieren kann.) |
| ... dazu neigen, zu handeln, ohne erst nachzudenken, ... | ... mit ihnen immer wieder freundlich vorher über Handlungsmöglichkeiten und denkbare Lösungen eines Problems sprechen und diskutieren, wie sie sich in bestimmten Situationen verhalten können. |

# Kapitel 5
# Was Väter tun können

Meine Tochter ist mit Hilfe eines Kaiserschnitts zur Welt gekommen. Da dieser eine Notmaßnahme war, war ich einen Augenblick lang zwischen Furcht und Freude hin- und hergerissen: Dann fasste ich mir ein Herz, schnappte mir die Kleine und gab sie nicht mehr her. Denn ich hatte mit Shaaron ausgemacht, dass niemand außer uns sich während der ersten Tage um das Kind kümmern sollte.

Während Shaaron sich in den folgenden Tagen von der Operation erholte, schlief ich auf einer Matte am Boden ihres Krankenhauszimmers und hielt das Baby fest im Arm – was so mancher Schwester, die nach dem Schichtwechsel um zwei Uhr morgens bei uns hereinschaute, einen Schreckensruf entlockte. Die eine oder andere Schwester nahm Shaaron sogar heimlich beiseite und fragte sie, ob sie dies alles wirklich wünsche, und Shaaron lächelte dann nur und sagte: »Ja, natürlich.«

## Kämpfen, um Vater sein zu dürfen

So ist das heutzutage: Viele Väter müssen geradezu um ihr Recht kämpfen, Vater zu **sein**. Die Welt möchte offenbar nicht, dass sich auch Papa als Elternteil begreift. Vielmehr erwartet man von uns, dass wir bis spät abends im Büro hocken. Dafür soll dann jemand anderer unseren Kindern zeigen, wie man einen Ball kickt, Klavier spielt und Selbstvertrauen entwickelt. Von uns erwartet man eigentlich nur, dass wir als braver Ehemann die Rechnungen bezahlen.

Glücklicherweise sind viele Männer inzwischen wieder bemüht, sich einen Weg zurück ins Familienleben zu erstreiten,

und treffen damit bei ihren Kindern und Ehefrauen auf begeisterte Zustimmung. Schließlich kann sich das Vatersein im 20. Jahrhundert nicht gerade auf eine besonders rühmliche Tradition berufen. Zugegeben, in unserer Elterngeneration hat es natürlich eine Reihe großartiger Väter gegeben, aber in den vergangenen Jahrzehnten haben die meisten Männer ihren Familiensinn in erster Linie durch harte Arbeit bekundet und weniger durch Spielen, körperliche Zuwendung, Gespräche und einfühlsame Belehrungen – also jene Dinge, auf die es Kindern wirklich ankommt.

Es hat darunter aber auch eine ganze Menge Väter gegeben, die vor allem zu Hause herumschrien oder -prügelten oder sich dem Alkohol hingaben. Viele dieser Männer waren durch den Krieg traumatisiert und kaum in der Lage, sich menschlich zu öffnen. Etliche verließen sogar ihre Familie so mir nichts dir nichts von einem Tag auf den anderen und ließen sich nie wieder blicken.

Wenn wir daher heute gegenüber unseren Kindern väterliche Empfindungen und Verhaltensweisen zeigen wollen, kommt uns das zuweilen etwas merkwürdig vor, da wir eigentlich gar nicht genau wissen, was ein guter Vater zu tun hat. Wir finden in uns nur Bruchstücke eines unvollständigen Puzzles.

Doch die Entwicklung erscheint insgesamt durchaus ermutigend. So verbringen die englischen Väter zum Beispiel heute viermal soviel Zeit mit ihren Kindern wie noch in den sechziger Jahren. Solange Sie bereit sind, es wenigstens zu versuchen, werden Sie unweigerlich positive Wirkungen erzielen. Geben Sie nicht der Versuchung nach, alle wesentlichen Familienangelegenheiten auf Ihre Partnerin abzuwälzen. Denn es ist eine Tatsache, dass Männer das Familienleben um ganz eigene Aspekte bereichern, Dinge, die einzigartig und unersetzlich sind. Je mehr Sie sich einsetzen, desto deutlicher werden Sie sich auch Ihrer väterlichen Talente und Ihres unverwechselbaren Stils bewusst werden. Denn nichts verschafft so große Befriedigung wie das Gefühl, großartige Kinder aufzuziehen.

## Die Neubelebung einer vergessenen Kunst

Wie ein Vater sich gegenüber seinem Sohn verhalten sollte, ist eigentlich ganz einfach. Hier ein paar Hinweise:

- Die meisten Jungen lieben es, körperlich aktiv zu sein und mit ihrem Vater herumzutollen. Sie mögen es, wenn ihr Vater sie umarmt und zwischendurch einen Ringkampf mit ihnen veranstaltet. (Falls Ihr Junge daran keine Freude findet, gehen Sie vermutlich zu wenig einfühlsam an die Sache heran.)
- Jungen mögen es auch, mit Papa in der großen weiten Welt Abenteuer zu erleben und aufregende Erfahrungen zu machen – jedenfalls, solange sie sich geborgen fühlen, weil Papa so groß und stark ist (auch wenn er selbst oft eine ganz andere Selbstwahrnehmung hat).

- Jungen lieben es, wenn Sie ihnen Geschichten aus Ihrem Leben erzählen. Außerdem sind die Kleinen gerne mit Ihren Freunden beisammen und möchten sehen, wie Sie Ihr Geld verdienen.
- Sie mögen es auch, wenn Sie ihnen alle möglichen Dinge beibringen. Falls Sie vom Angeln oder von handwerklichen Dingen nichts verstehen oder nicht wissen, wie man einen Computer handhabt, können Sie diese Dinge auch gemeinsam mit Ihrem Sohn erlernen. Entscheidend ist allein der Versuch!

## Kinder übernehmen Ihre Einstellungen

Kinder lassen sich nicht nur durch das beeinflussen, was Sie zu ihnen sagen, sie übernehmen auch (in einem geradezu erschreckenden Maße) Ihre Einstellungen. Ein Vietnam-Veteran,

mit dem ich befreundet bin, war einmal mit seinen Kindern mit dem Auto unterwegs und musste vor einer Ampel halten. Unter den Fußgängern, die die Straße an dieser Stelle kreuzten, befand sich auch eine asiatische Familie. Der fünfjährige Sohn meines Freundes gab plötzlich eine rassistische Bemerkung von sich (die ich hier nicht wiederholen werde). Mein Freund war schockiert, in der Äußerung seine eigenen Worte wieder zu erkennen. Sie klangen jetzt aus dem Munde seines Sohnes hässlich und ungerecht. Bei nächster Gelegenheit parkte er den Wagen und erklärte seinem Sohn, dass er es bereue, selbst je so etwas gesagt zu haben, und dass er nicht wünsche, dass der Junge diese Worte je wiederhole.

## Kinder lernen lieben, wenn sie Ihre Liebe beobachten

Sogar was Liebe ist, lernen Kinder, indem sie Sie beobachten. Sie mögen es, wenn Sie Ihre Partnerin – also die Mutter der Kleinen – liebevoll behandeln, ihr Komplimente machen, mit ihr flirten, sie in die Arme nehmen oder küssen. Wann immer unsere Tochter sieht, dass ihre Eltern sich umarmen, kommt sie sofort zu uns herüber und schmiegt sich ebenfalls an uns. Sie mag es, an den innigen Gefühlen zwischen ihren Eltern teilzuhaben. Wenn Sie miteinander intim sind und die Schlafzimmertür hinter sich schließen, erhalten Kinder sogar dadurch einen Eindruck vom Geheimnis der Liebe.

Dass Sie die Mutter Ihrer Kinder respektvoll behandeln, ist wichtig. Das Gleiche gilt für Ihre eigene Selbstachtung. Mäkeln Sie also nicht an sich selbst und anderen herum, sondern sagen Sie offen, was Sie wollen. Ihr Sohn muss nicht nur sehen, dass man Frauen unter gar keinen Umständen schlecht behandelt, sondern dass ein Mann ruhig argumentieren kann, ohne zu streiten und um sich zu schlagen – dass er zuhören, aber auch seinen Standpunkt artikulieren und darauf beharren kann, angehört zu werden. Söhne hassen es, wenn sie zusehen müssen, wie ihr Vater erniedrigt wird.

## Kinder lernen fühlen, wenn sie Ihre Gefühle beobachten

Söhne lernen etwas über Gefühle, wenn sie ihren Vater oder andere Männer beobachten. Sie sollten ihnen deshalb die vier wichtigsten Gefühlsregungen nicht vorenthalten:

| | |
|---|---|
| **Trauer** | wenn jemand gestorben ist oder bei Enttäuschungen |
| **Wut** | wenn etwas Ungerechtes oder Schlechtes passiert ist |
| **Glück** | wenn das Leben sich von der guten Seite zeigt |
| **Angst** | wenn eine Gefahr droht |

Dennoch sollten wir uns beim Ausdruck unserer Gefühle eine gewisse Zurückhaltung auferlegen. Unsere Kinder sollen zwar

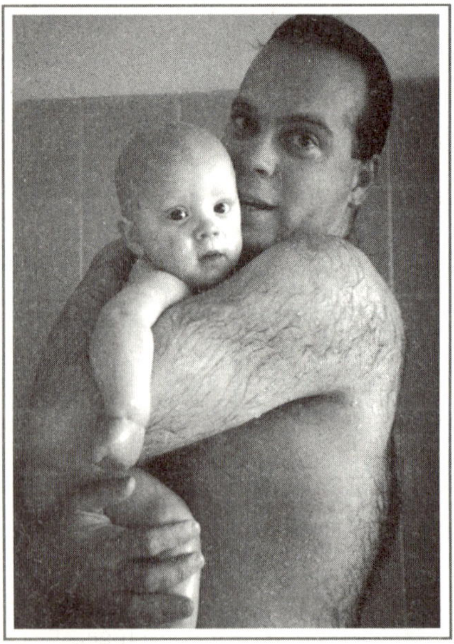

sehen, dass wir **Gefühle haben**, doch (da der Vater die Tatkraft symbolisiert) fühlen sie sich verunsichert, wenn wir uns von derartigen Regungen überwältigen lassen. Verlassen Sie sich deshalb mehr auf Worte als auf Taten. Wir sollten unsere Verärgerung verbal ausdrücken, sie jedoch nicht ausleben.

Wir können unsere Befürchtungen und Ängste zwar zum Ausdruck bringen, dürfen

## Unsere Gefühle zeigen

Tony S. schrieb mir folgenden Brief:

»Anfang des Jahres ist etwas geschehen, worüber ich eigentlich in Tränen hätte ausbrechen müssen. Doch ich zögerte, weil ich wußte, dass mein zwölfjähriger Sohn im Wohnzimmer war. Ich erhielt einen Telefonanruf, in dem ich erfuhr, dass ein guter Freund von mir unheilbar an Krebs erkrankt war. Ich war zunächst wie erstarrt, legte dann den Telefonhörer auf und kämpfte mit den Tränen. Ich ging ins Wohnzimmer hinüber und dachte: ›Ist es in Ordnung, wenn mein Sohn mich in diesem Zustand sieht?‹ Und sofort kam die Antwort: ›Ja, natürlich, es ist sogar gut, wenn er dich so sieht.‹

Ich nahm meine Frau in die Arme und stand schluchzend da. Dann hörte ich meinen Sohn zu uns herüberkommen und fühlte, wie er mir tröstend die Hand auf die Schulter legte. So standen wir drei eine Weile eng umschlungen da. Eine wundervolle Erfahrung.

Vielleicht wird diese Erfahrung meinem Sohn später einmal dabei helfen, sich in einer vergleichbar traurigen Situation ebenfalls durch Tränen Erleichterung zu verschaffen. Ich möchte, dass er sich weder verschließt noch wilde Ausbrüche erleidet, wenn er mit den unvermeidlichen Schmerzen des Lebens konfrontiert wird. Und ich glaube auch nicht, dass er so reagieren wird.«

uns davon aber nicht aus der Fassung bringen lassen. Wir dürfen zwar sagen, dass wir traurig sind, ja sogar weinen, ohne uns deshalb jedoch wie eine Heulsuse aufzuführen.

Wenn Männer von problematischen Gefühlen erfüllt sind, verwandeln sie diese häufig in etwas Unproblematisches. Für gewöhnlich ist Wut für einen Mann ein unproblematisches Gefühl. Wenn Ihr kleiner Junge im Einkaufszentrum verloren geht oder

Ihr halbwüchsiger Sohn eine gefährliche Dummheit gemacht hat, dann richtet ein Vater, der »Ich habe Angst um dich gehabt« sagt, mehr aus als einer, der herumbrüllt und die Türen zuschlägt. Wenn Männer mit Wut reagieren, obwohl sie in Wahrheit traurig, ängstlich oder sogar glücklich sind, so kann sich ein Kind dadurch erheblich verwirrt fühlen. Jungen versuchen, ihre inneren Gefühlsregungen mit äußeren Verhaltensweisen in Einklang zu bringen, deshalb müssen wir ihnen zeigen, wie man das macht.

## Was auch mit Ihrer Ehe geschehen mag, trennen Sie sich nicht von Ihren Kindern

Eine Scheidung ist für die Hoffnungen und Träume, die ein Vater für die Zukunft seiner Kinder hegt, ein schwerer Schlag. Manche Männer sind davon so tief getroffen, dass sie sämtliche Verbindungen abbrechen und verschwinden. Andere müssen erhebliche Anstrengungen unternehmen, um den Kontakt zu ihren Kindern aufrechtzuerhalten. Was immer auch aus Ihrer Ehe werden mag – sorgen Sie dafür, dass Sie auf jeden Fall auch weiterhin im Leben Ihrer Kinder präsent sind.

Immer mehr Väter kommen heutzutage ihren Pflichten auch nach einer Ehescheidung nach (oder übernehmen sogar die Hauptverantwortung). Ich habe mit geschiedenen Männern gesprochen, die der Meinung waren, dass ein harter Trennungsstrich für die Kinder einfacher sei. Sie alle haben diese Entscheidung später tief bereut.

Zwingen Sie sich deshalb um Ihrer Kinder willen, gegenüber Ihrer Ex-Partnerin höflich und freundlich aufzutreten, auch wenn Ihnen das nicht immer leicht fallen mag. Noch besser ist es zweifellos, wenn Sie Ihrer Partnerschaft schon jetzt so viel Zeit und Aufmerksamkeit widmen, dass es zu einer schmerzlichen Trennung gar nicht erst kommen kann.

Wer war denn dieser Mann mit der Maske?

Ich freue mich, dass 1998 in Deutschland ein neues Kindschaftsrecht in Kraft getreten ist, welches diese Gedanken bereits aufgenommen hat. An dieser Stelle möchte ich außerdem auf *Das Väterhandbuch* der Neuseeländer Warwick Pudney und Judy Cottrell hinweisen, das ebenfalls im Beust Verlag erschienen ist und viele wertvolle Tipps für den werdenden Vater enthält.

## Ringkämpfe und wilde Spiele – was sie wirklich bedeuten

Es gibt da ein für Väter auf der ganzen Welt typisches Verhalten: Vätern (ebenso wie großen Brüdern, Onkeln und anderen einem Jungen nahe stehenden Männern) bereitet es größtes Vergnügen, mit kleinen Jungen Ringkämpfe und wilde Spiele zu veranstalten. Ja, sie können diesem Impuls kaum widerstehen. Ein Anwalt aus Sydney hat es einmal so ausgedrückt: »Wer mit einem Jungen gut auskommen will, muss das Ringen lernen.«

Lange Zeit hat niemand richtig verstanden, warum das so ist, am wenigsten die Mütter, die üblicherweise versuchen, beruhigend zu wirken. Väter hingegen möchten die Kleinen offenbar immer wieder anstacheln. Doch dann hat man entdeckt, dass Jungen durch solche Spiele etwas lernen, was für ihre Entwicklung unverzichtbar ist. Sie erfahren dabei nämlich, wie man Spaß haben, Lärm machen, ja sogar wütend werden kann, gleichzeitig aber auch lernen kann, wann es genug ist. Für ein von Testosteronschüben heimgesuchtes männliches Wesen ist das eine lebenswichtige Erfahrung. Wer in einem männlichen Körper lebt, muss lernen, ihn richtig zu steuern.

## Die große männliche Lektion: wissen, wann es genug ist

Wenn Sie sich je mit einem kleinen – sagen wir drei- oder vierjährigen – Jungen gebalgt haben, dann wissen Sie sicherlich, dass solche Spiele meist sehr fröhlich beginnen. Doch häufig verliert der kleine Mann bald die Kontrolle über sich. Er wird aggressiv. Er schiebt den Unterkiefer vor, zieht bedrohlich die Augenbrauen zusammen und fängt (wenn Sie die warnenden Zeichen übersehen haben) plötzlich ernsthaft an, mit Armen und Beinen auf Sie einzuschlagen.

Ein Vater, der weiß, was er tut, bricht eine solche Aktion zu diesem Zeitpunkt ab. **Genug jetzt! Aufhören!** Dann ist ein kleiner Vortrag fällig – allerdings ohne Gebrüll, sondern in ruhigen Worten:

»Dein Körper ist verletzlich, mein Sohn, genauso wie mein Körper. Wir können solche Spiele nicht spielen, wenn wir uns dabei gegenseitig weh tun. Deshalb brauchen wir ein paar Regeln: **Knie- oder Ellbogenstöße und Faustschläge sind verboten!** Okay? Meinst du, du schaffst das?« (Ein Tipp: Sagen Sie lieber: »Meinst du, du schaffst das?« und nicht »Halte dich bitte an die Regeln!«, denn Letzteres klingt für Kinderohren viel zu abstrakt und zu viele Interpretationsmöglichkeiten bleiben offen. Kein Junge aber wird die Frage »Meinst du, du schaffst das?« verneinen.)

Dann beginnen Sie noch einmal von vorn. So erwirbt Ihr Sohn eine lebenswichtige Fähigkeit – Selbstbeherrschung. Er muss wissen, dass er sich zwar ausgelassen und wild benehmen kann, er muss aber gleichzeitig wissen, wann es genug ist. Für einen Mann ist diese Fähigkeit sehr wichtig. Als Erwachsener ist ein Mann im Allgemeinen kräftiger als seine Frau oder Partnerin. Er muss wissen, wie er sich beherrschen kann, besonders wenn er wütend, müde oder frustriert ist.

Wenn eine Ehe gelingen soll, ist es manchmal unvermeidlich, dass beide Partner einander gegenüberstehen und sich aus Leibeskräften anbrüllen. Solche »Zeiten der Wahrheit« sind notwendig, damit sich der im Laufe der Zeit aufgestaute Ärger Luft machen kann. (Wir haben zu diesem Thema ein eigenes Buch mit dem Titel *Wie die Liebe bleibt* geschrieben, das ebenfalls im Beust Verlag erschienen ist.)

Doch eine Frau kann eine derart aufrichtige und intensive Auseinandersetzung mit einem Mann nur führen, wenn sie sich bei ihm absolut sicher fühlt. Sie muss wissen, dass sie niemals geschlagen wird, und er muss für sich selbst wissen, dass er niemals zu körperlicher Gewalt greifen wird. Bei manchen Paaren verhält es sich leider genau umgekehrt.

In diesem Punkt entscheidet es sich, ob Sie ein »richtiger« Mann sind. Ein richtiger Mann hat sich selbst und sein Verhalten nämlich immer unter Kontrolle. Und er lernt dies – wenigstens teilweise – bereits in seinen jungen Jahren, wenn er sich mit Papi oder Onkel Peter im Wohnzimmer am Boden balgt.

## Was Väter bewirken

Eine Geschichte von Jack Kammer

»Das könnte gefährlich werden«, dachte ich bei mir. Das hier ist Los Angeles, Anfang Juni 1992. Und jetzt wird es auch noch dunkel.

Ganz allein und mit einem schweren Koffer im Schlepptau war ich östlich der Lincoln Avenue auf dem Washington Boulevard unterwegs. Kein Taxi weit und breit, alle Telefone außer Betrieb. Die Chance, mein Flugzeug noch zu erreichen, sank gegen null. Deshalb beschloss ich bewusst, ein Risiko einzugehen und ging zu drei Jugendlichen mittelamerikanischer Abstammung hinüber, die auf dem Parkplatz eines Fast-Food-Restaurants neben ihrem Auto herumlungerten.

Bevor ich weitererzähle, etwas zur Vorgeschichte dieses Abends. In den vergangenen vier Tagen hatte ich in den Bergen oberhalb von Palm Springs an einem Kongress teilgenommen, zu dem Männer zusammengekommen waren, um Lösungen für eine Reihe von alten und neuen Problemen zu finden. Die Teilnehmer waren Mitglieder jener noch relativ unbedeutenden Gruppierung, die von manchen als Männer-Bewegung bezeichnet wird. Wir waren uns einig, dass Amerika als Gegengift gegen seine Malaise, seine Ohnmacht und seine soziale Zerrüttung derzeit nichts dringlicher braucht als einen kräftigen Schuss starker, großmütiger, liebevoller, aufbauender, gesunder männlicher Energie. Auch sprachen wir immer wieder über die Bedeutung des Vaters, und zwar sowohl in einem archetypisch-bildhaften als auch ganz praktischen Sinn.

Jetzt auf dem Parkplatz näherte ich mich mit gemischten Gefühlen den drei schwarzhaarigen und dunkelhäutigen jungen Männern.

»Na, wie geht´s denn so?«, sagte ich ruhig. »Ich muss zum Flughafen und bin schon spät dran. Taxis und Telefone haben mich im Stich gelassen. Was würdet ihr dafür verlangen, mich hinaus nach LAX zu fahren?«

Sie sahen sich an. Einer der Jungen, der ein weißes T-Shirt trug, sagte zu dem anderen, der offenbar der Fahrer des Wagen war:

»Die Chance solltest du dir nicht entgehen lassen, Mann!«

Der Fahrer zögerte.

Ich sagte: »Nenn mir einen Preis, mit dem du klarkommst.«

Er sah mich direkt an. »Zehn Bucks«, sagte er.

»Ich geb' dir zwanzig.«

»Mensch, lass uns das machen«, sagte der Junge mit dem T-Shirt. Der Fahrer nickte und öffnete den Kofferraum.

»Sie können Ihren Koffer hier reinstellen.«

»Nein, danke«, antwortete ich ohne zu zögern. Die Vorstellung, die drei Jungen könnten mich irgendwo am Highway ohne Koffer auf die Straße setzen, stand zu deutlich vor meinem inneren Auge. »Ich nehm' ihn lieber mit in den Wagen.«

»Echt cool«, sagte der Typ mit dem T-Shirt.

Da war ich also und vertraute mein Leben jener »positiven männlichen Energie« an, von der oben in den Bergen so oft die Rede gewesen war. Der Fahrer fuhr auf die Straße – Richtung Osten. Der Flughafen liegt doch im Westen, Richtung Lincoln Avenue, schoss es mir durch den Kopf. Was jetzt?

Doch dann machten wir einen Schwenk Richtung Süden und bogen bald darauf in einen Freeway ein. Ich wusste, dass ich vielleicht einen Fehler beging, aber ich zückte meine Brieftasche, zog einen Zwanziger heraus und sagte zu dem Fahrer: »Hier, ich zahl' schon mal.« Der Fahrer nahm den Geldschein mit einem schlichten »Danke« entgegen.

»Jetzt sitze ich hier also bei euch im Auto, Jungs«, sagte ich. »Hoffe, dass ihr mich gut zum Flughafen bringt.«

T-Shirt, der auf dem Rücksitz neben mir saß – der Koffer zwischen uns – lächelte wissend und sagte: »Keine Sorge, Mann. Wir sind gute Jungs.«

Ich nickte und zuckte mit den Achseln.

»Das will ich hoffen, weil ich sonst nämlich ganz schön in der Patsche sitze.«

Die drei lachten. Und dann sagte T-Shirt: »Woher kommen Sie denn?«

»Baltimore«, antwortete ich.

»Oh, Mann, muss ganz toll sein bei euch da drüben im Osten – sagen die Leute. Alles grün und so.« Ich lächelte und nickte. »Ja, und im Osten meinen sie, dass Los Angeles das reinste Paradies ist.«

»Nee, Mann. Ziemlich rauh hier, Mann. Ganz schön hart.« T-Shirt war ganz offensichtlich der Wortführer meiner drei jungen Freunde.

Sämtliche Fragen, die wir männerbewegten Typen dort oben in den Bergen diskutiert hatten, waren in diesem Wagen zum Greifen nahe. Deshalb war es an der Zeit für einen Realitätstest.

»Wie alt seid ihr eigentlich, Jungs?«, fragte ich.

Sie waren sechzehn und siebzehn. Sie gingen alle noch zur Schule und hatten Teilzeitjobs. T-Shirt und der Fahrer arbeiteten in einem Restaurant. Der stille junge Mann auf dem Beifahrersitz schwieg weiter.

»Und was ist mit den Gangs? Gibt es die an eurer Schule?«

»Es gibt überall Gangs, Mann. Überall. Echt Wahnsinn.«

»Und seid ihr in einer Gang?«, fragte ich.

»Natürlich nicht, Mann.«

»Warum nicht?«, fragte ich.

»Weil das völlig hoffnungslos ist. Man bekommt nur ´ne Kugel in den Kopf.«

»Ja, aber habt ihr denn da, wo ihr wohnt, überhaupt eine Chance außerhalb einer Gang ?«

»Keine Ahnung. Aber ich will mir die Zukunft nicht versauen. Ich will irgendwas machen.«

»Und was ist der Unterschied zwischen euch und den Jungs, die zu einer Gang gehören?«

»Keine Ahnung, Mann. Wir wollen es ganz einfach nicht.«

»Gut. Aber warum nicht? Warum seid ihr anders?«, fragte ich ebenso freundlich wie hartnäckig.

»Keine Ahnung, Mann. Keine Ahnung. Wir haben halt Glück gehabt, schätz' ich.«

Ich ließ die Frage eine Zeitlang im Raum stehen, dann bohrte ich weiter. »Und was ist mit euren Vätern? Hast du zum Beispiel zu Hause einen Vater?«

»Ja, hab ich«, antwortete T-Shirt.

»Und was ist mit dir?«, fragte ich den Fahrer.

»Ja, ich hab' auch einen Vater.«

»Und der wohnt auch bei euch?«

»Ja, das tut er.« Jetzt bekam endlich auch der Bursche auf dem Beifahrersitz den Mund auf. »Ich hab' auch einen Vater.«

»Und was ist mit den Burschen in den Gangs? Haben die auch einen Vater, der bei ihnen zu Hause wohnt?«

»Natürlich nicht, Mann. Keiner von denen.«

»Dann macht es also einen Unterschied, ob man zu Hause einen Vater hat oder nicht?«, hakte ich nach.

»Aber klar, Mann. Absolut.«

»Und warum?«, ließ ich nicht locker. »Was für einen Unterschied macht es, ob man daheim einen Vater hat oder nicht?«

»Ein Vater steht immer hinter einem und macht Druck, sorgt dafür, dass man nicht aus der Reihe tanzt.«

»Ja, der sagt einem, wo's langgeht«, pflichteten Fahrer und Beifahrer ihrem Freund bei.

Dann brachten sie mich sicher genau dorthin, wo ich hinwollte. Der Fahrer fragte sogar, an welchem Terminal er mich absetzen sollte.

Auf der Konferenz in den Bergen hatte ich 18 erstaunliche Männer kennen gelernt. Ich bin ihnen für ihre Klugheit und ihren Einsatz, die Dinge zu verbessern, zutiefst dankbar. Aber die erstaunlichsten Männer, denen ich auf meiner Reise nach L.A. begegnet bin, waren die drei Teenager Pablo, Juan und Richard – erstaunlich deshalb, weil sie ungeachtet ihrer widrigen Lebensumstände bemüht waren, gut zu sein.

Die Männer aber, denen ich am meisten zu Dank verpflichtet bin, habe ich persönlich nie kennengelernt: die Väter der drei Jungen. Denn diese Väter haben mich sicher zum Flughafen geleitet.

## So lernen Jungen, Frauen respektvoll zu behandeln

Eines Tages, im Alter von etwa vierzehn Jahren, macht ein Junge eine sehr wichtige Entdeckung. Plötzlich bemerkt er, dass er **größer ist als seine Mutter**! Selbst der sanfteste, zart fühlendste Junge kann dann nicht umhin, zu denken: »**Sie kann mich zu nichts mehr zwingen**!«

Diese Gewissheit schlägt sich früher oder später auch im Verhalten des Jugendlichen nieder, und er wird irgendwann, versteckt oder geradeheraus, versuchen, sich aufzuspielen oder Mama einzuschüchtern. Dies ist ein wichtiger Moment. Aber keine Panik, es besteht kein Grund zur Besorgnis oder Angst.

Stellen Sie sich einmal Folgendes vor: Der vierzehnjährige Mark ist gerade in der Küche, weil er dafür zuständig ist, das schmutzige Geschirr zu waschen – es einzusammeln, vorzuspülen, es dann in die Spülmaschine zu packen und den Knopf zu drücken. Keine große Sache – schließlich hat er diese Aufgabe bereits seit seinem neunten Lebensjahr erledigt. Aber am Vorabend hat er seinen Job nicht zu Ende gebracht. Deshalb stellt seine Mutter heute Abend, als sie den Tisch für das Abendessen decken will (das Marks Vater zubereitet hat!), fest, dass das Geschirr vom Vortag immer noch schmutzig in der Spülmaschine vor sich hinmuffelt.

Marks Mutter stellt ihn natürlich zur Rede. »Was ist denn passiert?« Aber heute Abend ist Mark vierzehn Jahre alt. Mit geschwellter Brust stolziert er durch den Raum. Vielleicht lässt er sogar gegenüber Mama kaum hörbar die eine oder andere respektlose Bemerkung fallen.

Nehmen wir nun einmal an, dass es sich um eine glückliche Familie handelt. Erstens gibt es dort einen Vater. Und zweitens: Er ist sogar zu Hause. Und drittens: Er versteht etwas von seinem Job (wir sprechen hier also eher von einem Idealfall).

Papi sieht nach dem Rechten

Marks Vater sitzt also im Wohnzimmer und liest die Zeitung (das heißt, er sieht nach dem Rechten). Da bekommt er mit, was sich in der Küche abspielt. Das ist gleichsam sein Stichwort. Denn im Grunde seines Herzens hat er schon länger auf diesen Augenblick gewartet. Er legt die Zeitung zusammen, geht zur Küche hinüber und lehnt sich an den Türrahmen. Mark **spürt**, dass sein Erzeuger naht, schließlich handelt es sich um eine – hormonell gesehen – seit Urzeiten bekannte Situation. Er spürt, wie die Machtverhältnisse sich plötzlich verändern. Der Vater wirft Mark einen langen, unerbittlichen Blick zu und spricht jene altehrwürdigen Worte – die Sie sich vermutlich auch schon anhören mussten, als Sie vierzehn waren:

»Sprich bitte nicht in diesem Ton mit deiner Mutter ..., sonst bekommst du es mit mir zu tun.«

Selbstverständlich ist Marks Mutter eine Frau der neunziger Jahre, die sich sehr gut selbst zu helfen weiß. Entscheidend ist jedoch, dass sie in dieser Auseinandersetzung nicht allein ist. Mark begreift plötzlich, dass er es hier mit zwei Erwachsenen zu tun hat, die einander respektieren und beistehen und es sich zum Ziel gesetzt haben, ihm eine gute Erziehung zu geben.

Doch was noch wichtiger ist: Marks Mutter weiß jetzt, dass sie sich in ihrem eigenen Heim nie wieder einschüchtern lassen muss. Dabei handelt es sich zwischen Vater und Sohn **nicht** um ein körperliches, sondern um ein moralisches Kräftemessen. Wenn der Vater ein echter Vater ist, wenn er seine Partnerin respektiert und glaubwürdig auftritt, dann ist eine solche Intervention stets erfolgreich, selbst wenn sie etwas wortreicher abläuft als hier geschildert. Doch sollte die Diskussion dabei **nicht** um das ungespülte Geschirr kreisen, sondern darum, wie ein respektvolles Gespräch abzulaufen hat. (Wenn eine Frau ihren Sohn allein erzieht, dann ist eine leicht modifizierte Vorgehensweise erforderlich. Doch darüber mehr in dem Kapitel »Mütter und Söhne«.)

## Kindische Väter

Es mag sich seltsam anhören, aber es gibt eine erstaunliche Anzahl von Männern, die sich **in der eigenen Familie nicht wie Erwachsene verhalten**. Wie hart sie auch beruflich arbeiten mögen und wieviel Achtung ihnen auch in der großen weiten Welt entgegengebracht werden mag, sobald sie abends daheim eintreffen, verwandeln sich diese Männer in Kinder. Was für eine Zumutung für ihre Partnerin.

Ob ein Vater ein Kind ist, erweist sich vor allem dann, wenn es darum geht, den Kindern Disziplin beizubringen. So ist die tapfere Partnerin eines solchen Mannes vielleicht gerade bemüht, den Sohn dahin zu bringen, das Chaos wieder in Ordnung zu bringen, das dieser in der Küche hinterlassen hat. Auftritt Papa:

»Warum nörgelst du denn jetzt schon wieder an ihm herum?« oder »Er hat doch nur vergessen aufzuräumen, sei doch nicht immer so hart mit ihm!«. Ein Mann, der so etwas von sich gibt, begeht einen fatalen Fehler. Es ist überhaupt nichts dagegen einzuwenden, wenn Ehepartner in Disziplinfragen bisweilen verschiedene Auffassungen haben, doch sollten sie solche Differenzen nicht unbedingt vor den Kindern austragen.

Männer, die ihrer Partnerin in den Rücken fallen, haben dafür schrecklich im Bett zu büßen. (Auf diesen Zusammenhang möchte ich hier nur nebenbei hinweisen!)

Es ist wirklich jammerschade, wie tief wir Männer gesunken sind – oder wenigstens einige von uns. Wenn man zufällig einmal mitbekommt, wie Frauen über Männer in deren Abwesenheit sprechen, möchte man mitunter seinen eigenen Ohren nicht trauen. Man hört dann Bemerkungen wie: »Eigentlich habe ich zu Hause vier Kinder und eines davon ist mein Mann«, ein Satz, an den sich meist ein trauriges Lachen anschließt.

Denn Frauen möchten keinen Mann, der sich wie ein Kind benimmt, sie wollen einen Mann. Keinen durch nichts zu erschütternden Macho, sondern einen, der ihnen zur Seite steht und ihnen dabei hilft, die alltäglichen Dinge auf die Reihe zu bekommen. Das erhoffen sich Frauen von ihrem Partner und sie wissen Männer durchaus zu schätzen, die ihnen diese Unterstützung gewähren.

## Muss ich auf alles eine Antwort wissen?

Ich war ungemein erleichtert, als ich feststellte, dass ich nicht immer wissen muss, was ich als Vater zu tun habe. Wenn die Kinder heranwachsen und sich je nach Entwicklungsphase immer wieder neue Herausforderungen stellen, verlieren wir natürlich bisweilen den Überblick.

## Der Brief eines Vaters

Lieber Steve,

wir haben mit unserem Sohn einiges durchgemacht und er mit uns. Doch haben sich die Dinge für ihn erfreulicherweise sehr positiv entwickelt. Vielleicht interessieren andere Eltern einige der Erfahrungen, die wir mit unserem Sohn gemacht haben.

Der auffälligste Unterschied zwischen Matt und seiner Schwester Sophie bestand von Anfang an darin, dass Matt sehr impulsiv war und immer wieder unter fast unkontrollierbaren Energieschüben zu leiden hatte. Als er acht Jahre alt war, lief er einmal direkt vor ein Auto, ohne vorher auch nur einen Blick auf die Straße zu werfen. Glücklicherweise hatte der Fahrer Matts Ball auf die Straße rollen sehen und war sofort auf die Bremse getreten. Er verpasste Matt ganz knapp. Jungen denken offenbar nicht immer nach, bevor sie etwas tun.

Als er dann in die Pubertät kam, hatten wir erhebliche Schwierigkeiten mit ihm. Da wir mit seiner Schwester kaum Probleme gehabt hatten, dachten wir, dass es bei ihm ähnlich sein werde. Aber er scherte sich weder um den Haushalt noch um seine Schulaufgaben. Abends kam er grundsätzlich nicht zur verabredeten Zeit nach Hause. Mit ihm herumzudiskutieren reichte nicht aus – und endlich begriffen wir, dass er sich geradezu nach festen Grenzen und konsequentem Handeln unsererseits sehnte.

Natürlich hatten wir ihm immer wieder Konsequenzen **angedroht**, doch diese Drohungen nie wirklich in die Tat umgesetzt.

Als wir dann dazu übergingen, ihm klare Grenzen zu setzen und auch vor Strafen nicht länger zurückschreckten (was uns manchmal sehr schwer gefallen ist), veränderte sich sein Verhalten plötzlich auffällig zum Positiven. Auch er selbst fühlte sich offenbar wesentlich besser. Ich glaube, manche Jungen brauchen das offenbar.

Sehr profitiert hat Matt auch, als er – entsprechend den Gepflogenheiten seiner Schule – in der sechsten Klasse damit beauftragt wurde, sich um ein Kindergartenkind zu kümmern. Diese Aufgabe gab ihm das Gefühl, wichtig zu sein, und er erzählte abends stolz von seinen Erlebnissen mit seinem kleinen Schutzbefohlenen – was der kleine Junge gelernt und welche Fähigkeiten er erworben hatte. Plötzlich entdeckten wir an Matt eine völlig neue Seite. In der siebten Klasse wurde er dann von einem jungen Burschen aus der elften Klasse betreut, der ihm in schwierigen Situationen zur Seite stand. Somit lernte er, andere zu unterstützen, aber auch ihre Hilfe in Anspruch zu nehmen.

Etwa um diese Zeit erfuhren wir, dass er – obwohl er sich zu Hause oft unmöglich aufführte – in der Schule glänzende Leistungen erbrachte. Es zeigte sich, dass er daheim nur Dampf abließ. Viele Eltern, mit denen ich gesprochen habe, kennen diesen Unterschied zwischen ausgezeichnetem Betragen in der Schule und unerträglichen Auftritten daheim.

Als er ungefähr vierzehn, fünfzehn Jahre alt war, stellten wir fest, dass Matt in einer ganz eigenen Welt lebte – kaum noch mit uns sprach, daheim nur aß und dann wieder verschwand und sich uns gegenüber über seine Erlebnisse in der Schule, mit Freunden und so fort eisern ausschwieg. Unsere einzige Kommunikation bestand darin, dass wir ihn bisweilen in die Schranken wiesen. Glücklicherweise nehmen wir das Abendessen stets gemeinsam ein, und das war die einzige Gelegenheit, noch miteinander zu sprechen. Also beschlossen wir, wieder mehr Zeit miteinander zu verbringen. Vater und Sohn kamen überein, an den Wochenenden öfter gemeinsam etwas zu unternehmen.

Meine Frau beschloss, den Teufelskreis zu durchbrechen und Matt wieder öfter etwas Nettes zu sagen und ihn nicht nur zu kritisieren. Seine Reaktion war ermutigend. Heute denke ich, dass wir alle uns damals einfach in ein negatives Muster hineingesteigert hatten. Jungen möchten mit den ihnen nahe stehenden Menschen befreundet sein und nicht abgeschottet in einer eigenen Welt leben, in der sie sich häufig genug sehr einsam fühlen.

Wir beide haben auch sehr von einem Eltern-Workshop profitiert. Das Beste, was wir dort lernten, war, möglichst nur Ich-Aussagen zu machen (zum Beispiel: »Ich habe mir Sorgen um dich gemacht, als du zur verabredeten Zeit nicht nach Hause gekommen bist.« »Ich muss mit dir zu einer Vereinbarung kommen, die du auch einhalten kannst.«). Vermeiden sollte man hingegen Aussagen wie etwa »Du bist einfach total unzuverlässig. Wenn du in Zukunft nicht pünktlich nach Hause kommst, setzt es was.« Auch sollte man ein offenes Ohr für die Probleme der Jugendlichen haben und sie reden lassen, statt ihnen sofort gute Ratschläge zu erteilen.

Heute ist unser Zusammenleben wieder wesentlich angenehmer. Matt ist ein kontaktfreudiger, sympathischer junger Mann und nicht mehr der

Darf Sohnemann heute bei seinem neuen Freund übernachten? Ist dieses oder jenes Buch für ihn geeignet? Wie soll ich auf dieses Fehlverhalten reagieren? Manchmal ist es ganz schön anstrengend.

Was kann man da machen? Wenn Ihnen nicht sofort eine Antwort einfällt, dann schieben Sie die Entscheidung auf. Vielleicht besprechen Sie sich vor einer Entscheidung noch einmal mit Ihrer Partnerin oder einem Freund. Wenn Sie beide ratlos sind, können Sie das Problem auch mit anderen Eltern besprechen.

Meine Kinder zum Beispiel haben die Erfahrung gemacht, dass meine Reaktion desto negativer ausfallen wird, je mehr sie mich bedrängen; deshalb sind sie inzwischen vorsichtiger geworden! Wenn ich aber wirklich nicht weiß, was ich tun oder sagen soll, erkläre ich: »Also, sehr glücklich bin ich nicht damit, aber ich werde noch mal drüber schlafen und dann reden wir morgen weiter.« Sie müssen allerdings **jedes Mal** auch am nächsten Tag eine Entscheidung fällen, sonst legen Ihnen die Kinder solche Antworten (zu Recht) als unzulässige Verzögerungstaktik aus. Das Familienleben ist eben eine »Dauerbaustelle«.

sture Junge von früher. Wichtig ist, dass man Kinder nie aufgibt. Man muss immer von neuem dazulernen und notfalls fremde Hilfe suchen, wenn man nicht mehr weiter weiß. So kann man die Situation immer verbessern, solange man sich nur Mühe gibt. Für Kinder ist es sehr wichtig, dass man ehrlich und offen – und ohne ständige Vorhaltungen – mit ihnen spricht.

Viele Grüße an alle Eltern!

Geoff H.

## Ihren Kindern muss nicht alles gefallen, was Sie tun

Es ist nichts dagegen einzuwenden, wenn Sie sich bei Ihren Kindern ein- oder zweimal am Tag ein wenig unbeliebt machen. Wenn Sie im Großen und Ganzen viel Spaß und Freude miteinander haben und sich ansonsten mit großer Hingabe um Ihren Nachwuchs kümmern, dann verfügen Sie über eine Art Kapital, von dem Sie in solchen Situation zehren können.

Ein guter Freund (der viel Zeit mit seinen Kindern verbringt) hat mir erzählt, dass er vor kurzem einmal gegenüber seinem zwölfjährigen Sohn die Nerven verloren, ihn angebrüllt und in sein Zimmer geschickt hat. Der Sohn hatte eine kleine Strafe verdient, doch der Vater schrie lauter als nötig, da er einen harten, frustrierenden Arbeitstag hinter sich hatte. Zehn Minuten später ging der Junge (der inzwischen dazu verdonnert worden war, sich die Zähne zu putzen und dann bettfertig zu machen) auf dem Weg ins Bad an ihm vorüber. Dabei murmelte er ein paar Worte, die den Vater mitten ins Herz trafen: »Warum ist es nur so schwer, dich zu hassen?«

## Auf den Vater kommt es sehr wohl an

Viele Leute fragen: Spielt der Vater denn überhaupt eine Rolle – kann die Mutter nicht genauso gut alles allein machen? Die wissenschaftlichen Beweise für die Bedeutung des Vaters sind überwältigend. Jungen, die ohne Vater aufwachsen, sind – statistisch betrachtet – häufiger gewalttätig, geraten öfter in Schwierigkeiten, fallen in der Schule durch schlechtere Leistungen auf und schließen sich häufiger Teenagergangs an.

Töchter, die ohne Vater aufwachsen, leiden öfter unter einem gestörten Selbstbewusstsein, haben häufiger Sex, bevor sie es eigentlich möchten, werden öfter vorzeitig schwanger, werden häufiger sexuell belästigt und brechen öfter vorzeitig die Schule ab. Familien ohne männliche Unterstützung leben für gewöhnlich in ärmlicheren Verhältnissen und die Kinder aus solchen Familien steigen häufiger als andere sozial ab. Reichen diese Argumente aus, um Sie zu überzeugen?

Die Aufgaben und Pflichten eines Vaters zu übernehmen ist das Beste, was Sie wahrscheinlich in Ihrem ganzen Leben je tun können – und zwar wegen der erlebten Befriedigung und Freude, aber auch wegen des positiven Einflusses, den Sie damit auf die Zukunft anderer Menschen haben. Außerdem macht es einfach Spaß, Vater zu sein.

## Kurzgefasst

1 Nehmen Sie sich die Zeit, ein guter Vater zu sein. In der heutigen Gesellschaft sind Männer häufig kaum mehr als Arbeitsmaschinen. Kämpfen Sie um die Chance, Ihren Kindern ein guter Vater zu sein.

2 Seien Sie aktiv mit Ihren Kindern – sprechen, spielen und unternehmen Sie etwas mit ihnen. Ergreifen Sie jede Möglichkeit, die sich Ihnen bietet.

3 Häufig sind Störungen wie das Hyperkinetische Syndrom (Hyperaktivität) auf eine mangelnde Zuwendung des Vaters zurückzuführen.

4 Überlassen Sie Disziplinierungsmaßnahmen nicht allein Ihrer Partnerin. Häufig wird Ihr Sohn sich eher etwas von Ihnen sagen lassen – aber nicht etwa aus Angst, sondern aus Respekt und weil er Ihnen gefallen möchte. Schläge und Einschüchterungsmethoden sind tabu – sie veranlassen einen Jungen nur, sich gegenüber Dritten gemein und niederträchtig zu verhalten.

5 Söhne ahmen ihre Väter nach. Sie kopieren das Verhalten, das Sie gegenüber Ihrer Partnerin an den Tag legen. Söhne übernehmen die Einstellungen ihrer Väter (ob diese nun Rassisten, ewige Verlierer, Optimisten oder Menschen sind, die sich um Gerechtigkeit und ähnliche Belange sorgen). Ihr Sohn wird überdies nur dann in der Lage sein, Gefühle zu zeigen, wenn Sie Ihre Emotionen nicht verbergen.

6 Die meisten Jungen lieben es, zu raufen und zu kämpfen. Spielen Sie mit Ihrem Sohn zum Vergnügen solche Spiele und

bringen Sie ihm die nötige Selbstbeherrschung bei. Stoppen Sie das Spiel und erklären Sie ihm bestimmte Regeln, wann immer die Aggressivität zu dominant wird.

7 Lehren Sie ihren Sohn, Frauen – aber auch sich selbst – zu respektieren.

# Kapitel 6
# Mütter und Söhne

*[Dieses Kapitel wurde zusammen mit Shaaron Biddulph verfasst.]*

Erinnern Sie sich noch an jenen ersten Augenblick der Stille, als Ihr neugeborener kleiner Junge in Ihren Armen lag und Sie ihn – und sein Gesicht und seinen kleinen Körper – zum ersten Mal richtig anschauen konnten? Mütter brauchen manchmal eine Weile, bis sie richtig begreifen, dass sie wirklich einen Sohn haben, einen Jungen – ein männliches Wesen, das in ihrem Körper gewachsen ist. Ja, für eine Frau kann es durchaus verwirrend oder sogar schockierend sein, sich vorzustellen, dass sie in ihrem Körper ein männliches Wesen getragen hat!

Die meisten Frauen sagen, dass sie sich durch ein kleines Mädchen weniger beunruhigt fühlen. Sie haben das Gefühl zu wissen, wie man mit einem solchen kleinen Wesen umzugehen hat. Aber ein Junge? Ja, es gibt sogar Mütter, die nach der Geburt eines Sohnes entsetzt ausrufen: Was soll ich mit diesem Jungen denn nur anfangen! Wie gut wir uns auch rational vorbereitet haben mögen, emotional lautet unsere Reaktion nicht selten: Das ist ja doch ein völlig unbekanntes Land, in das ich mich da vorgewagt habe!

## Der biografische Hintergrund der Mutter

Von Anfang an beeinflusst die Erfahrung, die eine Frau mit Männern macht, auch ihr späteres Verhalten als Mutter. Unnötigerweise messen viele Menschen dem Geschlecht eines Babys so viel Gewicht bei. Wann immer eine Mutter ihren kleinen Sohn

## Die Geschichte einer Mutter

Sobald mein Sohn aus dem Kleinkindalter heraus war, habe ich ihm in unserem Haushalt bestimmte Pflichten auferlegt. Schon mit sechs Jahren fütterte er den Hund, machte sein Bett selbst und trocknete das Geschirr ab. Mit neun konnte er dann bereits die Wäsche erledigen, die Toilette sauber machen und einfache Mahlzeiten zubereiten. Ich wollte unter allen Umständen vermeiden, aus ihm einen so laschen und bequemen Typen zu machen, wie mein eigener Vater einer gewesen war. In der Familie, in der ich aufgewachsen bin, mussten alle unentwegt Papa bedienen; ich habe das immer gehasst. Mein Junge sollte einmal seine Dinge selbst erledigen.

Mein zweites Kind war ein Mädchen, und als sie etwa sechs Jahre alt war, merkte ich, dass ich ihr wesentlich weniger auftrug als meinem Sohn. Natürlich wollte ich sie ebenfalls zu einem pflichtbewussten Menschen erziehen, doch verfolgte ich dieses Ziel nicht mit derselben Hartnäckigkeit. Ich zeigte ihr zwar, wie man bestimmte Dinge macht, konnte mich jedoch nicht dazu durchringen, sie mit derselben Konsequenz an ihre Pflichten zu erinnern. Allmählich begriff ich, dass ich es einfach nicht gut fand, sie **zur Arbeit anzuhalten**.

Als ich Kind war, musste ich mit meinen Schwestern im Gemüseladen unserer Eltern ständig mitarbeiten. Jeden Abend nach der Schule, an den Wochenenden und in den Ferien arbeiteten wir, bis unsere Beine schmerzten, uns die Füße anschwollen und wir uns kaum noch aufrecht halten konnten. Ich habe es damals gehasst, unentwegt **arbeiten zu müssen**.

Als mir das klar geworden war, fiel es mir plötzlich leichter, die Dinge gerechter zu handhaben. Inzwischen erledigen meine beiden Kinder ihre Pflichten im Haushalt und haben darüber hinaus jede Menge Zeit, sich auszuruhen und zu spielen, und wir alle fühlen uns blendend dabei.

anschaut, ihn schreien hört und ihm die Windeln wechselt, ist sie sich bewusst, es mit einem männlichen Wesen zu tun zu haben. Und somit drängt sich in ihrem Verhalten das in den Vordergrund, was sie aus eigener Erfahrung mit dem Begriff »männlich« verbindet.

Natürlich erinnert sich eine Frau noch an ihren Vater und wie dieser sich ihr gegenüber verhalten hat. Sie hat Erfahrungen mit Brüdern, Cousins und den Jungen gesammelt, die sie in der Schule kannte. Und dann kommen noch all die anderen Männer ins Spiel: Liebhaber, Lehrer, Chefs, Ärzte, Geistliche, Mitarbeiter und Freunde. Aus all diesen Erfahrungen und Begegnungen setzt sich ihr Männerbild zusammen, das auch ihre Einstellung zu diesem arglosen kleinen Jungen mitbestimmt.

Ihre Vorstellung davon, »wie Männer sind«, »wie Männer mich behandelt haben« und »was ich mir an den Männern anders wünschen würde«, dies alles hat Einfluss darauf, wie sie mit ihrem kleinen Sohn umgeht.

Doch damit noch nicht genug: Die Gefühle, die sie dem Vater des Kindes entgegenbringt, komplizieren die Dinge noch zusätzlich. Erinnert der kleine Junge, der jetzt unter ihren Augen heranwächst, äußerlich an seinen Erzeuger? Liebt sie ihn deswegen mehr oder weniger? Wenn sie mit dem Vater nicht mehr zusammenlebt oder das Verhältnis zu ihm angespannt ist, so können diese Faktoren ihr Verhältnis zu dem kleinen Jungen ebenfalls beeinflussen. Manche Frauen sind sich dieser Vielzahl emotionaler Einflüsse deutlich bewusst, andere überhaupt nicht.

## Wie wir unseren kleinen Jungen behandeln

All unsere frühen Erfahrungen und Begegnungen mit Männern spiegeln sich in unserem alltäglichen Verhalten gegenüber unseren Söhnen wider. Wann immer wir ihnen zu Hilfe eilen oder sie

bewusst sich selbst überlassen, wann immer wir sie er- und entmutigen; wann immer wir sie loben oder die Stirn runzeln und einfach weggehen: Unsere sämtlichen Reaktionen haben etwas damit zu tun, wie wir zu dem Umstand stehen, dass wir ein – männliches – Baby haben.

Eine große Hilfe ist es bereits, wenn Sie dem Kind mit echter Neugier begegnen, wenn Sie die Welt des kleinen Jungen kennen lernen und verstehen wollen. Als Frau können Sie unmöglich wissen, wie es ist, in einem männlichen Körper zu leben. Wenn Sie keine Brüder (oder keinen engagierten Vater) hatten, dann müssen Sie sich weitere Informationen beschaffen, um herauszufinden, welches Verhalten für einen Jungen normal ist. Auch Ihren Partner oder männliche Freunde können Sie um Rat fragen. Denn manchmal sind Sie auf Erfahrungen aus der Praxis angewiesen.

## Von ihrer Mutter lernen Jungen etwas über das andere Geschlecht

Wie die Supermarkt-Geschichte auf Seite 124 zeigt, bringt eine Mutter ihrem Sohn sehr viel über das Leben und die Liebe bei. Auch hilft sie ihm, allmählich das nötige Selbstvertrauen gegenüber dem anderen Geschlecht zu entwickeln. Sie ist seine »erste Liebe« und sollte sich ihm gegenüber zärtlich, respektvoll und verspielt verhalten, ohne ihm gegenüber einen Besitzanspruch zu erheben oder seine Welt beherrschen zu wollen. Wenn er dann ins Schulalter kommt, ermutigt sie ihn durch ihre aktive Unterstützung, Freundschaften zu schließen, und zeigt ihm, was er tun muss, um mit den Mädchen gut zurechtzukommen.

Sie werden zugeben, dass in den neunziger Jahren, in denen wir leben, die Beziehungen zwischen den Geschlechtern jede nur mögliche Unterstützung nötig haben. Eine Mutter kann ihrem Sohn dabei helfen, sich in Gegenwart von Mädchen und Frauen entspannt zu verhalten. Sie kann ihm beibringen, was Mädchen gerne haben – etwa Jungen, die sich unterhalten können, die Humor haben, die rücksichtsvoll sind, die eigene Ideen und Vorstellungen haben und so fort. Sie kann ihn sogar darauf aufmerksam machen, dass Mädchen bisweilen biestig oder gedankenlos sind – und dass sie keine Heiligen sind.

Der Elternteil, der das andere Geschlecht repräsentiert, hat einen entscheidenden Einfluss auf das Selbstwertgefühl des heranwachsenden Kindes. Mädchen sind darauf angewiesen, dass ihr Vater ihnen das Gefühl vermittelt, dass sie interessante und intelligente junge Menschen sind. Er kann ihnen beibringen, einen Reifen zu wechseln, im Internet zu surfen oder zu angeln. Ein Junge, dessen Mutter seine Gesellschaft schätzt, lernt, dass er sich in den Jahren zwischen fünf und fünfzehn angstfrei mit Mädchen anfreunden kann – bevor die Dinge allzu romantisch oder sexuell werden.

## Der Brief einer Mutter

Lieber Steve,

nachdem ich vorab das Manuskript von *Jungen! Wie sie glücklich heranwachsen* gelesen habe, möchte ich noch ein paar Dinge sagen, die mir sehr am Herzen liegen.

An alle Mütter da draußen: Jungen sind anders! Sie sollten nicht nachlassen in dem Versuch, Ihren Sohn verstehen zu wollen und immer besser kennen zu lernen. Geben Sie nie auf! Lachen Sie nicht mit, wenn schwachsinnige Witze über Jungen erzählt werden. Stimmen Sie nicht ein in das Wehklagen und lassen Sie sich nicht anstecken von der »Was-soll-ich-nur-machen?«-Haltung. Zwischen Müttern und Söhnen gibt es immer eine Möglichkeit der Begegnung. Sie müssen nur herausfinden, wie Sie am besten vorgehen. Vielleicht müssen Sie ein wenig experimentieren, bevor Sie den richtigen Weg finden, und vielleicht nimmt dieser Versuch Zeit und Energie in Anspruch. Schwierigkeiten sind kein Zeichen des Versagens, sondern beweisen nur, dass etwas Neues in die Welt treten soll. Halten Sie auch nach dem Guten in Ihrem Sohn Ausschau. Sie werden es bestimmt entdecken.

Auch Jungen haben zärtliche Regungen, und Mütter können entscheidend dazu beitragen, die Integrität eines solchen Kindes zu schützen. Wenn man sieht, wie herzlich und liebevoll Jungen sein können, bringt man ihnen nur umso mehr Liebe entgegen. Geben Sie ihnen eine Gelegenheit, mit jüngeren Kindern zu spielen und diesen zu helfen oder Tiere zu versorgen. Sie werden sehen, wie liebevoll ein Junge sein kann.

Teilen Sie die Interessen und Leidenschaften Ihres Sohnes. Tom (mein neunjähriger Sohn) und ich haben es uns zum Ritual gemacht, jeden Samstag (im australischen Winter) die zweite Halbzeit des Football-Spiels unserer Lieblingsmannschaft zu besuchen. Das reicht uns beiden, und ist außerdem kostenlos. Wir versuchen meist in der Nähe des Spielfeldrands zu sitzen, damit wir spüren können, wie die Erde vibriert und die Luft umhergewirbelt wird, wenn die Mannschaften an uns vorüberlaufen. Tom macht es großen Spaß, mir zu erklären, wer die einzelnen Spieler sind und wie die Regeln auszulegen sind. Mir fällt auf, dass er häufig Dinge mitteilt, von denen er annimmt, sie könnten mich interessieren – zum Beispiel, was sich im Privatleben der Spieler abspielt! Das Geschehen auf dem Spielfeld ist einfach toll, kraftvoll und entschlossen. In dem Stadion herrscht eine ebenso erregte wie freundliche Atmosphäre – ein bisschen menschliche Wärme an einem kühlen Nachmittag. Ganz anders als ein solches Spiel im Fernsehen zu sehen. Ein Abenteuer in der Großstadt!

Man muss Jungen häufig dabei helfen, sich zu Dingen in Beziehung zu setzen – ihnen zeigen, wie man die Schulaufgaben richtig erledigt, wie man die Bibliothek, einen Computer, die Zeitung, ein Nachschlagewerk richtig benutzt. Auch ihre häuslichen Pflichten muss man so organisieren, dass sie überschaubare Einheiten bilden, ihnen dann realistische Ziele setzen und dafür sorgen, dass sie diese auch erreichen. Denn wenn ein Junge sich von seinem Pensum überfordert fühlt, gibt er leicht auf. Nehmen Sie ihm solche Aufgaben aber nicht ab, sondern überlassen Sie ihm die Freude, die Dinge aus eigener Kraft geschafft zu haben.

Wecken Sie das Interesse Ihres Jungen an der Welt. Gehen Sie mit ihm spazieren, sprechen Sie mit ihm, lassen Sie ihn in Kontakt mit seiner Umwelt treten. Zeigen Sie ihm, wie sich ein Baum mit den Jahreszeiten, wie eine Baustelle sich über die Monate verändert. Zeigen Sie ihm, was alles dazugehört, ein leckeres Essen auf den Tisch zu bringen – von der Planung des Einkaufs über die Zubereitung bis hin zur Dekoration des Tisches. Beteiligen Sie ihn an der Planung und Vorbereitung von Familienereignissen und Reisen. Zeigen Sie ihm, wie er bei solchen Planungen seine Interessen mit denen der anderen kombinieren kann.

Sorgen Sie dafür, dass Ihr Junge genügend Schlaf bekommt und zwischen sozialen Aktivitäten und Ruhezeiten ein ausgewogenes Verhältnis besteht. Wichtig ist auch: Rituale beim Zubettgehen zu entwickeln, Geschichten zu erzählen oder vorzulesen, Zärtlichkeit zu vermitteln – was immer dem kleinen Mann ein Gefühl der Sicherheit, der Liebe und des Friedens vermittelt. Auch ein gemeinsames Repertoire an Lieblingsgeschichten ist von unschätzbarem Wert.

Schließlich: Sie können für Ihren Sohn wirklich von Nutzen sein, wenn Sie mithelfen, sein Verhältnis zu seinem Vater eng und innig zu gestalten. Ein Vater ist vielleicht in die unmittelbare Tagesplanung nicht in dem Maße involviert wie eine Mutter und übersieht deshalb so manches Naheliegende. Sanfte Ermahnungen können da durchaus hilfreich sein. Bringen Sie Ihren Sohn mit sympathischen Männern zusammen – einem witzigen Musiklehrer, freundlichen Nachbarn, dem Bruder einer

## Geben Sie Ihrem Sohn ein positives Selbstbild

Mit Beginn der Pubertät fängt für viele Jungen eine Zeit an, in der sie sich in ihrer eigenen Haut nicht wohl fühlen. Sie schämen sich ihrer Männlichkeit, ihr neuer großer Körper ist ihnen unangenehm, außerdem kreisen die Hormone in ihren Adern. Und den Medien entnehmen sie unentwegt, dass Männer Vergewaltiger, Mörder oder schlicht minderbemittelte Trottel sind. Kein Wunder, dass Jungen sich mit ihrer neu gewonnenen Männlichkeit nicht anfreunden können.

Eine Mutter kann viel dafür tun, diese Situation zu verbessern. Ich habe schon oft gehört, wie Mütter ihre pubertierenden Söhne durch wundervolle Kommentare bestärkt haben, etwa bei der Anprobe neuer Kleider durch die Bemerkung: »Junge, in den Klamotten siehst du aber wirklich toll aus.« Wenn der junge Mann sich im Haushalt nützlich macht, kann eine Mutter zum Beispiel sagen: »Das Mädchen, das dich mal heiraten wird, kann

Freundin. Sprechen Sie mit ihm über nette Männer, ihre Eigenschaften und darüber, wie diese Männer sich in Ihren Augen in verschiedenen Situationen verhalten.

Erzählen Sie Ihrem Jungen aber auch von seiner Vergangenheit, berichten Sie ihm, was für ein hübsches Baby er gewesen ist, was seine Geburt für Sie bedeutet hat, wie viel Licht und Freude, wie viel Harmonie er in Ihr Leben gebracht hat, was für ein wundervoller Junge er geworden ist.

Mit lieben Grüßen

JT

wirklich froh sein.« Weitere derartige Kommentare könnten sein: »Es ist angenehm, mit dir zusammenzusein« oder: »Es ist interessant, sich mit dir zu unterhalten« oder: »Du hast wirklich viel Humor.«

## Passen Sie Ihr Auftreten als Mutter dem Reifegrad Ihres Sohnes an

Wenn ein Junge von einem hilflosen Baby zu einem hoch aufgeschossenen Teenager heranwächst, müssen Sie natürlich auch Ihre Erziehungsmethoden den neuen Umständen anpassen. Am Anfang haben Sie das Sagen und überwachen den Kleinen unentwegt. In den ersten Schuljahren belehren Sie ihn, leiten ihn an und setzen ihm Grenzen. Später sind Sie dann eher so etwas wie ein Ratgeber und Freund, während Ihr Sohn seinen eigenen Weg geht. Und so räumen Sie ihm nach und nach immer mehr Verantwortung und Freiheit ein. Entscheidend ist es, das Richtige zum rechten Zeitpunkt zu tun.

Praktische Hilfe

## DER KÖRPER DES KLEINEN JUNGEN

Der Penis und die Hoden ihres kleinen Lieblings sind für Mütter oft ein Rätsel. Hier ein paar Fragen, die Mütter gerne stellen:

**F:** Sollte mein Sohn zwei sichtbare Hoden aufweisen?
**A:** Bei den gesetzlich vorgeschriebenen Vorsorgeuntersuchungen im ersten Lebensjahr, die ein Arzt an jedem Säugling vornimmt, müssten eigentlich beide Hoden sichtbar sein.

**F:** Darf ich den Penis berühren, um ihn zu waschen?
**A:** Natürlich! Sie müssen den Penis und den Hodensack sogar waschen, wenn Sie die Windeln wechseln oder den kleinen Jungen baden. Ist er erst einmal aus den Windeln heraus, kann Ihr kleiner Sohn seinen Penis auch unter Ihrer Aufsicht selbst waschen.

**F:** Darf ich die Vorhaut zurückziehen, um den Penis zu reinigen?
**A:** Das ist nicht nötig, tatsächlich ist es nicht einmal ratsam. In diesem Alter liegt die Vorhaut noch eng am Ende des Penis an. Der kleine Junge zieht sie selbst im Laufe der Zeit allmählich immer weiter zurück und mit drei oder vier Jahren schiebt sie sich dann von ganz allein ein Stück nach hinten. Mit vier Jahren können Sie dem Kleinen dann ab und zu sagen, er möchte die Vorhaut zurückziehen und den Bereich hinter der Eichel waschen. Zeigen Sie ihm auch, wie man die Vorhaut während der Dusche zurückzieht. Das Gleiche gilt auch für das Urinieren, damit kein Harn unter der Vorhaut zurückbleibt.

**F:** Mein Sohn zieht an seinem Penis herum und schiebt seinen Finger manchmal sogar unter die Vorhaut. Ist das okay?
**A:** Normalerweise fügen sich Kinder selbst keinen Schaden zu, da sie sofort aufhören, sobald etwas schmerzt. Ein Penis hat für seinen Besitzer eine gewisse Faszination, es fühlt sich angenehm an, ihn in der Hand zu halten, und das ist auch in Ordnung. Machen Sie sich also darüber keine Gedanken.

**F:** Mein Sohn drückt häufig seinen Penis zu, weil er den Gang zur Toilette hinauszögern möchte. Ist das gefährlich?

**A:** Die meisten Jungen tun das. Mädchen haben eine starke Beckenmuskulatur und können deshalb ihren Harndrang leichter unterdrücken, ohne dass dies jemand bemerkt. Jungen dagegen sind anders gebaut und können das nicht. Wenn sie auf die Toilette müssen, aber mit ihren Spielen zu sehr beschäftigt sind, zögern sie den Gang häufig hinaus. Am besten, Sie verordnen ihnen bei solchen Gelegenheiten eine »Pieselpause«.

**F:** Mit welchem Namen sollen wir den Penis benennen?
**A:** Nennen Sie einen Penis schlicht Penis und denken Sie sich keine albernen Namen für ihn aus.

**F:** Wenn Jungen ein bisschen größer sind, werden sie beim Spielen manchmal in die Hoden getreten. Wie soll ich mich verhalten?
**A:** Hoden sind hoch empfindlich – deshalb krümmen sich auch alle Männer mitfühlend zusammen, wenn beim Fußball einer der Spieler zwischen den Beinen von einem Ball getroffen wird. Doch für gewöhnlich bleiben solche Zwischenfälle folgenlos. Nehmen Sie Ihren Jungen beiseite und schauen Sie kurz, ob alles in Ordnung ist. Wenn die Schmerzen anhalten, Schwellungen, Blutungen oder eine Verfärbung des Gewebes auftreten, so dass der kleine Mann gar nicht mehr aufhört zu weinen oder sich sogar erbricht, dann suchen Sie unverzüglich einen Arzt auf. Ansonsten sollte Ihr Sohn nur eine Weile ruhig dasitzen und sich erholen.

Sollten Sie in irgendeinem der genannten Punkte unsicher sein, fragen Sie Ihren Arzt. Es ist immer besser, sicher zu gehen.

Halten Sie Kinder stets dazu an, sich gegenseitig nicht weh zu tun. Weisen Sie Ihren Sohn oder Ihre Tochter deutlich zurecht, wenn diese meinen, dass es lustig oder belanglos ist, andere Kinder zu verletzen. Verbieten Sie Spiele, bei denen sich die Kinder gegenseitig an die Geschlechtsorgane greifen oder sich dort durch Tritte oder Schläge zu treffen versuchen. In einigen neueren Fernsehsendungen wird dies leider bagatellisiert. Erklären lassen sich solche Entgleisungen wohl nur mit der männerfeindlichen Tendenz in den heutigen Medien. Einem Mann an den Geschlechtsorganen Gewalt anzutun, gleicht dem Schlag gegen die Brust einer Frau, nur dass die männlichen Hoden noch empfindlicher sind.

## IM SUPERMARKT

Julie und ihr achtjähriger Sohn Ben waren in der Stadt, um im Supermarkt einzukaufen. Vor dem Geschäft trafen sie zwei Mädchen aus seiner Schulklasse, die dort auf einer Bank saßen. Ben sagte fröhlich »Hallo« zu den Mädchen, doch statt ihn auch zu grüßen, sahen die beiden Mädchen nur zu Boden und kicherten.

Julie und Ben erledigten ihre Einkäufe und kamen dann wieder auf die Straße hinaus. Julie bemerkte, dass Ben auffallend ruhig war, und fragte ihn, ob er etwas hätte. »Oh, mir geht´s gut«, sagte Ben (die typische Antwort des australischen Mannes!).

Doch Julie ließ nicht locker. »Hat es dich gekränkt, dass die beiden Mädchen nur gekichert und nicht zurückgegrüßt haben?«

»Na ja ..., eigentlich schon«, gab Ben zu.

Julie dachte kurz nach und entgegnete dann: »Also, ich weiß nicht, ob dir das hilft, aber ich kann mich noch gut daran erinnern, wie es war, als ich als kleines Mädchen selbst in der dritten Klasse war. Wir Mädchen hatten damals auch schon Jungen, die wir besonders gerne mochten. Aber das war uns eher peinlich. Wenn dieser Junge nun mit einem sprach, besonders wenn Freundinnen dabei waren, gerieten wir meistens in Verlegenheit. Deshalb haben wir Mädchen gekichert, um diese Verlegenheit zu verbergen. Vielleicht ist das bei den beiden auch so?«

Ben sagte nichts, aber er gab plötzlich eine wesentlich stattlichere Figur ab.

»Da ist es ja gut«, fuhr Julie dann fort, »dass wir die Milch vergessen haben. Wir müssen noch mal hinein.« Und bevor Ben auch nur einen Ton sagen konnte, machte sie kehrt und ging zurück in den Supermarkt.

»Versuch's noch mal«, flüsterte sie ihm noch zu. Die Mädchen saßen noch immer da, sagten diesmal ebenfalls fröhlich »Hallo«, und Ben unterhielt sich mit ihnen, während seine Mutter die Milch suchte – was einige Zeit in Anspruch nahm!

## Die Grundschuljahre

In den Grundschuljahren ist eine Menge behutsamer Anleitung und Unterstützung notwendig. Die Mutter achtet darauf, dass ihr Sohn sich nicht zu übermäßig riskanten Aktivitäten hinreißen lässt und in seinen Interessen nicht aus dem Gleichgewicht gerät. Sie genehmigt ihm nur ein gewisses Fernseh- und Computer-Quantum täglich, damit er noch genügend Zeit findet, sich im Freien auszutoben. (Viele Schulen haben Computerspiele in der Mittagspause untersagt, weil manche Jungen sonst nicht lernen, mit Mitschülern und Lehrern normal zu kommunizieren – eine Fähigkeit, die für das weitere Leben unverzichtbar ist.)

Ermutigen Sie Ihren Sohn, Freunde einzuladen. Seien Sie freundlich zu seinen Gästen und unterhalten Sie sich mit ihnen. Erkundigen Sie sich nach ihren Meinungen und Vorstellungen über die Schule und ihr Leben.

Es ist durchaus in Ordnung, ja sogar wichtig, dass Sie wissen, wen Ihr Sohn anlässlich eines Besuchs bei einem Freund bei diesem zu Hause alles antreffen wird. Werden die Kinder dort gut beaufsichtigt? Kleine Jungen dieses Alters können leicht in Untiefen geraten, wenn niemand nach ihnen sieht. Auch sollte man sie, wenn sie jünger als zehn Jahre sind, noch nicht lange allein in einem Haus oder einer Wohnung lassen. (Das hängt freilich in hohem Maße davon ab, wo Sie wohnen.) Auch sollten Sie Ihren Jungen nicht im Dunkeln mit dem Fahrrad herumfahren lassen. Zudem sind Jungen bis zum zehnten Lebensjahr dem Verkehr auf großen Straßen noch nicht gewachsen. Ihre periphere (seitliche) Sehfähigkeit ist noch nicht so weit entwickelt, dass sie Geschwindigkeiten richtig einschätzen können.

### Weiterführende Schulen

In diesem Alter geht es im Zusammenleben mit einem Jungen eher um ein wechselseitig faires Geben und Nehmen: »Ich fahr' dich dorthin, wenn du mir hierbei hilfst« – »Ich koche dir etwas, wenn du sauber machst«. Ihr Sohn wird jetzt in seinen Aktivitäten immer unabhängiger von Ihnen. Aber wenn Sie aufgeschlossen sind, kann es zwischen Ihnen immer noch zu guten Gesprächen kommen. Sorgen Sie dafür, dass Sie mit ihm immer wieder einmal unter vier Augen sprechen können. Laden Sie ihn zu einem Getränk ein oder unterhalten Sie sich während eines Einkaufsbummels. Gehen Sie zusammen ins Kino und sprechen Sie danach miteinander.

Manche Jungen lassen sich auch in diesem Alter noch gerne in die Arme nehmen, andere finden das bereits zu aufdringlich. Finden Sie einen Weg, Ihre Zuneigung zu zeigen, ohne sich über seine Wünsche hinwegzusetzen. Setzen Sie sich auf dem Sofa zu ihm, streichen Sie ihm vor dem Schlafengehen über die Haare, kitzeln Sie ihn – finden Sie einfach heraus, was nicht seine Abwehr hervorruft.

Vielleicht müssen Sie Ihre Ansprüche aber auch gegen schulische oder sportliche Anforderungen durchsetzen, die das ganze Leben Ihres Kindes überschatten (siehe dazu »Die Hausaufgaben-Quälerei«, S. 182). Gönnen Sie Ihrem Sohn ein-, zwei- oder auch dreimal pro Jahr während der Schulzeit einen freien Tag, an dem er – auch wenn er nicht krank ist – einfach zu Hause bleibt und sich allein beschäftigen kann.

Wenn sich dann die Schule dem Ende nähert und wichtige Prüfungen anstehen, sollten Sie Ihren Sohn natürlich unterstützen, ihm jedoch zugleich das Gefühl vermitteln, dass diese Dinge nicht das ganze Leben ausmachen. Freunde und Freizeit sind auch wichtig. Lassen Sie ihn spüren, dass sein Wert für Sie nicht von seinen Prüfungsergebnissen abhängt.

In Australien sind diese Prüfungen, mit denen die Jugendlichen die High School abschließen, in einen völlig überdrehten Leistungshorror ausgeartet. Der Abschluss der Schule wird gehandelt, als ob sich daran das Gelingen oder Scheitern eines ganzen Lebens bemessen ließe. Auch hier sollten wir eine gemäßigte Haltung einnehmen und unsere Kinder zwar ermutigen, in der Schule (das heißt in den letzten Jahren vor dem Abschluss) ihr Bestes zu geben, ohne jedoch die wichtigen Fragen dieses Lebensabschnitts aus den Augen zu verlieren: Welchen Beruf Ihr Sohn einmal ergreifen möchte und wie er sich menschlich und geistig weiterentwickeln kann.

Hier einige der Punkte, über die es sich nachzudenken lohnt:

- Junge Menschen, die glänzende Abschlussnoten erzielen, wählen oftmals Studien nur deshalb, weil sie die Zulassungsbeschränkungen überwunden haben. An der Universität erleben sie nicht selten ein Fiasko, weil sie kein wirkliches Interesse an dem Studienfach haben.
- Die medizinischen Fakultäten an den australischen Universitäten legen inzwischen wieder größeren Wert auf vielseitig orientierte Studenten, die auch andere geistige Interessen verfolgen oder schon eine gewisse Lebenserfahrung mitbringen. Gute Examensnoten machen noch keinen guten Doktor.
- Vielseitig interessierte und aktive junge Menschen sind zufriedener, gesünder und erweisen sich später als liebenswertere Mitarbeiter. Sie sind zudem beruflich erfolgreicher.

- Andere Studienfächer oder berufliche Laufbahnen wie die des Lehrers, Krankenpflegers oder Umweltschützers bringen häufig im späteren Leben mehr menschliche Erfüllung als sehr wettbewerbsorientierte Fächer wie Jura, Medizin oder Wirtschaftswissenschaften.

## Lernen durch Konsequenzen

Dies ist aber auch das Alter, in dem ein Junge – weil er die Konsequenzen seines Handelns selbst zu tragen hat – persönliches Verantwortungsgefühl entwickeln muss. Wenn Ihr Sohn in dieser Zeit beispielsweise auf eine höhere Schule wechselt, sollten Sie ihm zunächst dabei helfen, die nötigen Bücher zu beschaffen und morgens den richtigen Bus zu erwischen. Sind diese Dinge nach einer Weile erst einmal geklärt, liegt es bei ihm, ob er morgens die richtigen Bücher mit zur Schule nimmt, den Bus erwischt oder ob er zu spät kommt. Falls er diese Dinge nicht mit dem nötigen Ernst angeht, wird er schon bald durch die Praxis eines Besseren belehrt werden.

Disziplin entsteht im Wechselspiel, zum einen durch ein konsequentes Verhalten Ihrerseits, auf der anderen Seite aber auch dadurch, dass Sie die nötige Fairness walten lassen. Verhandeln Sie mit Ihrem Sohn. Sie können einen Teenager nicht mehr zu etwas zwingen – aber Sie haben ihm so viele Dienstleistungen zu bieten, dass Sie sich in einer durchaus starken Verhandlungsposition befinden.

## Was allein erziehende Mütter vermeiden sollten

Für eine allein erziehende Mutter mit einem pubertierenden Sohn ist es wichtig, sich genau vor Augen zu halten, was mit ihm in diesen Jahren vor sich geht. Jungen in diesem Alter möchten ihre Stärke erproben und eine gewisse Unabhängigkeit gewinnen. Für ein Paar ist diese Situation leichter zu handhaben – der Junge kann sich dann nämlich mit seinem Vater auseinander setzen und weiß trotzdem, dass seine Mutter ihn weiterhin liebt (und umgekehrt). Aber wenn Mami für Liebe und Disziplin gleichzeitig zuständig ist, bedarf es schon einer besonderen Sorgfalt.

Viele dieser Mütter haben uns berichtet: Ich muss unentwegt zwischen Härte und Zuwendung hin- und herspringen. Das ist überaus anstrengend (obwohl diese Situation immer noch besser ist, als einen Partner zu haben, der Ihnen ständig widerspricht und Ihre disziplinarischen Bemühungen untergräbt). **Wichtig ist auch, dass Sie sich mit Ihrem Sohn möglichst niemals schreiend oder tätlich auseinandersetzen.** Der junge Mann muss in diesen Jahren gerade lernen, mit seinen Energien und Gefühlen richtig umzugehen. Und falls er Ihnen bei einer solchen Auseinandersetzung weh tun sollte, wird er sich hinterher wahrscheinlich ganz furchtbare Vorwürfe machen. Sollten Sie einmal das Gefühl haben, dass eine Diskussion zu laut wird oder in eine tätliche Auseinandersetzung ausartet, dann verhalten Sie sich am besten folgendermaßen:

1 Erklären Sie Ihrem Sohn, dass Sie sich erst wieder beruhigen müssen. Vielleicht können Sie oder Ihr Sohn dann für Sie beide

## Jungen in der Küche

Es ist nicht schwierig, Kinder schon früh für die Essenszubereitung zu begeistern, da die Natur selbst dies begünstigt. Kinder essen sehr gerne. Sie lieben Geruch, Farbe und Geschmack von Essen und spielen auch damit.

Manche Kinder sitzen in der Küche auf dem Fußboden, rollen Orangen durch die Gegend und füllen ein ums andere Mal eine Plastikschüssel mit Erbsen. Kleinkinder können Ihnen helfen, (nicht essbaren!) Teig zu kneten und mit bunten Farben einzufärben. Hinterher können sie sich dann stundenlang mit den betreffenden Knetfiguren beschäftigen.

Für Vier- bis Fünfjährige sind das vorweihnachtliche Plätzchenbacken oder aufwendige Partyvorbereitungen besonders interessant (weil man die Ergebnisse hinterher so schön aufessen kann). Auch wenn Mami einen Kuchen mit einem Schokoladen- oder Zuckerguss überzieht, sind Kleinkinder mächtig beeindruckt. Sorgen Sie jedoch dafür, dass die Kleinen dem Herd oder irgendwelchen Gefäßen mit heißen Inhalten nicht zu nahe kommen!

Kleine Jungen können rühren, gießen, messen oder wiegen, Erdbeeren entstielen, Erbsen lesen und Kartoffeln oder Möhren in einer Plastikschüssel waschen. (Ja, sie können sogar in irgendeiner kleinen Ecke des Gartens ihr eigenes Gemüse anbauen. Radieschen wachsen am schnellsten, aber auch Früchte wie Erdbeeren sind geeignet, weil man sie jeden Tag frisch pflücken kann.) Jungen lieben es, Brotteig mit Gesichtern aus Karotten- und Selleriestreifen, geschnittenen Tomaten oder Käsestückchen zu verzieren. Sie mögen es auch, Obstsaft einzufrieren, um ihr eigenes »Eis« zu machen. Wenn sie dann ein bißchen größer geworden sind, können sie auch beim Gemüseputzen helfen oder Sahne und Eischnee schlagen.

Mit scharfen Messern können Kinder im Allgemeinen etwa ab dem zehnten Lebensjahr umgehen. Das Gleiche gilt für den Umgang mit heißen Flüssigkeiten oder einem Herd. Man sollte ihnen zeigen, wie man diese Dinge handhabt, ihnen dann dabei zusehen und ihnen nochmals einschärfen, vorsichtig zu sein. Falls Sie in der Küche mit heißen Dingen herumhantieren, sollten Sie möglichst nicht mehr als ein Kind in Ihrer Nähe dulden.

### Mahlzeiten, die Jungen gerne zubereiten

- Pizzas – kaufen Sie den vorbereiten Teig und lassen Sie ihn von Ihrem Sohn mit diversen Zutaten belegen;
- Grillgerichte – Fisch, Hühnchen, Würstchen, Kotelett oder Tofu;
- Pfannkuchen oder Omelettes; gemischte Salate;
- Hamburger-Sandwich mit Salat;
- Nudelgerichte mit Fertigsaucen und Käse;
- Hähnchen (Backofenvorschriften beachten!);
- kurz gebratene Gemüse mit Reis;
- verschiedene Suppen mit frischen Zutaten.

Loben Sie Ihren Sohn kräftig für seine Leistung und danken Sie ihm für seine Hilfe in der Küche. Zeigen Sie ihm, wie er für jemanden, den er mag, selbst ein Geschenk zubereiten kann (etwa einen Kuchen oder eine Tüte selbst gebackene Plätzchen). Denken Sie auch daran, dass es für einen Jungen wichtig ist, den eigenen Vater in der Küche oder bei Schul- oder Kindergartenfesten an der Essensausgabe arbeiten zu sehen.

### Sicherheitshinweise

Bringen Sie Ihrem Jungen bei:

- sich beim Kochen vor heißen Platten oder Gefäßen in Acht zu nehmen (verwenden Sie stets einen Kochhandschuh, wenn Sie heiße Dinge in die Hand nehmen),
- mit Messern äußerst vorsichtig umzugehen,
- zu Boden gefallene Lebensmittel gleich zu entfernen (damit niemand darauf ausrutscht),
- Pfannenstiele so zu drehen, dass niemand dagegenstoßen oder ein Kleinkind sie nicht erreichen kann,
- die Ärmel hochzukrempeln und eine Schürze anzuziehen (oder Kleidungsstücke, die nicht allzu weit geschnitten sind und beim Kochen Feuer fangen könnten),
- sich vor Beginn des Kochens die Hände zu waschen.

etwas zu trinken holen, sich in Ruhe hinsetzen und die Dinge noch einmal sachlich besprechen.

2 Wenn Sie zu wütend oder erregt sind, können Sie auch sagen, dass Sie erst später noch einmal auf das Thema zurückkommen werden – sobald Sie sich wieder beruhigt haben.

3 Setzen Sie sich erst einmal hin und trinken Sie etwas oder gehen Sie in ein anderes Zimmer.

Praktische Hilfe

## Wenn ein neuer Partner in Ihr Leben tritt

Eine Scheidung ist für einen Jungen ein schwer verdaulicher Brocken. Wenn seine Mutter auch noch einen neuen Partner findet, werden ihm zusätzlich erhebliche Anpassungsleistungen abverlangt. Deshalb müssen Sie dafür sorgen, dass Sie ihn in einer solchen Situation so wenig wie nur möglich verletzen und dass die neue Beziehung sich für ihn möglichst angenehm gestaltet. In seinem Buch *The Wonder of Boys* hat Michael Gurian einige Grundsätze für Mütter notiert, die nach einer Scheidung erneut heiraten. Ob Sie mit jedem dieser Prinzipien übereinstimmen oder nicht, jedenfalls verdienen sie eine nähere Betrachtung:

1 **Achten Sie auf Ihren Umgang mit Männern.** Eine Mutter sollte Ihren Sohn nicht dem Einfluss beliebig vieler Männer aussetzen. Falls sie Männer trifft, sollte sie dies tunlichst dann tun, wenn der Sohn sich bei seinem Vater aufhält. Einen neuen Mann sollte sie nur dann in das Leben ihres Sohnes bringen, wenn sie eine langfristige Bindung eingehen will.

2 **Papi darf nicht verdrängt werden.** Der neue Mann sollte nicht die Rolle eines Ersatzvaters einnehmen. Er hat eine andere Funktion. Disziplinarische Forderungen und Haushaltspflichten, mit denen ein solcher »Stiefvater« den Sohn konfrontiert, sollten diesem zuvor erklärt werden. Solche Prinzipien können die Regeln und Pflichten, die der Vater und die Mutter in der Vergangenheit eingeführt haben, bestenfalls ergänzen.

4 Versuchen Sie die Dinge zu klären, bevor Sie allzu emotional reagieren. Wenn Sie mit Tränen oder Geschrei reagieren, wird Ihr Sohn sich nämlich hinterher wahrscheinlich schuldig und verwirrt fühlen.
5 Sprechen Sie einige Stunden später nochmals mit ihm. Gehen Sie dabei jedoch auf den Anlass Ihres Streits nicht mehr ein. Sprechen Sie vielmehr darüber, wie wichtig es ist, dass man in

3 **Versöhnung mit dem Vater ist wichtig.** Durch die neue Beziehung gestärkt, sollte eine Mutter sich mit ihrem Anteil am Scheitern der vorhergehenden Ehe befassen, sich mit dem Vater versöhnen und diesen in etwaige Pläne und Maßnahmen für den gemeinsamen Sohn einweihen. Mutter wie Vater sollten ihre Streitpunkte hintanstellen, um dem Sohn die Situation nicht noch zusätzlich zu erschweren. (Es sei denn, es besteht für das Kind eine echte Gefahr, oder aber der Vater des Jungen will mit diesem nichts zu tun haben.)
4 **Wenn er es wünscht, sollte der Sohn beim Vater wohnen dürfen.** Falls der Sohn sie darum bittet, sollte die Mutter einwilligen und ihn beim Vater wohnen lassen. Ist der Sohn bereits zum Teenager herangewachsen, kann sie ihm diese Wahlmöglichkeit sogar anbieten, um ihm das Fragen zu erleichtern.
5 **Ihr neuer Mann ist kein Konkurrent.** Eine Mutter muss ihren Sohn davon überzeugen, dass er für sie unersetzlich ist. Sie tut dies, indem sie ihm reichlich Zeit widmet, mit ihm spricht und ihn unterstützt, wo sie nur kann. Seine Zustimmung zu ihrer neuen Beziehung sollte sie nicht etwa durch Geschenke zu erkaufen versuchen.

Die wichtigsten Regeln lauten: Lassen Sie die Kommunikation nicht abreißen, behalten Sie Ihre Familienrituale bei, verbringen Sie genügend Zeit mit Ihrem Sohn. Das größte Geschenk, das Eltern ihrem Sohn in einer solchen Situation machen können, ist ihre eigene Stabilität.

einer Familie gut miteinander auskommt. Fragen Sie ihn, ob auch ihm an einem guten Verhältnis gelegen ist. Erklären Sie ihm dann, dass ein gutes Miteinander häufig von allen Beteiligten Kompromisse verlangt. Sagen Sie ihm, dass es nur wenige Dinge gibt, wo Sie nicht kompromissbereit sind: Nämlich, wenn seine Sicherheit gefährdet ist, Vereinbarungen nicht eingehalten werden und der Respekt vor den Rechten anderer Familienangehöriger fehlt. Fragen Sie ihn, ob er bereit ist, künftig auf lautes Gebrüll zu verzichten, wenn Sie ihn darum bitten. Danach können Sie entweder eine kleine Versöhnungfeier veranstalten oder aber das ursprüngliche Problem noch einmal besprechen.

Wenn Sie sich so verhalten, vermitteln Sie ihm das Gefühl: Eine Mutter und ihr heranwachsender Sohn müssen immer wieder Frieden schließen, weil zuviel auf dem Spiel steht.

Sollte Ihr Sohn Sie schlagen oder massiv bedrohen, müssen Sie einen Psychologen zu Rate ziehen und/oder die Polizei holen. Eine allein erziehende Mutter ist für ein Kind die wichtigste (liebende) Bezugsperson. Wenn Ihr Sohn Ihnen also weh tut oder Sie verletzt, werden Sie sich hinterher beide äußerst unwohl fühlen. Aber heranwachsende Kinder müssen hier und da an jemandem ausprobieren, wie weit sie gehen können.

Im Idealfall könnte auch ein Onkel oder ein erwachsener Freund, dem Ihr Junge Vertrauen entgegenbringt, mit diesem sprechen und ihn nachdrücklich darum bitten, Sie in Zukunft respektvoll zu behandeln. Falls Sie etwas Derartiges arrangieren können, ohne dass Ihr Sohn hinterher unter massiven Schuldgefühlen zu leiden hat, ist dies eine sehr empfehlenswerte Maßnahme. Es ist unabhängig davon wünschenswert, dass Ihr Sohn in dieser Phase mit männlichen Verwandten – ob Onkel oder Großvater – nahen Umgang pflegt und ein Vertrauensverhältnis zu ihnen aufbaut.

## Einen Jungen mit dem Vater »teilen«

Viele Mütter, mit denen ich gesprochen habe, haben nach eigenem Bekunden verstanden, dass sie die Beziehung ihres Sohnes zu seinem Vater entweder unterstützen oder aber behindern können. Der auf den folgenden Seiten wiedergegebene wundervolle Brief berichtet von einer Mutter, die plötzlich begriff, dass sie »im Wege« war. Diese Frau beschreibt dort, um wie vieles leichter ihr Leben wurde, als sie ihrem Ehemann gestattete, die Belastungen – aber auch die Belohnungen – der Elternschaft mit ihr zu teilen.

## Die Ebenbürtigkeit der Geschlechter

Die meisten Frauen sind darauf aus, ihre Söhne und Töchter gleich zu erziehen. Die heutigen Mütter entstammen einer Generation, die sich den Kampf gegen den männlichen Chauvinismus zum Ziel gesetzt hat und sich mit großem Engagement für die Gleichberechtigung einsetzt. Wir werden aggressiv, wenn wir

Lieber Steve,

ich schreibe Ihnen, weil ich von dem positiven Einfluss berichten möchte, den Ihr Buch *Männer auf der Suche* auf unser Familienleben gehabt hat. Bezeichnend dafür war eine einzige Szene, die mir noch heute deutlich vor Augen steht.

Vor einiger Zeit saßen mein Mann Joe und ich in unserem langjährigen Ferienort an der Südküste vor einem Restaurant und tranken Kaffee. Da wir normalerweise im »Busch« leben, fahren wir bisweilen für einige Wochen ans Meer und nehmen natürlich unsere vier Jungen mit, die zwischen neun und achtzehn Jahre alt sind.

Als wir so dasaßen, blickte ich zufällig auf die andere Straßenseite und sah, wie unsere beiden ältesten Söhne sich gerade in einen Spirituosenladen schleichen wollten. Ich wollte schon aufstehen, um ihnen »den Marsch zu blasen«, doch da erhob sich bereits mein Mann und sagte mit ungewohnter Bestimmtheit: »Das regle ich.« Im ersten Augenblick war ich so perplex, dass ich kaum protestieren konnte. Ich setzte mich wieder hin und sah zu, wie er zu dem Laden hinüberging.

Ich sollte hier vielleicht noch anfügen, dass Joe viele Jahre ohne viel Aufhebens für den Lebensunterhalt der Familie geschuftet hat. Aber für die Erziehung der Jungen war bis dahin eigentlich ich zuständig gewesen. Das fiel mir meist leicht, war manchmal jedoch auch eine erhebliche Belastung. Ich wusste, dass Joe gerade *Männer auf der Suche* gelesen hatte, das ich als Ferienlektüre mitgebracht hatte. Deshalb überlegte ich jetzt, ob seine plötzliche Verhaltensänderung wohl etwas mit diesem Buch zu tun hatte. Nachdem er den Jungen den Kopf gewaschen hatte und zurückgekehrt war, fragte ich ihn, wie ihm das Buch gefallen habe. (Natürlich hoffte ich, dass er sich genau das zu Herzen genommen hatte, woran mir am meisten gelegen war!)

Ich höre seine Worte noch wie heute: »**Also, vor allem habe ich begriffen, dass ich dir gestattet habe, dich zwischen mich und die Jungen zu stellen. Das wird in Zukunft nicht mehr so sein.**« Meine erste (stumme) Reaktion lautete: Verdammt noch mal, so hatte ich mir die Wirkung des Buches eigentlich nicht vorgestellt. Und dann fing ich sofort an, mein Verhalten zu rechtfertigen. Doch kaum hatte ich den Mund aufgemacht, fiel es mir wie Schuppen von den Augen: Er hat ja Recht. Ich hatte immer versucht, unsere Jungen so aufzuziehen, dass aus ihnen einmal Männer nach meinem Geschmack werden würden. Vor allem hatte ich versucht, sie vor dem zu schützen, was aus meiner Sicht für sie gefährlich werden konnte. Diese Vorstellung war vielleicht vor achtzehn Jahren richtig gewesen, doch hatte ich in der Zwischenzeit versäumt zu verstehen, dass auch **ihr Vater sich weiterentwickelt hatte und genau jenem Typ Mann entsprach, den ich aus den Jungen machen wollte**, nur dass mir das gar nicht aufgefallen war. Wahrlich ein ernüchternder Befund.

Seit damals bei mir der Groschen gefallen ist, habe ich öfters mit anderen Frauen über diese Dinge gesprochen. Ja, ich glaube sogar, dass viele starke Frauen diesem Missverständnis aufsitzen. **Wir reden uns selbst ein, dass wir eine starke Brücke zwischen unserem Mann und unseren Söhnen bilden, obwohl wir häufig tatsächlich eher ein Hindernis sind**.

Heute habe ich das Vertrauen, mich zurückzunehmen und zuzulassen, dass meine »Männer« ihre eigene Beziehung zueinander aufbauen, und es hat sich auf dieser Ebene seither viel getan. Besonders profitiert davon haben unsere jüngeren Söhne. Inzwischen überlasse ich es Joe, sich mit unseren Kindern auseinander zusetzen, wenn wieder einmal das »Dazu-kannst-du-mich-nicht-zwingen«-Spiel fällig ist. Ich bin immer wieder erstaunt, wie wirkungsvoll seine Interventionen sind. Doch ist diese Entwicklung der Dinge nicht nur Joes Beziehung zu unseren Jungen zugute gekommen, mein Mann und ich bringen uns jetzt auch im Hinblick auf unser jeweiliges elterliches Potenzial wechselseitig wesentlich mehr Achtung entgegen.

Es ist mir nicht leicht gefallen, mich zurückzunehmen, und unter Druck falle ich auch heute noch häufig in die alten Verhaltensmuster zurück. Der Unterschied ist allerdings: Joes Selbstvertrauen ist mit zunehmender Praxis natürlich gewachsen und **er lässt sich von mir nicht mehr so viel bieten wie früher**.

sehen, dass unsere Söhne ein Mädchen grob behandeln, und erregen uns, wenn sie sich arrogant oder grausam aufführen. Aber wir sind uns auch der Kehrseite bewusst und empfinden es als schmerzhaft, wenn unser Sohn auf dem Schulhof ignoriert wird oder unglücklich nach Hause kommt, weil ihn die Mädchen

Praktische Hilfe

## Wie man einen Jungen dazu bringt, im Haushalt mitzuhelfen

Es gibt mehrere Gründe, weshalb Haushaltspflichten Jungen gut tun.

### Als Vorbereitung auf ein unabhängiges Dasein

Es ist nicht gut, wenn ein Junge von Mamis Schürze direkt unter die Fittiche einer anderen Frau kriecht. Eine Phase der Selbständigkeit ist überaus ratsam. Und in dieser Zeit wird es dem jungen Mann bisweilen nicht erspart bleiben, zu bügeln, staubzusaugen und sich etwas zu essen zu machen. Doch sollte er sich diese Fertigkeiten möglichst schon in den prägenden Jugendjahren aneignen, damit später nicht Erscheinungen wie »Küchenblindheit« oder eine »Wäschephobie« auftreten.

In den späten Teenager-Jahren kommt diesen Fertigkeiten aber auch noch eine andere Bedeutung zu. Für die Attraktivität beim weiblichen Geschlecht sind sie genauso wichtig wie ein Sportwagen. Grundsätzlich gilt: Wenn Sie wollen, dass **Ihr Sohn während Ihres ganzen Lebens bei Ihnen wohnt**, dann sollten Sie regelmäßig für ihn kochen, sauber machen und seine Sachen aufräumen.

Aber selbst eine Heirat ist keine Garantie dafür, dass die Probleme Ihres Sohnes mit den häuslichen Pflichten sich in Wohlgefallen auflösen. Die Frau, mit der er sich schließlich zu einer Lebensgemeinschaft verbindet (natürlich kann es sich bei dieser »Frau« auch um einen Mann handeln), wird in unserer heutigen postmodernen Welt kaum bereit sein, sich in seiner Klasse wieder einmal gedemütigt haben, oder er (ein paar Jahre später) von seiner Lebensgefährtin enttäuscht wurde.

Deshalb vollführen wir gewissermßen eine Gratwanderung. Wir bejahen unseren Sohn zwar als Person, gestatten ihm jedoch nicht, von sich selbst über Gebühr eingenommen zu sein.

Ihrem Sohn als Haushaltssklave zur Verfügung zu stellen. Deshalb muss er sich ganz entschieden mit der schrecklichen Vorstellung vertraut machen, dass er seinen Anteil an derartigen häuslichen Pflichten für den Rest seines Lebens wird übernehmen müssen.

## Selbstachtung

Gerade in den letzten Jahren ist das Wort »Selbstachtung« vielfach missverstanden worden. Manche verstehen darunter, dass man es sich selbst schuldig ist, toll auszusehen oder Markenklamotten spazieren zu tragen. Tatsächlich wird in unserer Gesellschaft kaum noch zwischen Selbstachtung und Selbstverliebtheit unterschieden, deshalb hier ein paar Klärungen: Echte Selbstachtung ist eine sehr schöne Sache. Martin Seligman und andere haben in ihren Forschungen festgestellt, dass die Kinder in manchen Familien von ihren Eltern nur zu hören bekommen: »Das ist doch ohnehin ganz zwecklos« – »Das geht ganz sicher schief« und »Das wirst du nie schaffen«.

In anderen Familien dagegen erhalten die Kinder Unterstützung durch Sätze wie: »Das schaffst du schon alleine« – »Bestimmt wirst du einen Weg finden« und »Ich würde es an deiner Stelle einfach noch einmal versuchen«.

Eine gesunde Selbstachtung erwirbt am ehesten, wer nützliche Dinge tut. Wer ein leckeres Essen zubereiten, ein Hemd bügeln, ein Haustier versorgen kann, erfolgreich einen Teilzeit-Job ausübt oder bei so vielen Nachbarn den Rasen mäht, dass er sich von dem Erlös einen Computer kaufen kann, der hat allen Grund, ein unerschütterliches Selbstbewusstsein zu entwickeln. Wir sollten unseren Kindern deshalb möglichst viele Gelegenheiten geben, ihre eigenen Fähigkeiten kennenzulernen.

So könnten Sie Ihrem Sohn vom zehnten Lebensjahr an etwa beibringen, einmal wöchentlich für die ganze Familie ein komplettes Abendessen vorzubereiten. Am Anfang sind ein Nudelgericht mit einer Fertigsauce und ein einfaches Dessert völlig ausreichend. (Lassen Sie Ihren Jungen vor dem neunten Lebensjahr nicht mit heißem Wasser hantieren, da es ihm noch an der nötigen Koordinierung der diversen Bewegungsabläufe fehlt. Statt dessen kann er Ihnen beim Spülen oder Saubermachen helfen oder sich sonst nützlich machen.)

Etwa vom sechsten Lebensjahr an sollten kleine Jungen den Auftrag erhalten, vor dem Essen das Besteck neben die Teller zu legen und nach dem Waschen ihre Kleider aus dem Wäschehaufen herauszufischen und ordentlich zusammenzulegen. Mit sieben Jahren können sie dann bereits nach dem Essen den Tisch abräumen und so weiter.

### Eine Möglichkeit, sich etwas näher zu kommen

Es gibt noch einen weiteren – vielleicht zunächst etwas merkwürdig klingenden – Grund, weshalb Sie Ihren Sohn regelmäßig an Arbeiten im Haushalt beteiligen sollten – nämlich das Gespräch: Nur sehr wenige Jungen sprechen in dem Augenblick, da sie zur Tür hereinspazieren, sogleich offen über ihre schulischen Belange, ihre freundschaftlichen Probleme oder ihr Liebesleben. Das hat schon so manche Mutter und so manchen Vater aufgeregt, denen daran gelegen ist, am Leben ihres Sohnes teilzunehmen. Doch der Grund dafür ist, dass Männer lieber nebenher etwas erzählen, als unmittelbar über ihre Probleme zu sprechen. Sie haben es gerne, wenn sie mit etwas Nützlichem beschäftigt sind, das ihre Aufmerksamkeit erfordert, während sie mit jemand anderem reden, der neben ihnen arbeitet. Auf diese Weise gewinnen sie Zeit, nach den richtigen Worten zu suchen, und brauchen dem anderen nicht direkt ins Auge zu blicken, wie Frauen es gerne tun.

Wenn Sie Ihrem Sohn nahe kommen und ihm helfen möchten, seine Sorgen loszuwerden und über seine positiven Erlebnisse zu berichten, müssen Sie **gemeinsam mit ihm etwas tun**. Heutzutage bedeutet das meistens, dass man sich gemeinsam im Haushalt betätigt.

Ob Sie Ihrem Sohn dabei helfen, ein köstliches Soufflé für das Abendessen aufzuschäumen, oder ihm zeigen, wie er die Dusche auf Hochglanz bringen kann, bei solchen Gelegenheiten jedenfalls wird er Ihnen von seinen Problemen im Mathematikunterricht oder von dem Mädchen berichten, das hinter ihm her ist. (Ja, wir kennen sogar eine Familie, die sich weigert, eine Spülmaschine anzuschaffen, weil sie das Gespräch am Spülbecken so wichtig findet: ganz schön verrückt, aber auch bewundernswert!)

Doch ganz im Ernst: Wenn Sie gemeinsam mit Ihrem Sohn arbeiten – ihm zeigen, wie man die Dinge gut, rasch und effizient erledigt und wie angenehm es ist, in einer sauberen und gepflegten Umgebung zu leben –, dann können Sie sich zugleich mit ihm amüsieren, ausführliche Gespräche mit ihm führen und ihn an Ihrem Erfahrungsschatz teilhaben lassen. Erledigen Sie dagegen sämtliche Haushaltsarbeiten für Ihren Sohn höchstpersönlich, dann versäumen Sie etwas und er nicht minder.

## Kurzgefasst

1 Wenn Sie einen Sohn zur Welt bringen, wird bald sichtbar, was Sie von Männern im Allgemeinen halten. Hüten Sie sich davor, Ihren unschuldigen kleinen Jungen mit allzu vielen Vorurteilen zu beladen.

2 Wenn Sie mit Männern wenig Erfahrung haben (weil Sie beispielsweise nicht mit Brüdern aufgewachsen sind oder in eine reine Mädchenschule gegangen sind), dann fragen Sie andere Männer, was es für sie bedeutet, ein Mann zu sein. Haben Sie keine Angst vor dem Körper kleiner Jungen.

3 Kleine Jungen lernen die Liebe durch ihre Mutter kennen. Seien Sie deshalb freundlich und warmherzig, freuen Sie sich an Ihrem Sohn.

4 Klären Sie Ihren Jungen über die Mädchen auf und sagen Sie ihm, wie er mit ihnen am besten auskommt.

5 Loben Sie das Aussehen und die Gesprächsbeiträge Ihres Sohnes, damit er sich gut fühlt.

6 Passen Sie Ihre Erziehungsmethoden dem Alter Ihres Sohnes an. Achten Sie auf Sicherheit und Ausgeglichenheit in seinem Leben. Gewähren Sie ihm, wenn er in die Pubertät kommt, Schritt für Schritt mehr Unabhängigkeit, verlieren Sie jedoch nie den Kontakt zu seiner Welt, seinen Sorgen und Interessen und passen Sie auf, dass er nicht den Boden unter den Füßen verliert.

7 Lassen Sie ihn während der Adoleszenz die Folgen seines eigenen Tuns (oder Nichttuns) tragen, etwa wenn er herumtrödelt und deshalb zu spät zur Schule kommt. In diesem Alter sollte er außerdem lernen, was es heißt, Verantwortung zu übernehmen.

8 Beteiligen Sie Ihren Sohn von klein auf an den Essensvorbereitungen und genießen Sie dann gemeinsam das Ergebnis Ihrer Bemühungen.

9 Versuchen Sie während der Pubertät Ihres Sohnes übermäßig aggressiven Auseinandersetzungen aus dem Weg zu gehen, besonders wenn Sie allein erziehend sind.

10 Wenn Sie eine starke, tüchtige Mutter sind, sollten Sie sich davor hüten, sich zwischen Ihre Kinder und Ihren Mann zu stellen oder Ihren Partner daran zu hindern, seinen Teil der elterlichen Aufgaben zu übernehmen. Sein Engagement ist für Sie selbst und Ihre Jungen gleichermaßen wichtig.

# Kapitel 7
# Eine gesunde Sexualität entwickeln

Wir alle möchten, dass unsere Jungen sich mit ihrer Sexualität wohl fühlen, sich ihr rücksichtsvoll und fürsorglich gegenüber ihrer Partnerin und zugleich leidenschaftlich hingeben und wahre Erfüllung und Nähe darin finden. Damit dies gelingen kann, müssen sie unter anderem aber auch wirklich über Sexualität Bescheid wissen. Abgesehen von dem beständigen Risiko einer ungewollten Schwangerschaft und den seit langem bekannten Geschlechtskrankheiten haben sich die jungen Leute heute noch mit einer anderen lebensbedrohenden Gefahr auseinander zu setzen – nämlich der HIV-Infektion. Diese Gründe machen den allen Eltern gemeinsamen Wunsch verständlich, ihr Sohn möge nicht zugleich mit den Kleidern auch sein Denken ablegen.

Liebe ist etwas Wundervolles, aber nicht selten sehr verwirrend. Zunächst müssen junge Leute deshalb lernen, dass dieses Gefühl in drei verschiedenen Spielarten auftritt:

| | |
|---|---|
| **Sympathie** | ist ein Gefühl aus dem Kopf – gemeinsame Interessen, Anregung. |
| **Liebe** | ist eine Verbundenheit der Herzen – warm, intensiv, dahinschmelzend und zärtlich. |
| **Begehren** | ist würzig, scharf, dürstend, prickelnd-schmerzhaft – Sie wissen, was ich meine! |

Junge Liebe hat viel damit zu tun, herauszufinden, welches dieser Gefühle im Spiel ist. Fehler sind dabei unvermeidlich, entscheidend ist nur, dass man sie rasch genug erkennt.

Teenager (und andere langsame Lerner!) verlieben sich sehr schnell. In den Jugendjahren sind wir oft so begierig darauf, uns zu verlieben, dass wir uns jeden, der als Kandidat in Frage kommt, gleich in den strahlendsten Farben zurechtfantasieren. Wir sind in dieser Zeit noch mindestens so sehr »in die Liebe verliebt« wie in die betreffende Person selbst. Im Laufe der Zeit kommt dann die wirkliche Person allmählich zum Vorschein, und die Fantasien verblassen. Das ist durchaus keine schlechte Wendung, denn wirkliche Menschen sind wesentlich interessanter als Hirngespinste. Es kann aber auch schlecht ausgehen, aber wenigstens weiß man dann Bescheid.

Ein moralischer Grundsatz gilt besonders für die Sexualität: Verhalte dich so, dass du niemals absichtlich jemand anderen verletzt oder missbrauchst. Junge Menschen brauchen deshalb viel Wärme, Unterstützung und ausreichend praktische Informationen, damit sie die Chance haben, annähernd erwachsen zu werden, bevor sie sich in sexuelle Aktivitäten stürzen.

## Sex ist grundsätzlich gut

Wir möchten, dass unsere Jungen ihre Männlichkeit und ihre Sexualität als etwas Positives empfinden. Aber von den Medien werden sie unentwegt mit negativen Bildern überschwemmt. Jeder Heranwachsende sieht im Fernsehen Berichte über Vergewaltigungslager in Serbien oder pädophile Geistliche in der Kirche. In der Zeitung liest er dann zusätzlich noch über schreckliche Sexualverbrechen. Diese Bilder- und Nachrichtenflut löst in einem Jungen Verwirrung aus.

Mit dreizehn oder vierzehn entwickeln die meisten Knaben dann starke sexuelle Bedürfnisse und sind total fasziniert von den Bildern mehr oder weniger nackter Frauen, die überall präsentiert werden.

Das Testosteron, das jetzt ihren Körper durchflutet, versetzt sie unentwegt in sexuelle Hochspannung. Jungen dieses Alters

Praktische Hilfe

## Initiationsritual

### Eine Zeremonie, die den Beginn der Adoleszenz markiert und die erwachende Sexualität in positive Bahnen lenkt

Die Autoren Don und Jeanne Elium beschreiben ein Ritual, das uns sehr gut gefallen hat. Deshalb haben wir es aus gegebenem Anlass in unsere Familie übernommen. Die Eliums störte besonders, dass Jungen häufig erst auf dem Schulhof aufgeklärt werden und dass dabei einiges schief laufen kann.

Sie empfehlen deshalb, etwa im Alter von zehn Jahren den Beginn der Pubertät des eigenen Sohnes an einem dafür eigens reservierten Tag feierlich zu begehen. (Vielleicht erscheint Ihnen das ein bisschen jung, aber in unserer Gesellschaft machen sich die Vorboten der Pubertät bereits in diesem Alter bemerkbar. Denn in dieser Phase kommt es zwischen den Kindern in der Schule schon zu sexuell detailreichen Gesprächen, so dass sich leicht – mangels angemessener Informationen – Fehleinstellungen einschleichen können.) Sagen Sie Ihrem Sohn im Voraus, dass Sie mit ihm einen besonderen Abend begehen werden. Den Höhepunkt dieses Abends bildet ein feierliches Essen in einem Restaurant seiner Wahl – natürlich in einem richtigen und nicht etwa in einem Fast-Food-Restaurant.

Wenn der Tag dann gekommen ist, setzen sich beide Eltern – für Alleinerziehende gilt das Gleiche – eine Zeitlang mit dem Jungen zusammen. Es empfiehlt sich, dass die Eltern sich vorher darüber verständigen, was jeder von ihnen ungefähr sagen wird. (Das wäre nun wirklich kein guter Moment für einen Meinungsstreit!) Wenn Sie dann zusammensitzen, reden Sie mit Ihrem Sohn über Sexualität und sagen Sie ihm dann, was Sie beide über das Thema denken.

Erzählen Sie ihm nichts vom Klapperstorch (die technische Seite sollte er schon kennen), sondern erzählen Sie ihm, welchen Stellenwert Sexualität in Ihrem eigenen Leben gehabt hat und noch hat. Seien Sie dabei so offen und persönlich wie nur möglich. (Meiner Frau und mir ist das gar nicht so leichtgefallen. Unser Sohn war ein bisschen verlegen und wünschte offenbar, es möge bald vorbei sein. Doch das gilt für jede Initiationserfahrung und bedeutet noch nicht, dass das skizzierte Vorgehen untauglich wäre.)

Beide Eltern berichten dann aus ihrer jeweiligen Sicht, was sie über Sexualität denken. Sie können Ihrem Sohn auch sagen, wie wundervoll Sexualität ist und dass er daran gewiss große Freude haben wird – von der Selbstbefriedigung bis zur ersten echten Beziehung (mit der sich der Junge natürlich noch sehr viel Zeit lassen soll, wie die Mütter meistens betonen). Vielleicht sollte ich hier noch darauf hinweisen, dass Sie bei einem Kind in diesem Alter noch nicht wissen können, ob es eines Tages auch tatsächlich heterosexuell sein wird, deshalb wäre es natürlich großartig, wenn Sie diesen Punkt ohne viel Aufhebens auch noch kurz erwähnen könnten.

Vielleicht öffnen Sie zur Feier des Tages ja auch eine Flasche Champagner und stoßen auf den neuen Lebensabschnitt Ihres Sohnes an. Danach gehen die Eltern einzig mit diesem (und keinem anderen) Kind in das erwählte Restaurant. Möglicherweise möchte Ihr Sohn aber auch einige in seinem Leben wichtige Erwachsene (Freunde oder Verwandte) dabei haben, mit denen er diesen Abend gemeinsam zu verbringen wünscht. Während der zweiten Hälfte des Essens sollten Sie dann nicht vergessen, ihm zu sagen, wie großartig es ist, dass der junge Mann jetzt den Kinderschuhen entwachsen ist. Über sexuelle Dinge brauchen Sie jetzt nicht mehr zu sprechen. Reden Sie vielmehr über die Kindertage des jungen Mannes und über lustige und denkwürdige Erlebnisse aus jenen Jahren. Vielleicht bringen die Anwesenden auch ein paar Fotos mit. Doch in erster Linie sollen sich an diesem Abend alle gut amüsieren. So gewinnt Ihr Sohn den Eindruck, in einem positiven Sinne etwas Besonderes zu sein, und spürt vielleicht, dass eine neue Verantwortung auf ihn zukommt, weil er jetzt nicht mehr nur Kind ist. (In manchen Kulturen wird diese Initiation bei den Mädchen anlässlich der ersten Monatsblutung vorgenommen, und viele der Betroffenen berichten, dass ihnen der ganze Aufwand zwar peinlich gewesen, dass die Feier für sie zugleich aber auch etwas Besonderes gewesen ist.)

masturbieren wenigstens einmal täglich. Die sexuelle Energie, von der sie erfüllt sind, ist enorm. Doch in ihrem Umfeld geschieht nichts, um diesen neuen Aspekt ihres Lebens entsprechend anzuerkennen. Häufig wird darüber nicht einmal gesprochen.

Infolgedessen sind pubertierende Jungen voller Zweifel. Sie fragen sich, ob sich wohl je ein Mädchen für sie interessieren wird, falls sie sich dem anderen Geschlecht in ehrlicher Absicht nähern, oder ob in ihnen nur ein weiterer Frauenschinder steckt, der jederzeit explodieren kann.

Die sexuelle Aufklärung hat zwei Aspekte: die physischen Details der körperlichen Liebe und jene viel wichtigeren Fragen der Einstellungen und Werte. Über die praktischen Aspekte der Sexualität sollten wir mit unserem Nachwuchs schon von früher Kindheit an sprechen. Entscheidend aber ist, welche Einstellung gegenüber der Sexualität Sie Ihren Kindern vermitteln. Und die Vermittlung der entsprechenden Werte kann niemand den Eltern und den übrigen Erwachsenen im Umfeld eines Kindes abnehmen. Wenn Sie nicht über Sex reden, werden sich Ihre Kinder die entsprechenden Werte bei Freunden oder aus den Medien holen. Erklären Sie Ihrem Jungen deshalb immer wieder, dass es guten (respektvollen, fürsorglichen und im Hinblick auf eine unerwünschte Schwangerschaft oder AIDS verantwortungsbewussten), aber auch schlechten (das heißt missbräuchlichen und egoistischen) Sex gibt.

## Menschen sind verletzt, wenn ihre Sexualität nicht gewürdigt wird

In meiner Oberschulklasse (wie in allen Oberschulklassen seit Anbeginn der Welt!) gab es ein Mädchen, deren Brüste sich früher und üppiger entwickelten, als dies bei den anderen jungen Frauen der Fall war. Zwei Jungen aus unserer Klasse, die ein

## Wenn die Sexualität fehlgeleitet wird: Rohlinge und Sexkrüppel

In einem Bürogebäude treten drei hochrangige Mitarbeiter plötzlich in den kleinen Raum, in dem die Rezeptionistin sitzt, und schließen die Tür. Die Siebzehnjährige blickt nervös zu ihnen auf, weil sie aus Erfahrung weiß, was jetzt geschieht. Die Männer umkreisen sie, machen anzügliche Bemerkungen über ihre Kleidung und fragen in Gossensprache nach ihrem Sexualleben. Als sie wieder hinausgehen, bricht das Mädchen weinend zusammen.

Ein junger Mann, der an der Universität studiert, lässt sich im Internet über seinen Wunsch aus, eine junge Frau in seine Gewalt zu bringen, sie sexuell zu missbrauchen und dann umzubringen. Die junge Frau existiert tatsächlich. Es handelt sich dabei um eine Kommilitonin, die er in seinem Text namentlich nennt. Die Polizei erhält einen Tipp und verhört den jungen Mann, weiß aber nicht recht, wie sie sich verhalten soll.

Eine Gruppe männlicher Medizinstudenten teilt sich eine große Wohnung. Die jungen Männer haben an der Küchentür eine Liste angebracht, auf der die Namen der Krankenschwestern vermerkt sind, die in einem nahen Pflegeheim arbeiten. Wann immer es einem der jungen Männer

bisschen älter waren als die übrigen, saßen stets in einer der hinteren Reihen und pfiffen herabsetzend, wann immer Jeannie den Raum betrat. Sie steigerten sich richtig in die Sache hinein, und ich glaube, wir übrigen hofften alle, dass sie endlich damit aufhören würden. Jeannie war bis dahin ein offenes und fröhliches Mädchen gewesen, doch jetzt konnte man geradezu dabei zusehen, wie ihr Selbstbewusstsein dahinschmolz – die beiden Jungen machten ihr das Leben zur Hölle. Ich wünschte, wir hätten damals in unserer Klasse eine ausreichend starke Jungenkultur gehabt, um die beiden ebenso zurückzupfeifen und ihnen die Dummheit und Grausamkeit ihres Verhaltens klar zu machen.

gelingt, eines der Mädchen »rumzukriegen«, wird dessen Name von der Liste gestrichen.

Alle diese Männer sind seelische Krüppel, die ihre sexuellen Fantasien ohne Rücksicht auf die Gefühle anderer ausleben. Sie benutzen ihre Sexualpartner und werfen sie dann weg. Man würde wünschen, solche Verhaltensweisen wären die Ausnahme, doch sind sie leider unter heranwachsenden Jungen sehr verbreitet, jedenfalls wenn man ihren Worten Glauben schenken darf. Wenn man zum Beispiel in einem Umkleideraum – wo keine Frauen zugegen sind – zuhört, wie unpersönlich und hässlich Jungen dort bisweilen über Frauen und Mädchen reden, ist das schon beunruhigend. Je größer die Gruppe, umso eher kommt es zu solchen Entgleisungen. Das Merkwürdige ist nur, dass die meisten dieser Jungen sich gegenüber den Frauen, die sie wirklich kennen, fast immer rücksichts- und respektvoll verhalten. Ihr Gerede ist nur Macho-Pose. Andere dagegen reden so vielleicht nicht nur im Spaß. Die Ansichten, die sie bei solchen Anlässen vertreten, geben ihre wahren Gefühle wieder. Da es sich hier um Situationen handelt, in denen die Einstellungen vieler Jungen geprägt werden, besteht freilich die Gefahr, dass kleinere Jungen den Eindruck bekommen, dass man sich über Frauen tatsächlich so äußern und ihnen gegenüber so empfinden und auftreten müsse.

Ein anderes Beispiel ist der aus Malta stammende Joseph, mit dem ich in der Schule befreundet war. Weil er ein wenig klein geraten war oder vielleicht auch nur weil er sofort als Einwanderer kenntlich war, nannten einige in der Klasse ihn »Homo« und machten sich ein Vergnügen daraus, auf dem Pausenhof vor ihm herzulaufen und sich dabei die Hand »schützend« vor den Po zu halten. Joe geriet mehr und mehr in die Position des Außenseiters und verließ schließlich die Schule.

Wenn ich an diese Zeiten zurückdenke, empfinde ich Bedauern und Scham darüber, dass ich damals den Mund nicht aufbekommen habe. Heutzutage lasse ich verbale Verletzungen niemandem mehr durchgehen. Jungen, die bei uns zu Hause verkehren und abschätzige Bemerkungen sexueller Art machen, verpasse ich eine Lektion, so dass sie die betreffenden Worte – jedenfalls in meiner Gegenwart – nie mehr in den Mund nehmen.

Häufig ist solch abschätziges Verhalten pubertierender Jungen nichts als Dummheit und nicht wirklich böse gemeint. Wenn nur Erwachsene oder ein paar reifere Jungen zugegen wären, würden diese den Übeltätern ebenso knapp wie deutlich den



## Jungen, die Mädchen sein möchten

Immer wieder werde ich von Eltern um Rat gefragt, deren Sohn sich gerne wie ein Mädchen kleidet oder sogar bekundet, er möchte gerne ein Mädchen sein. Die Psychologin Alison Soutter hat in England fünfzehn Jahre lang drei Jungen mit einer »gestörten Geschlechtsidentität« beobachtet und ist dabei zu einem beruhigenden Ergebnis gelangt.

Alison glaubt, dass der Wunsch ein Mädchen zu sein – sich wie ein Mädchen zu kleiden und Dinge zu tun, wie sie normalerweise Mädchen tun –, bei Jungen durchaus verbreitet ist. Sie sieht in diesem Phänomen eine Entwicklungsverzögerung – kein ein- für allemal festgelegtes Problem – und glaubt, dass Eltern darauf am besten mit Toleranz reagieren und davon absehen sollten, sich über einen solchen Jungen zu belustigen und ihn so zu verunsichern. Das Phänomen hat nichts mit Homosexualität zu tun, und die Jungen, deren Entwicklung Alison verfolgt hat, haben die genannte Symptomatik im Verlauf der Pubertät abgelegt.

Ein Junge, der gerne ein Mädchen wäre, ist von Seiten seiner gleichaltrigen Geschlechtsgenossen einem starken Druck ausgesetzt, folglich muss es sich um einen aufrichtigen Wunsch handeln. Der Versuch, diesen Wunsch zu unterdrücken, ist grausam und verursacht höchstwahrscheinlich in dem Kind massive Spannungszustände. Als Alison Soutter im britischen Radio einmal über ihre Studie sprach, riefen etliche Trans-

Kopf zurechtrücken und den ganzen Unsinn damit beenden. Die betreffenden Jungen würden sich ihren Teil denken und mit ihren verletzenden Praktiken aufhören. Doch unter Jungen ist es nun einmal leider so, dass meistens die Blinden die Blinden führen und das Resultat ein Benehmen ist, das den kleinsten gemeinsamen Nenner zum Maßstab nimmt. Robert Bly spricht in diesem Zusammenhang von einer »kindlichen Gesellschaft«, auf die keine älteren Autoritäten mehr einwirken könnten.

vestiten (also Männer, die sich wie Frauen kleiden) dort an und erklärten, dass man sie als Kinder daran gehindert habe, sich wie ein Mädchen zu kleiden. Dies habe ihren Wunsch, sich so anzuziehen, nur noch verstärkt. Ja, es ist sogar wahrscheinlich, dass dieser Widerstand eine so intensive Fixierung auf den Verkleidungswunsch bewirkt, dass diese Männer auch als Erwachsene nicht mehr davon losgekommen sind.

Da das Gefühl, dass andere sich über die eigene Person lustig machen, eine überaus schmerzliche Erfahrung ist und zudem viele andere Probleme heraufbeschwören kann, brauchen Jungen mit einer gestörten Geschlechtsidentität Hilfe und Schutz vor Herabsetzung. So ist in solchen Fällen eine alternative Schule mit einem größeren Toleranzspektrum gewiss empfehlenswerter als eine konservative Schule oder eine Lehranstalt, an der Prügeleien an der Tagesordnung sind. Wichtig wäre es auch, dass der betreffende Junge rechtzeitig lernt, sich gegen Diskriminierungen aller Art zu schützen.

Alison Soutter sieht sich zwar zu einer abschließenden Auskunft über die Ursache des Phänomens nicht imstande, doch die drei Jungen in ihrer Studie hatten allesamt Väter, die unter Behinderungen oder Krankheiten litten und deshalb in der Familie eine eher passive Rolle spielten. Somit könnte ein warmherziges Engagement des Vaters in der Familie vielleicht eine Gewähr dafür bieten, dass einem Jungen die männliche Rolle mehr zusagt als die weibliche.

Der Druck, dem Jungen von Seiten ihrer männlichen Schul- und Spielkameraden ausgesetzt sind, kann sich positiv oder negativ auswirken. In meiner Jugend war ich mehrmals Zeuge, wie junge Männer gewaltsame sexuelle Übergriffe Gleichaltriger durch gutes Zureden verhindern konnten. Auch haben mir etliche Vietnamveteranen berichtet, dass sie während des Krieges von Kummer oder Zorn erfüllte Kameraden daran hindern konnten, Grausamkeiten zu begehen. Und so gehört es nicht selten zu der Unterstützung, die sich Männer untereinander gewähren, dass sie sich daran hindern, schwer wiegende Fehler zu begehen.

In einer Gruppe erfordert es einige Geschicklichkeit, eine verfahrene Situation wieder in die richtigen Bahnen zu lenken. Junge Menschen können diese Fähigkeit nur erwerben, wenn sie Zeuge gewesen sind, wie jemand anderer sich unter ähnlichen Umständen bewährt hat. Als ich noch an Schulen gearbeitet habe, ist mir des Öfteren aufgefallen, dass größere Jungen sogleich voll Mitgefühl zur Hilfe eilten, wenn sich eines der kleineren Kinder zum Beispiel beim Sport verletzt hatte. Bei anderen Gelegenheiten wiederum standen die älteren Schüler nur lachend daneben und fügten dem Schmerz des Opfers noch seine Erniedrigung hinzu. Oder aber sie schauten verlegen beiseite, wenn ein Kind sich wirklich weh getan hatte. Die Jungen, die in solchen Situationen halfen, stammten vielfach aus großen Familien und hatten meist kleinere Geschwister. Sie waren deshalb – wie ich annehme – daran gewöhnt, sich um kleinere Kinder zu kümmern. Bereits zu diesem Zeitpunkt war ihre Menschlichkeit umfassender ausgebildet und deswegen waren sie meist sehr angenehme Zeitgenossen.

Für viele Jungen ist es darüber hinaus äußerst schwierig, mit ihren Freunden über persönliche Dinge zu sprechen. Deshalb müssen sie vielfach auf die unterstützende, klärende und erleichternde Wirkung tieferer Gespräche verzichten. In meiner Kindheit drehte sich das persönlichste Gespräch, das man mit anderen Jungen führen konnte, bestenfalls um die letzte Episode von Mission Impossible, die wir alle am Vorabend im Fernsehen gesehen hatten. Die Mädchen wiederum redeten endlos über alles. Natürlich gab es genügend Dinge, über die wir Jungen hätten sprechen können.

Der Junge, neben dem ich in der Schule saß, wurde häufig von seinem alkoholkranken Vater geschlagen. Die Eltern eines anderen Klassenkameraden lieferten sich vor ihrer endgültigen Trennung einen unter die Gürtellinie gehenden Scheidungskrieg. Doch von alledem habe ich erst Jahre später erfahren und dennoch habe ich mit diesen Jungen jeden Tag acht Stunden verbracht.

Wenn Eltern, besonders Väter, mit ihren Söhnen offen sprechen und sich deren Probleme anhören, besteht eine wesentlich größere Chance, dass auch Jungen mit ihren Altersgenossen das Gespräch fänden. Würde dies gelingen – es wäre ein echter Fortschritt.

## Was Jungen über Mädchen denken

Männliche Teenager finden Mädchen einfach wundervoll. Sie beneiden sie um ihr fröhliches Lachen, um den unkomplizierten Umgang, den sie mit ihren Freundinnen pflegen, um ihre rasche Auffassungsgabe und ihre körperliche Anmut. Doch vor allem hingerissen sind sie von der immensen sexuellen Attraktivität der jungen Frauen. Zu diesem ohnehin schon kräftigen Gebräu

kommt dann noch die romantische Ader hinzu, die bei vielen Jünglingen stark entwickelt ist. Und so gelingt es ihnen in ihrem Idealisierungsdrang mühelos, ein bestimmtes Mädchen zum Inbegriff aller Ziele emporzustilisieren.

Doch fällt es ihnen schwer, im Alltag mit Mädchen richtig umzugehen. Mädchen haben entschieden weniger Schwierigkeiten, eine Unterhaltung zu führen als Jungen. Deshalb wissen Jungen oft nicht, was sie zu ihnen sagen sollen. In der Oberschule sind die Mädchen überdies körperlich wesentlich reifer als gleichaltrige Jungen. Sie erscheinen ihnen, die selbst überwiegend als schmalbrüstige Trottel mit kurzen Beinen daherkommen, deshalb tatsächlich wie anbetungswürdige Göttinnen.

Die Mädchen haben, wie es scheint, sämtliche Trümpfe in der Hand. Viele Jungen (besonders die schlecht gekleideten, unsportlichen Knaben mit zu großer Nase und dicken oder dünnen Beinen) glauben unter diesen Umständen natürlich, dass sie nie bei einem der Mädchen landen werden. Sie fühlen sich auf dem romantischen Schlachtfeld als geborene Verlierer. Und dieses Gefühl belastet sie sehr.

Freilich fühlen sich auch die Mädchen – selbst wenn die Jungen dies nicht wissen – oft genug unsicher und hilflos. Sie würden sich ja eigentlich gerne unter die Jungen mischen, mit ihnen reden und sich von ihrer freundlichsten Seite zeigen. Wenn die

Jungen nur im geselligen Umgang etwas geübter oder kühner wären, könnte es zwischen den Geschlechtern durchaus zu einer Menge höchst angenehmer Begegnungen kommen. Stattdessen tuscheln die Mädchen miteinander, machen sich über die Jungen lustig. Die Jungen ärgern die Mädchen und nehmen sie auf den Arm und die ganz Schüchternen halten sich von alledem fern und hängen mehr oder weniger brütend ihren Gedanken nach.

Genau in diesem Stadium kommt es dann auf Seiten der Jungen häufig zu den erwähnten unreifen oder herabwürdigenden Reaktionen und zwar nach dem Motto: »Wenn ich mit den Mädchen schon nicht von Gleich zu Gleich zusammenkommen kann, muss ich wenigstens versuchen, sie zu beherrschen.« Diese Einstellung wird durch die heute so zahlreichen Männermagazine und die softpornoartigen Darstellungen in vielen Musikvideos nicht gerade abgemildert. Die »Nur-schauen-nicht-anfassen!«-Botschaft dieser Produkte ist im Grunde eine Art permanenter Betrug und erzeugt beim männlichen Publikum unbewusst eine starke, sexuell geladene und (in gewisser Hinsicht völlig) berechtigte Wut. Wenn Jungen wenig Gelegenheit haben, sich mit wirklichen Mädchen auszutauschen, beginnen manche von ihnen, sich in ihrer Fantasie auszumalen, sie könnten Frauen kontrollieren oder beherrschen. Und dies beeinträch-

tigt natürlich abermals ihre Haltung gegenüber Frauen und die Fähigkeit, sich Mädchen auf einer zwischenmenschlichen Ebene zu nähern.

Die Männerbewegung ist sich mit der Frauenbewegung in ihrer Empörung über das von der Werbung in Hülle und Fülle verbreitete Bildmaterial einig, das unsere Söhne gleichsam direkt am Penis zu fassen sucht. Vor einigen Jahren sprang im australischen Adelaide während eines Auftritts von Elle McPherson ein junger Mann auf die Bühne und schrie: »Du Hure!«, bevor er von Sicherheitsleuten abgeführt wurde. Hinterher stürzte er sich aus einem Hochhaus zu Tode.

Der schamlose Missbrauch der Sexualität in der Werbung ist in der Tat gefühllos. Das Herz eines jungen Mannes ist nämlich anfangs nicht von seinem Unterleib getrennt, aber wie ein Betroffener einmal geschrieben hat: »Die Bilder an den Plakatwänden lieben ja nicht zurück.« Auch viele Eltern sind über diese Manipulation empört, aber nicht etwa weil sie etwas gegen Sexualität hätten, sondern weil das Bombardement mit verlockenden – und dennoch frustrierenden – sexuellen Angeboten einsame junge Männer leicht auf Abwege führen kann. (Vielleicht ist es an der Zeit, wieder einmal die Spraydosen aus dem Keller zu holen.)

Am Ende dieses Verrohungsprozesses steht dann der junge Mann, der einem Mädchen Gewalt antut, oder der Erwachsene, der seine eigenen Kinder sexuell missbraucht, oder der Mann, der zwanghaft die Dienste von Prostituierten in Anspruch nimmt. Leider sind diese Typen von Männern nur allzu verbreitet.

Zahlreiche, ansonsten gut angepasste Männer tragen von Kindesbeinen an in Bezug auf Sexualität und Romantik einen mächtigen Minderwertigkeitskomplex mit sich herum. Doch gerade diese Disposition macht aus ihnen miserable Liebhaber, so dass ihre Frauen häufig sehr bald das Interesse verlieren. Das wiederum weckt in diesen Männern eine verzweifelte Sehnsucht nach Sex. Diese Verzweiflung macht sie nicht sehr liebenswürdig und diese Unfähigkeit wiederum führt geradewegs in neue Verzweiflung. Ich nehme an, dass viele Ehen letztlich an diesem Teufelskreis scheitern. Kindheit und Jugend sind eine Zeit, in der ein paar freundliche Worte, ein wenig Zuwendung und die aufrichtige Anerkennung seitens der Eltern, eines erwachsenen Freundes oder eines Lehrers so viel bewirken können und letztendlich zum langfristigen Lebensglück eines Jungen beitragen.

## Wie Jungen ihre Gefühle in ihrem Körper verschließen

Ist Ihnen schon einmal aufgefallen, dass Jungen sich emotional verschließen, sobald sie das Schulalter erreicht haben? Kleine Jungen sind voller Gefühle und Energien. Aber im Dschungel des Schulhofes fangen sie schon bald an, sich so nützlicher und gesunder Emotionen wie Traurigkeit, Angst oder zärtlicher Regungen zu schämen. Um im allgemeinen Wettbewerb zu

bestehen, verhärtet ein Junge seine Gefühle und versetzt zugleich damit seinen Körper in einen permanenten Spannungszustand. Wenn Sie die Schultern eines zehnjährigen Jungen berühren, werden Sie häufig feststellen, dass seine Muskeln vor Anspannung steinhart sind.

Dann eines Tages bricht die Pubertät über ihn herein. Ein Teil des verschlossenen Körpers erwacht in dem Jungen und durchstößt wie ein Krokus die frostige Oberfläche. Der Junge erfährt unversehens eine völlig neue, wundervolle Lebendigkeit, ein Erwachen – das sich vor allem auf eine Körperregion konzentriert. So nimmt es nicht wunder, dass ein Junge schon bald all seine Sehnsüchte nach Nähe (und seine Lebendigkeit, sein gesamtes Wohlbefinden) mit den Aktivitäten seines Penis in Verbindung bringt.

Jungen möchten sich in ihrem Körper lebendig fühlen. Deshalb lieben sie Musik mit einem »heavy beat«, Aktivität, Geschwindigkeit und Gefahr. Sie spüren instinktiv, dass dies alles ihnen dabei hilft, ein Mann zu werden. Ein Junge, der sich in seinem Körper wohl fühlt, seine Mutter, seinen Vater oder seine Schwestern auch einmal in die Arme nehmen kann, kann häufig auf viele Möglichkeiten des Wohlbefindens zurückgreifen – ob er nun tanzt, sich als Schlagzeuger betätigt oder aber um der Freude an der Sache willen Sport betreibt. Für solche Jungen relativiert sich auch die Sexualität wenigstens ein bisschen – für sie ist Sex ein Vergnügen, jedoch nicht unbedingt eine Besessenheit.

## Sexualität offen und positiv begegnen

Eltern sollten sich besser davor hüten, ihren Sohn durch ironische Bemerkungen über Sexualität oder Mädchen in den sexuellen »Untergrund« zu treiben. Weichen Sie nicht aus, wenn das Thema im Fernsehen oder beim gemeinsamen Essen auftaucht.

Ist Ihr Sohn erst einmal zehn Jahre und älter, sollten Sie im Gespräch völlig unverkrampft auch sexuelle Wörter wie Masturbation, Liebesspiel oder Orgasmus verwenden. Schrecken Sie aber auch nicht davor zurück, über die dunklen Seiten wie Vergewaltigung oder Inzest offen zu sprechen. Behandeln Sie Sexualität ganz einfach wie einen – meist – schönen und faszinierenden Aspekt menschlichen Lebens.

Verlangen Sie Ihren Söhnen aber auch – möglichst humorvoll – eine gewisse Reife ab. Wenn Ihnen auffällt, dass Ihre Söhne auf eine Szene im Fernsehen oder eine Bemerkung im Gespräch albern oder dumm kichernd reagieren, sollten Sie ihnen dies nicht durchgehen lassen, sondern sie nach den Gründen ihres Verhaltens fragen und für die notwendige Aufklärung sorgen. Bleiben Sie dabei möglichst witzig. Geben Sie den Dingen nach Möglichkeit eine positive Bedeutung. Das beste Gegenmittel gegen ein verklemmtes und verkrüppeltes Verhältnis zur Sexualität ist noch immer eine kräftige Dosis Wärme, Humor und Offenheit.

Auch Mütter können in dieser Hinsicht hilfreich sein. Wenn eine Mutter ihren Sohn liebevoll behandelt, ihm sagt, dass sie ihn attraktiv findet (ohne allerdings mit ihm zu flirten), und wenn der Vater des Jungen dessen Mutter achtet (und ihren weiblichen Reizen auf eine positive und nicht etwa schmierige Art und Weise Bewunderung zollt), dann lernt der Junge von ganz alleine, Mädchen unverkrampft und als möglicher – oder realer – Liebhaber entgegenzutreten.

Wenn Jungen und Mädchen in der Schule oder in Jugendgruppen dazu angehalten werden, sich miteinander zu unterhalten und sich auch ohne »Hintergedanken« anzufreunden, dann werden sie sehr viel mehr über das andere Geschlecht erfahren, ohne sich gleich damit brüsten zu müssen, mit dieser oder jener, diesem oder jenem »zu gehen«. Sie können in freundschaftlichen Beziehungen heranwachsen und sich nach einiger Zeit im Umgang mit dem anderen Geschlecht in das schwierigere romantische Liebesleben hineinwagen.

In den letzten Jahren hat sich jedoch zunehmend der fragwürdige Trend etabliert, schon Kinder zu sexualisieren – und zwar durch entsprechende Kleidung oder Werbung oder Rollenvorbilder im Film. Die Verlierer bei alledem sind natürlich die Kinder selbst. Vermeiden Sie es deshalb, Freundschaften zwischen Kindern in Paarkategorien zu beschreiben. Sagen Sie also nicht etwa über ein kleines Mädchen, mit dem Ihr Sohn gerne spielt: »Da hast du aber eine hübsche kleine Freundin, wirklich niedlich« – besonders wenn die beiden Kinder erst fünf Jahre alt sind.

## Zärtlichkeit kann man lernen

In den sechziger Jahren hat der Anthropologe James Prescott eine umfangreiche Studie über Kindererziehung und Gewalt in verschiedenen Gesellschaften angestellt. Dabei fand er heraus, dass dort, wo kleine Kinder distanziert behandelt werden und kaum liebevollen Körperkontakt mit Erwachsenen haben, Gewalt am weitesten verbreitet ist.

Je zärtlicher und herzlicher Kinder behandelt werden, desto ungefährlicher und liebenswürdiger werden sie sich natürlich auch später als Erwachsene verhalten. (Männer, die sich unerlaubte sexuelle Übergriffe zu Schulden kommen lassen oder jeder Frau, der sie begegnen, nachstellen, sind in ihrer Kindheit meist abgelehnt worden, in sozialen Einrichtungen oder zerrütteten Familien aufgewachsen.) Wer Kinder mit Wärme und Zuneigung behandelt, macht sie daher gewissermaßen gegen den Wunsch oder den Zwang, andere zu verletzen, unempfindlich.

## Einige praktische Fragen: Selbstbefriedigung und Pornographie

Der für seine Offenheit berühmte schottische Komödiant Billy Connolly hat über Selbstbefriedigung folgende Sprüche losgelassen:

*Der größte Vorteil, den Selbstbefriedigung gegenüber dem Sex hat, ist, dass man dabei nicht super aussehen muss ...*

*Meine erste sexuelle Erfahrung war sehr erschreckend: Es war dunkel und ich war allein!*

*Wissen Sie, ich bin schon immer für die Selbstbefriedigung gewesen: Für manche von uns ist sie sogar die einzige Form von körperlicher Betätigung. Um meinen Kreislauf morgens in Schwung zu bringen, gibt es einfach nichts Besseres.*

Alle Männer onanieren in jungen Jahren, in der Ehe und im Alter. Selbstbefriedigung sorgt einfach dafür, dass sich das Sperma erneuert und macht überdies noch Spaß. Aber damit nicht genug. Genau wie der Liebesakt viel mehr als nur ein körperliches Geschehen ist, hilft die Selbstbefriedigung jungen Leuten auch dabei, sich gut zu fühlen und sich besser kennen zu lernen. Der Orgasmus (besonders wenn er nicht von Schuldgefühlen, sondern von einem Gefühl des Vertrauens und der Geborgenheit begleitet ist) ist eine wahrhaft spirituelle Erfahrung. Für ein paar Sekunden verliert sich unser Körper dabei im Universum und die Rhythmen der Natur gewinnen die Oberhand. Und das alles ist zum Greifen nah!

Eltern sollten deshalb

1 ihren Sohn wissen lassen, dass gegen Selbstbefriedigung nichts einzuwenden ist, und

2 abends nach dem Erlöschen des Lichts seine Privatsphäre respektieren. Bitten Sie ihn ferner, saugfähiges Papier zu verwenden, damit nicht unentwegt Bettbezug und Pyjama gewechselt werden müssen.

Pornographie ist ein etwas komplizierteres Thema. Ein Vater hat mich einmal gefragt: »Mein Sohn ist vierzehn. Er hat die Wände seines Zimmers mit nackten Frauen tapeziert. Ist das in Ordnung?« (Ich liebe solche Fragen!)

**S.B.:** »Was halten Sie denn selbst davon?«
**Er:** »Mir ist nicht ganz wohl bei der Sache.«
**S.B.:** »Und Ihre Frau – was meint die?«
**Er:** »Sie kann die Bilder nicht ausstehen.«
**S.B.:** »Hmm. Ich glaube, Sie und Ihre Frau sollten Ihren Gefühlen, was das betrifft, folgen. Grundsätzlich ist zwar nichts Falsches daran, wenn Frauen ihren Körper zeigen und Jungen sich diese Bilder gerne anschauen und über die dort dargestellten Frauen fantasieren. Die Frage ist nur, wann und wo ein Junge das tut und in wessen Gegenwart. Wenn also ein Junge Männermagazine besitzt, sollte er sie diskret verwahren. Seine Mutter (oder Schwester) sollte nicht gezwungen sein, diese Bilder anzuschauen. Wenn die Frauen in Ihrem Haus prinzipiell etwas dagegen haben, dass er solche Bilder besitzt, ist das auch in Ordnung. Ein Vater sollte in dieser Frage den Frauen den Rücken stärken.«

Ich habe diese Frage auch einer Gruppe von Vätern im Internet vorgelegt und dabei einige wundervolle Antworten erhalten. Die meisten dieser Männer gaben zu, in jungen Jahren solche Abbildungen oder Magazine besessen zu haben. Aber sie wiesen auch darauf hin, dass diese Bilder damals nicht so direkt und auch nicht so leicht zu beschaffen gewesen seien wie heute. So blieb der Fantasie wesentlich mehr Raum.

Wichtig war für sie auch das Alter des betreffenden Jungen. Die meisten Väter waren der Meinung, Jungen unter dreizehn Jahren sollten auf keinen Fall Zugang zu sexuell stimulierenden Fotos mehr oder weniger unbekleideter Frauen haben. Sie hatten die Befürchtung, dass derartige Fotos die Jungen vorzeitig sexualisieren und daran hindern könnten, sich – wie es diesem Alter entspricht – mit Mädchen freundschaftlich zu verbinden, ohne sich dabei auf die Sexualität zu fixieren (für die sie weder körperlich noch seelisch die nötige Reife mitbringen).

Ein Mann schrieb: »Zu einem Vierzehnjährigen sagte ich, er solle seine Magazine irgendwo verstecken, weil ich sie ihm sonst wegnehmen müsse. Doch einem Neunjährigen würde ich sie sofort abnehmen, sie wegwerfen und mich mit ihm darüber unterhalten, was er mit solchen Fotos will.«

Mit Verboten kommen Sie nicht weit. Denn die Jungen heute können solche Bilder auch in Magazinen in ihrem Freundeskreis sehen oder im Internet.

Eltern sollten deshalb die Augen offen halten und eingreifen, falls sie feststellen, dass im Freundeskreis ihres Jungen wirklich abstoßendes Material die Runde macht, freilich ohne den Jungen dafür zur Rede zu stellen, warum er sich für solche Dinge interessiert. Denn die Neugier, die heranwachsende Jungen solchen pornografischen Darstellungen entgegenbringen, ist zunächst einmal gesund und natürlich. Jungen möchten wissen, wie Frauen aussehen. Sie wollen außerdem wissen, wie man »es« eigentlich macht. Der Bestseller *The Joy of Sex* war auch deswegen so erfolgreich, weil es sich dabei um eine der ersten tatsächlich für den Massenmarkt produzierten Publikationen handelte, die mit geschmackvollen, erotischen und fast zärtlich wirkenden Bildern aufgelockert war.

Wenn Ihr Junge diese Bilder anschaut, können Sie mit ihm über die Darstellungen sprechen, über die Gründe, weshalb solches Material überhaupt verkauft wird, was im Einzelnen gezeigt werden soll und ob Frauen respektvoll porträtiert sind. (Manche der Fotos erfüllen diese Bedingung, andere nicht.) Väter und Mütter können ihren Söhnen aber auch bei der Suche nach guter erotischer Literatur behilflich sein. Doch heißt es bei all diesen Dingen überlegt und mit dem nötigen Feingefühl zu Werke zu gehen. Und verlieren Sie dabei nicht Ihren Humor.

Jungen, die an Nacktheit nicht gewöhnt sind, entwickeln bisweilen eine besonders ausgeprägte Vorliebe für sexuell stimulierende Bilder. Wenn sie dagegen seit frühester Kindheit Mami und Papi ganz selbstverständlich nackt in der Dusche oder im Bad gesehen haben, hat die Nacktheit für sie keinen so hohen Stellenwert mehr und sie sehen Frauen einfach als normale Menschen mit einem attraktiven Körper und nicht nur als Lustobjekte, die man besitzen möchte. Unser Ziel ist es, dass Jungen beim Anblick einer attraktiven Frau denken, dass sie attraktiv und zugleich eine vollwertige Person mit Gefühlen ist. Zuviel Pornografie kann dazu führen, dass der männliche Konsument Frauen nicht mehr als Person wahrzunehmen vermag.

Es gibt Männer, die die Selbstbefriedigung mit Magazinen dem Geschlechtsverkehr mit einer Partnerin vorziehen. Bilder machen keine »Beziehungsprobleme« und manche Männer sind geradezu süchtig nach solchen sexuell stimulierenden Darstellungen. Entscheidend ist auch hier wieder die richtige Balance.

Eltern müssen aber auch ihren Töchtern beibringen, ihre körperlichen Reize nicht zur Ausbeutung oder Erniedrigung von Jungen einzusetzen – denn die Verletzung von Gefühlen gibt es nicht nur in einer, sondern in beiden Richtungen. Guter Sex verlangt gegenseitige Achtung und Beglückung. Er ist Bestandteil einer umfassenden, liebevollen Zuwendung und sollte nicht dazu eingesetzt werden, sich des eigenen Marktwerts zu versichern.

## Was ist, wenn Ihr Sohn schwul ist?

Schon bevor unsere Kinder überhaupt auf der Welt sind, machen wir für sie detaillierte Pläne. Und von welch konservativen Träumen wir uns dabei leiten lassen! Wir wünschen uns für unseren Nachwuchs beruflichen Erfolg, eine funktionierende Ehe und Enkelkinder, die später auf unserem Schoß sitzen. Wenn Eltern dann erfahren, dass ihr Sohn schwul ist, brechen solche Hoffnungen mitunter wie ein Kartenhaus zusammen und an die Stelle kühner Träume treten schreckliche Befürchtungen. Ja, es ist ganz natürlich in einer solchen Situation, eine gewisse Besorgnis zu empfinden.

Ein Teil des Problems sind die Stereotypen. Während die Schwulenbewegung einiges dafür getan hat, das Selbstbewusstsein der Homosexuellen aufzurichten, hat sie es nicht vermocht, die Befürchtungen und Sorgen gutbürgerlicher Eltern zu zerstreuen.

Doch alles in allem sind die Sorgen, die sich die Eltern eines schwulen Sohnes um sein Schicksal machen, ungefähr die gleichen, die alle Eltern beschäftigen. Natürlich möchten Sie, dass Ihr Sohn ein glückliches Leben führt. Sie hoffen, dass er mit seiner Sexualität verantwortungsvoll umgeht und es dabei auch nicht an der nötigen Selbstachtung fehlen lässt. Und Sie hoffen, dass er sich nicht in Welten begibt, die jenseits Ihrer Einflussmöglichkeiten und Ihres Vorstellungsvermögens liegen.

Doch die homosexuellen Jugendlichen brauchen unsere Zuwendung. Zweifellos stellt die Ablehnung, auf die sie heute noch vielfach stoßen, für ihre weitere Entwicklung ein hohes

Risiko dar. Inzwischen glaubt man sogar, dass viele der Jugendlichen, die Selbstmord begehen, dies deshalb tun, weil sie mit der Entdeckung ihrer eigenen Homosexualität nicht zurechtkommen. Schwule Jugendliche brauchen deshalb Eltern, die ihnen zuhören, sie verstehen und sie vor Schikanen und Verfolgung schützen.

Wenig hilfreich ist es in diesem Zusammenhang, den Fragen: »Wie ist es nur dazu gekommen?« oder »Was haben wir bloß falsch gemacht?« nachzuhängen. Immer mehr wissenschaftliche Erkenntnisse sprechen dafür, dass manche Kinder schon im Mutterleib aus hormonellen Gründen eine homosexuelle, bisexuelle oder heterosexuelle Prädisposition entwickeln. (Wenigstens einer von zwanzig jungen Männern ist schwul oder bisexuell.)

Bisweilen spielt aber auch die Familiendynamik eine Rolle, und ganz sicher gibt es zahlreiche männliche Homosexuelle, die unter distanzierten und überkritischen Vätern zu leiden hatten und deshalb väterliche Zuneigung bei einem schwulen Liebhaber suchen. Das allein ist aber nicht der Grund für ihre sexuelle Orientierung. Wer versucht, einem jungen Mann seine Homosexualität auszureden, bewirkt nur, dass dieser sich noch isolierter und verzweifelter fühlt.

Das schwule Dasein hat leider immer noch seine Schattenseiten, oft entstanden aus Einsamkeit und Ablehnung. Doch wenn Sie Ihren Sohn lieben und unterstützen, helfen Sie ihm dabei, nicht in Selbsthass und Verzweiflung zu versinken, sich selbst zu achten und beim Geschlechtsverkehr vorsichtig zu Werke zu gehen. Überdies gibt es zahlreiche glückliche und erfolgreiche homosexuelle Männer und Frauen. Auch würden jugendliche Schwule mit dem Leben besser zurechtkommen, wenn die erwachsenen Homosexuellen in der Gesellschaft als solche deutlicher kenntlich wären. Vielleicht werden die Schulen sogar eines Tages ganz bewusst ein paar schwule Lehrer einstellen, damit die

Kinder sehen, dass ganz normale, fürsorgliche und zufriedene Leute schwul oder lesbisch sein können.

Wenn Sie einen homosexuellen Sohn haben, sollten Sie sich Mühe geben, sich gegenüber dieser sexuellen Orientierung so weit als möglich zu desensibilisieren und darüber möglichst viel zu lernen. Der ausgezeichnete australische Film *Die Summe der Gefühle* – mit Jack Thompson – kreist um die Auseinandersetzung eines Vaters mit der Homosexualität seines Sohnes und behandelt das Thema sehr positiv. Auch der imponierende Film *Der Priester* beschäftigt sich ausdrücklich mit der Frage der Homosexualität und vermittelt einen guten Eindruck von den Gefährdungen und Möglichkeiten schwulen Lebens.

Am schwierigsten für die Eltern eines schwulen Sohnes ist wohl die Isolation, in die sie leicht geraten können – da sie sich anders fühlen als andere Eltern. Am besten ist es unter solchen Umständen, wenn Sie Umgang mit anderen Eltern schwuler Kinder suchen. (In vielen Städten, besonders Großstädten gibt es Selbsthilfegruppen, die Unterstützung anbieten.) Hinzu kommt: Ein schwuler Sohn kann Ihnen durchaus eine Welt interessanter und wundervoller Menschen erschließen.

## Kurzgefasst

1 Erklären Sie Ihrem Sohn den Unterschied zwischen Sympathie, Liebe und Lust.

2 Vollziehen Sie mit ihm etwa im Alter von zehn Jahren ein kleines Übergangsritual und erteilen Sie ihm bei der Gelegenheit ein paar positive Auskünfte über die Sexualität.

3 Bewahren Sie ihn davor, sich menschlich »schweinisch« zu verhalten, indem Sie ihn lehren, alle Menschen zu achten.

Helfen Sie ihm bei der Suche nach einer Umgebung und Aktivitäten, die es ihm erleichtern, auch Mädchen als »Freunde« zu gewinnen.

4 Wirken Sie dem verbreiteten Trend entgegen, Jungen-Mädchen-Beziehungen bereits vor dem sechzehnten Lebensjahr zu sexualisieren.

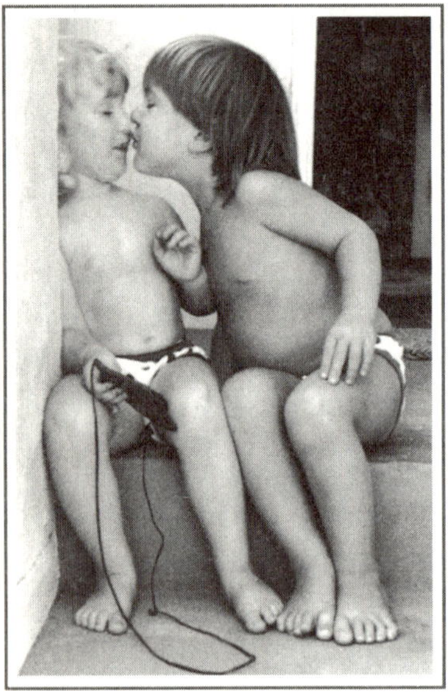

5 Vergessen Sie nicht, dass auch Jungen geliebt werden und nicht nur Sex haben möchten.

6 Ermutigen Sie Ihren Sohn, sich körperlich durch Tanzen, Schlagzeugspielen, Musik, Massagen und so weiter in Schuss zu halten. Umarmen und tätscheln Sie Ihren Sohn, solange ihm dies kein Unbehagen bereitet.

7 Zärtlichkeit erlernt man, indem man sie selbst empfängt – und zwar von frühester Kindheit an. Die wichtigsten Lektionen über Beziehungen erlernen wir bis zum dritten Lebensjahr.

8 Selbstbefriedigung ist nicht nur harmlos, sie ist sogar empfehlenswert.

9 Nehmen Sie gegenüber Pornografie eine kritisch-distanzierte Haltung ein. Sprechen Sie mit Ihrem Sohn über den Zweck und die Risiken solcher Darstellungen. Beschimpfen Sie ihn aber nicht wegen seines Interesses an derartigen Bildern, sondern erklären Sie ihm, was die befriedigendste erotische Stimulation ist – nämlich eine respektvolle, glückliche, engagierte Beziehung –, und helfen Sie ihm, solche Beziehungen zu finden.

10 Eine Mutter kann ihrem Sohn helfen zu verstehen, was Mädchen an einem jungen Mann mögen – Freundlichkeit, Humor und die Fähigkeit, ein interessantes Gespräch zu führen.

# Kapitel 8
# Eine Revolution in der Schule

Viele Schulen erinnern heutzutage beinahe an Kriegsschauplätze. Die Lehrer sind völlig überfordert, die Kinder erfahren im Elternhaus immer weniger positive Beeinflussung, Zuwendung und Geborgenheit und bringen immer seltener gute Manieren mit.

Die Zahl der im Lehrdienst tätigen Männer hat stark abgenommen. Immer häufiger müssen Frauen sich mit bedrohlich wirkenden, respektlosen Jungen auseinander setzen. Das Klassenzimmer verkommt dabei zum Schlachtfeld, und es gibt dort nur noch zwei Ziele: die Mädchen zum Lernen anzuhalten und den Jungen wenigstens ein Minimum an Benehmen beizubringen.

So erzeugen die Jungen überall Stress, aber auch sie selbst leiden unter den Zuständen. Die Leistungen der Mädchen übertreffen die der Jungen in fast allen Fächern. Deshalb muss im algemeinen Interesse etwas unternommen werden, um die Motivation der Jungen zu stärken.

(Ich habe erfahren, dass auch in Deutschland bereits 55 Prozent aller AbiturientInnen Mädchen sind und die Jungen in den Durchschnittsnoten weit hinter sich lassen.)

Was wir weiter oben bereits über die Unterschiede zwischen männlichem und weiblichem Gehirn, über die Hormone und die Notwendigkeit männlicher Rollenvorbilder gesagt haben, belegt eindeutig, dass unsere Schulen sich verändern müssen, wenn Jungen sich dort wohl fühlen und wirklich etwas lernen sollen. Im Folgenden einige Vorschläge, was sich ändern muss:

## Ein höheres Einschulungsalter für Jungen

Da sich die Feinmotorik eines Jungen und seine kognitiven Fähigkeiten im Allgemeinen langsamer als bei einem Mädchen entwickeln, erscheint es ratsam, Jungen erst ein Jahr später einzuschulen als Mädchen. (An manchen Schulen wird ebendies bereits mit großem Erfolg praktiziert.)

Doch braucht man sich nicht durchgängig an diesem Prinzip zu orientieren. Vielmehr sollte man in Kooperation mit den Eltern und der Schule im Einzelfall die feinmotorische Entwicklung überprüfen. Viele Schulen müssen heute sogar in diesem Sinne auf Eltern einwirken, die ihre Kinder unnötig unter Druck setzen und sie am liebsten immer früher einschulen lassen möchten, um ihnen einen Leistungsvorsprung zu verschaffen.

Wenn man gutwilligen Eltern jedoch die Gründe für eine verspätete Einschulung ihres Sohnes darlegt, zeigen sich die meisten durchaus einsichtig. Da die Kinder je nach dem Zeitpunkt ihres Geburtstags ohnehin nicht allesamt im exakt gleichen Alter eingeschult werden, gibt es von vornherein eine gewisse Flexibilität. Noch kindgerechter gestalten könnte man diese Situation, indem man für den Zeitpunkt der Einschulung als Kriterium zusätzlich noch den tatsächlichen Entwicklungsstand eines Jungen berücksichtigt. Aber auch Mädchen, die für ihre Entwicklung mehr Zeit brauchen als andere, könnten von einem solchen Aufschub profitieren.

## Mehr gute männliche Lehrer an unsere Schulen

Wegen der hohen Scheidungsrate und der vielen allein erziehenden Mütter wächst fast ein Drittel der heutigen Jungen ohne einen alltäglich präsenten Vater auf. Im Alter zwischen sechs und vierzehn Jahren sind Jungen jedoch am meisten auf männliche Ermutigung und auf Rollenvorbilder angewiesen. Deshalb ist es so wichtig, dass an unseren Grundschulen immer mehr männliche Lehrkräfte eingesetzt werden. Doch natürlich sollte es sich dabei nicht nur um irgendwelche, sondern um besonders fähige und menschlich reife Männer handeln.

Ich habe viele Lehrer gefragt, wodurch sich ein Mann, der in der Schule mit Jungen arbeitet, vor allem auszeichnen sollte. Zwei Eigenschaften wurden immer wieder genannt:

**1 Eine Mischung aus Wärme und Strenge.** Ein männlicher Lehrer sollte Spaß am Umgang mit Kindern haben und sie loben, wenn es angebracht ist. Er sollte ein Mann von sachlichem, leicht »kratzbürstigem« Charakter sein, der nicht versucht »einer der Jungs« zu werden. So sorgt er dafür, dass die meiste Zeit Ordnung herrscht und die Jungen sich in Ruhe der Schularbeit widmen, an Ausflügen teilnehmen, Sport treiben usw. Aber er muss Wärme ausstrahlen und eine Portion Humor mitbringen.

**2 Ein Selbstbewusstsein, das sich nicht in die Defensive gedrängt fühlt.** Ein guter männlicher Lehrer hat die Dinge unter Kontrolle, ohne durch auftrumpfendes Verhalten jeden testosterongebeutelten Jungen im Klassenzimmer in Rage zu bringen. Er muss nichts beweisen und fühlt sich auch durch jugendlichen Überschwang nicht bedroht.

Eine kluge Lehrerin hat es einmal so ausgedrückt: »Jedes Mal wenn während meiner aktiven Zeit ein Junge von der Schule verwiesen wurde, lief der Vorgang nach dem gleichen Schema ab: Die betreffenden Jungen gerieten in einen heftigen Streit mit einem männlichen Lehrer, der zur Unterstützung einen weiteren männlichen Kollegen holen ließ, der den Jungen seinerseits nur noch mehr aufstachelte. Die Auseinandersetzung geriet zu einer Prestigefrage und ließ keine Rückzugsmöglichkeiten mehr offen.«

## Mangelnde Disziplin ist ein Hilferuf

Jungen geraten in Schwierigkeiten, um die Aufmerksamkeit auf sich zu ziehen. In den zahlreichen Schulen in aller Welt, die ich besucht habe, galt die folgende Gleichung: Ein nicht ausreichend »bevaterter« Junge »ist gleich« ein disziplinarisches Problem. Solche Jungen wünschen unbewusst, dass Männer sich in ihr Leben einmischen und ihnen bei der Lösung ihrer Probleme helfen. Sie wissen jedoch nicht, wie sie darum bitten sollen. Mädchen **bitten** um Hilfe, Jungen **tun** vielfach durch ihr Verhalten ihre Hilfsbedürftigkeit kund.

Wenn es uns gelingt, männliche Lehrer dazu zu bringen, sich um nicht ausreichend »bevaterte« Jungen zu kümmern (möglichst noch bevor diese Ärger machen), dann können wir solchen Jungen helfen, ihr Leben in den Griff zu bekommen. Und sollte ein solcher Junge dennoch in Schwierigkeiten geraten, kann ein männlicher Lehrer ihn durch einfühlsam-konsequentes Verhalten auf den rechten Weg zurückführen.

Neuere Studien belegen, dass Jungen, die sich in der Schule so verhalten, als ob ihnen alles egal wäre, in Wahrheit sehr gerne erfolgreich und Teil der Gemeinschaft wären. Nur stellen wir sie leider vor unerfüllbare Forderungen. Wir bestrafen sie zwar, bieten ihnen aber keine echte Führung. Diese kann nicht vom Podium auf einer Veranstaltung herabgereicht werden, sondern man muss sich persönlich einlassen.

An unseren Schulen sind viele schüchterne Frauen und Männer als Lehrkräfte tätig. Diese Menschen unterdrücken meist schon seit langer Zeit ihre eigenen Energien. Sie empfinden deshalb die Vitalität der Jungen, die sie unterrichten, in gewisser Hinsicht als Bedrohung und geben sich redlich Mühe, ihre Schüler kleinzukriegen. Früher versuchten sie diese Disziplinierung durch Stockschläge und harte, zermürbende Arbeit zu erreichen. Heute hoffen sie, das gleiche Ergebnis durch zeitweilige Ausschlüsse vom Unterricht oder ein kompliziertes »Verweis«-System zu erzielen. Ein Lehrer hat das an seiner Schule praktizierte »Verweis«-System mir gegenüber einmal als »in sich nicht schlüssig und völlig unpersönlich« bezeichnet. Die heutige Praxis beruht auf einer Psychologie der Distanz, nicht der Nähe: »Wenn du böse bist, werden wir dich isolieren.« Stattdessen sollte es heißen: »Wenn du so dringend Hilfe brauchst, dann werden wir uns um dich kümmern.«

## Für eine energiegeladene Erziehung

Die Lernatmosphäre in unseren Schulen scheint häufig eher auf Senioren zugeschnitten als auf energiesprudelnde junge Menschen. Alle Schüler sollen ruhig, nett und gefügig sein. Überschäumende Lebendigkeit ist in diesem System offenbar nicht vorgesehen (obwohl es vielen wunderbaren Lehrern dennoch gelingt, ihren Unterricht abwechslungsreich und unterhaltsam zu gestalten, und viele Kinder diesen Geist aufnehmen und sich davon inspirieren lassen.)

Die in der Schule geforderte Passivität widerspricht allem, was wir über Kinder und besonders Heranwachsende wissen. Die

Jahre der Adoleszenz sind eine Zeit der Leidenschaft. Die Jungen (und Mädchen) dieses Alters sind ganz wild darauf, interessante und aufregende Dinge zu lernen. Männer und Frauen, die ihnen wirklich etwas abverlangen, sich persönlich auf sie einlassen und ihnen, da sie ihre wirklichen Bedürfnisse kennen, dabei helfen, sich geistig und menschlich weiterzuentwickeln, sind hier besonders wichtig. Wenn ein junger Mensch morgens beim Aufwachen nicht denkt: »Toll, jetzt geht´s gleich in die Schule!«, dann stimmt etwas nicht.

Manche jungen Leute sind kribbeliger als andere. Ihre Veranlagung und ihr Enthusiasmus (nicht nur ihr Testosteronspiegel) drängen sie dazu, etwas Besonderes leisten zu wollen. Sie möchten sich sozial nützlich machen und kreativ sein. Wenn diese Vitalität dazu gezwungen wird brachzuliegen, entlädt sie sich häufig auf destruktive Weise.

Wenn Eltern oder Lehrer die überschäumende Energie eines Kindes in die richtigen Bahnen lenken wollen, bedarf dies schon eines erheblichen Engagements. So gingen auch die erfahrenen Männer und Frauen, die in den traditionellen Kulturen mit der Einweihung der jungen Leute in die Geheimnisse des Erwachsenseins betraut wurden, nicht etwa lasch und desinteressiert zu Werke und ließen die Jugendlichen allein. Nein, sie zogen vielmehr gemeinsam mit den Jungen in die Wüste und klärten sie dort von Angesicht zu Angesicht über die Geheimnisse des Lebens auf.

Auch waren die zugehörigen Initiationsriten für die jungen Männer höchst eindrucks- und bedeutungsvoll. In manchen dieser Kulturen mussten die Jungen eine ganze Nacht lang tanzen oder dreihundert Kilometer weit gehen, um irgendwelche für ihre Initiation benötigten Materialien zu besorgen. Diese Gesellschaften wussten noch um die übersprudelnde Energie, von der junge Menschen erfüllt sind.

## Dem Schulleiter kommt eine Schlüsselrolle zu

Von großer Bedeutung ist auch der männliche Schulleiter oder der Klassenlehrer, der im Bewusstsein der Kinder eine symbolische Rolle übernimmt und ihnen wie eine Mischung aus Vater- und Gott-Figur erscheint. Er muss sich dafür einsetzen, die Kinder wirklich kennenzulernen, vor allem die gefährdeten Jungen und Mädchen, und zwar bevor sie in Schwierigkeiten geraten. Tauchen dennoch Probleme auf, besteht zwischen Direktor und Schüler bereits eine Beziehung, die es erleichtert, offen miteinander zu sprechen.

Ein solcher Schulleiter oder Klassenlehrer kann aber auch entscheidend dazu beitragen, dass geeignete Jungen Führungsrollen übernehmen, was die meisten von ihnen heutzutage ablehnen. Der Rektor des MacKillop Senior College Sydney, Peter Ireland, berichtet in dem (australischen) Buch *Boys in School* über eine Methode, die er oft eingesetzt hat. Peter rief regelmäßig einige ausgewählte Jungen auf dem Schulhof zusammen, um das Verantwortungsbewusstsein der jungen Leute für die Belange ihrer Schule zu wecken.

Bei diesen Begegnungen versuchte er zu begreifen, wie diese Jungen den Schulalltag erlebten, und zu verstehen, weshalb sie sich nicht engagieren wollten, um dann für die entsprechenden Probleme nach Lösungen zu suchen. Die Jungen, die an diesen Begegnungen teilnahmen, waren hinterher deutlich lernwilliger und legten ein gesteigertes Engagement für die öffentlichen Belange der Schule an den Tag. Sie brauchten lediglich Zuspruch und Ermutigung.

## Jungen brauchen gerade da Unterstützung, wo sie schwach sind

Die sprachliche Mitteilung und der Ausdruck von Gefühlen sind für Jungen besonders schwierig. Wie wir bereits weiter oben erklärt haben, ist das Gehirn eines Jungen auf eine Weise vernetzt, die es ihm schwer macht, Gefühle und Eindrücke aus der rechten in die linke Gehirnhälfte zu »transportieren« und dort in Worte umzusetzen. Jungen müssen aber auch besonders gefördert werden, um zu lernen, wie man richtig buchstabiert, wie man sich sprachlich ausdrückt und dass Lesen wirklich Spaß machen kann.

Gerade unter dem Vorzeichen der Chancengleichheit an unseren Schulen haben sie auf diese Förderung ein verbrieftes Anrecht. Vom Kindergarten aufwärts ist es deshalb nötig, Jungen in Sprache und Orthografie, Lesen und Selbstausdruck (Theater) besonders zu fördern. Hier ein Beispiel dafür, wie eine Schule dieses Problem mit spektakulärem Erfolg gelöst hat.

## Wer Jungen hilft, hilft den Mädchen

In Australien herrscht derzeit eine erregte Debatte über die Frage, welche Erziehung Jungen und Mädchen jeweils am besten bekommt. Dabei wird immer wieder darüber gestritten, ob es wichtiger sei, Jungen oder Mädchen zu fördern. Doch die meisten Lehrer können dieser Frontstellung wenig abgewinnen – sie möchten einfach nur Kindern helfen,

**Die meisten Lehrer sind engagiert dabei, wenn es darum geht, den Horizont von Mädchen zu erweitern. Sie gehen auch auf die spezifischen Lernbedürfnisse von Jungen ein.**

## Hallo Direx!

*(Die nachfolgende Geschichte hat sich an einer der angesehensten australischen Schulen tatsächlich zugetragen. Ich verdanke sie einem Vater, der sie mir – nachdem ich die Schule Mitte der neunziger Jahre einmal besucht hatte – zugeschickt hat.)*

Der kleine Junge hastet zum Ausgang der Schule. Er ist jetzt bereits einige Monate an der Schule. Sein Selbstvertrauen nimmt allmählich zu, doch in vielen Situationen ist er noch immer ein wenig unsicher. Er sieht, wie der Direktor ihm entgegenkommt. Der Direktor ist in diesem Reich der König. Und der König eines Reiches ist für einen kleinen »Untertanen« natürlich eine ehrfurchtgebietende Gestalt. Der kleine Junge sammelt all seinen Mut und blickt dem hoch gewachsenen König dann von unten ins Gesicht.

**Die in der Schule verlangte Passivität widerspricht allem, was wir über Kinder und besonders Heranwachsende wissen.**

»Guten Morgen, Herr Direktor«, sagt er.

Der König blickt zu ihm herab und entgegnet: »Eigentlich solltest du die Mütze abnehmen« und geht weiter.

Eine unspektakuläre Begebenheit, in der Tat. Doch der kurze Wortwechsel hätte auch ganz anders verlaufen können, wenn der Direktor nur gesagt hätte: »Guten Morgen! Wie heißt du denn?« oder: »In welcher Klasse bist du?« oder: »Wie gefällt es dir an unserer Schule?« oder: »Wer ist eigentlich dein Klassenlehrer – Mr. Scully oder Miss Plaine?«

Dann hätten die beiden ein bisschen miteinander plaudern können. Am Ende eines solchen Plausches hätte der Direktor dann – wenn es denn unbedingt sein musste – noch sagen können: »Nett, dich kennen zu lernen. Und wenn du das nächste Mal einen Lehrer grüßt, nimmst du deine Mütze ab, einverstanden?«

**Der männliche Schulleiter oder der Klassenlehrer ist für die Kinder eine wichtige symbolische Figur.**

Dieser minimale Mehraufwand hätte gewiss bewirkt, dass der kleine Junge den Direktor fortan bei jeder Begegnung mit einem fröhlichen »Hallo« (und gezogener Mütze) gegrüßt hätte. Es hätte dem König zudem die Achtung und das Zutrauen des kleinen Mannes eingetragen und dieser hätte sich künftig im Reich des Königs sicher gefühlt und gewiss jeden Lehrer freundlich gegrüßt. Außerdem hätte der Junge sich gut gefühlt und den Eindruck gewonnen, dass er für den Direktor nicht nur eine Nummer ist, sondern ein Individuum.

Der kleine Junge wird heranwachsen. Eines Tages wird er vielleicht Vertrauensschüler, ein guter Ruderer oder Klassenprimus sein. Oder aber er wird sich zu einem wundervollen Mann entwickeln, der durch seine Lebensart allen, die ihm begegnen, Freude bereitet. In diesem kurzen Augenblick hätte der Direktor etwas über einen der Jungen in seiner Schule in Erfahrung bringen können, und der Junge selbst hätte feststellen können, dass er in seiner neuen Schule uneingeschränkt willkommen ist. Möglicherweise hätte ein solches Erlebnis seine ganze schulische Laufbahn und sein weiteres Leben positiv beeinflusst.

Aber diese Gelegenheit hat der Direktor vertan.

und es ist ihnen gleichgültig, ob sie nun den Horizont von Mädchen erweitern oder auf die spezifischen Lernbedürfnisse von Jungen eingehen.

Die ganze Jungen-gegen-Mädchen-Debatte ist jedoch ziemlich überflüssig. Auch das Cotswold-Experiment (siehe Seite 186) hat bewiesen, dass alle Schüler profitieren, wenn wir den Unterricht so gestalten, dass er auf die besonderen Bedürfnisse sämtlicher Kindergruppen eingeht: nicht nur auf die von Jungen und Mädchen, sondern auch auf die von Kindern aus einkommensschwachen Verhältnissen oder bestimmten ethnischen Gruppen, die uns jeweils vor ganz unterschiedliche Herausforderungen stellen. Denn jedes dieser Kinder ist ein Mensch und etwas ganz Besonderes. Sie alle haben ein Anrecht darauf, entsprechend ihren individuellen Fähigkeiten und Bedürfnissen behandelt zu werden. Nur so können wir in der Schule echte Fortschritte erzielen.

Geschichten, die nachdenklich machen

## Hausaufgaben-Quälerei

Männer in hohen Stellungen sehen sich heutzutage oft scharfer Kritik ausgesetzt – sexistische Richter, arbeitssüchtige Geschäftsleute, die mit ihren Kindern nichts anzufangen wissen, arrogante medizinische Spezialisten, kommunikationsunfähige Manager. Diese zwar wichtigen, aber emotional gestörten Männer haben alle einmal eine Schule besucht – für gewöhnlich eine teure Privatschule für Jungen. Hat der Druck, der an diesen Schulen ausgeübt wird, etwas mit der seelischen Verkrüppelung dieser Männer zu tun? Zweifellos. Den folgenden Brief hat mir vor einiger Zeit eine Mutter geschrieben:

»Mein Sohn besucht eine im Grunde genommen wunderbare Schule. Es gibt dort ein großes Angebot an Laboratorien, Kunstsälen, Versamm-

## Physische Gewalt und Schikane

Es ist ein trauriges Faktum, dass viele Jungen regelmäßig von Gleichaltrigen psychisch und physisch drangsaliert werden. Eine Befragung von 20 000 Schülern im Grund- und Hauptschulalter in Australien hat ergeben, dass einer von fünf dieser Jungen in der Schule pro Woche mindestens einmal von Mitschülern geschlagen, erpresst oder psychisch unter Druck gesetzt wird. Dr. Kenn Rigby und Dr. Phillip Slee, die das Gewaltverhalten australischer Schüler intensiver erforscht haben als irgendwer sonst, glauben, dass die Schulen selbst an der Erzeugung des Problems erheblich beteiligt sind, jedoch genauso wie die Eltern zu dessen Behebung viel beitragen können.

Auf einer Konferenz hat Ken Rigby erst unlängst darauf hingewiesen, dass in zu vielen Klassenzimmern der Wettbewerb eine

lungsräumen, Sportplätzen und so weiter. Auch findet man dort einige sehr begabte Lehrer. Die Jungen der Schule gewinnen Sportwettbewerbe, haben gute Noten und tun sich auch in den Bereichen Musik, Kunst und Theater hervor.

Dennoch gibt es an dieser Schule etwas höchst Unangenehmes, was viele Jungen sehr belastet und andere sogar dazu bringt, ihre schulische Laufbahn schon in jungen Jahren abzubrechen. Gemeint ist natürlich der völlig übertriebene Leistungsdruck, der dort herrscht – und zwar vor allem in Gestalt der Hausaufgaben.

Die Schule verlangt nämlich von den Jungen ab dem achten (!) Lebensjahr unerbittlich, dass sie am Abend ein extrem umfangreiches Hausaufgabenpensum erledigen, und zwar ganz unabhängig davon, was sonst im Leben der Jungen (und ihrer Angehörigen) vonstatten gehen könnte. Für einen Vater oder eine Mutter ist es bedrückend zu erfahren, dass der eigene Sohn – ein Grundschüler wohlgemerkt – am Abend noch einen ganzen Berg von Hausaufgaben abzuarbeiten hat und mit niedergeschlagenem Gesicht herumläuft, statt sich auf ein paar schöne Stunden zu Hause zu freuen. Ebenso deprimierend ist es, wenn man miterlebt, wie ein (in den letzten zehn Wochen um fast drei Zentimeter gewachsener) vierzehnjähriger Junge abends völlig erschöpft nach Hause kommt und tränenüberströmt erklärt, er könne heute Abend einfach keine Hausaufgaben mehr machen.

Dann schläft er ein, ohne sich ausziehen, obwohl er weiß, dass er sich am nächsten Tag auf heftige Vorhaltungen und möglicherweise sogar »Nachsitzen« gefasst machen muss. Sind derart hohe Erwartungen wirklich produktiv? Würde es für einen Jungen in der zehnten Klasse nicht genügen, abends eine statt vielleicht drei oder vier Stunden am Schreibtisch mit seinen Hausaufgaben zu verbringen?

Schließlich müssen die Eltern die Jungen beaufsichtigen und dazu anstacheln, manchmal noch vor dem Abendessen und anschließend bis spät abends weiterzumachen. Sicher wäre es besser, die Hausaufgaben ein wenig zu reduzieren und den Jungen selbständiges Arbeiten beizubringen. Denn ein Junge, der zur Arbeit motiviert ist, hat davon gewiss einen größeren Nutzen als einer, der nur wütend und frustriert seiner Pflicht nachkommt. Und wird ein Junge, der sich redlich bemüht hat, die abendlichen drei Stunden Arbeit abzuliefern, nicht schließlich verzweifeln und sich schwören, niemals einen Beruf zu wählen, der ein Universitätsstudium verlangt? Aber noch schlimmer: Wird er nicht gegenüber intellektuellen Tätigkeiten überhaupt Abneigungen entwickeln?

Aber es gibt noch weitere negative Folgen dieses übertriebenen Hausaufgabenpensums, und zwar nicht nur für den betroffenen Jungen selbst, sondern für seine ganze Familie. Der typische Junge steht um 6.30 Uhr auf und begibt sich um 7.30 Uhr auf den Schulweg, um dann an drei von fünf Nachmittagen erst um 16.00 oder 16.30 Uhr nach Hause zu kommen. Dann braucht er Zeit, um zu Abend zu essen. Anschließend sind die

Hausaufgaben angesagt. Sollte ein Junge nicht auch ein wenig Verantwortung für das reibungslose Funktionieren des Haushalts übernehmen, in dem er lebt? Doch wann?

Außerdem bleibt es an den Müttern hängen, wenn Jungen an den Anforderungen der Schule schier verzweifeln. Die Schule liefert den Jungen ein Beispiel dafür, dass sie im Grunde für ihre Bemühungen niemals richtig belohnt werden. Sie erwartet außerdem von den Eltern, dass sie ihre Sprösslinge mit Kleidern, Essen und der Fahrt von und zur Schule bedienen, um diesen übermenschlichen Lernexzess überhaupt erst zu ermöglichen. Auf diese Weise werden Jungen so konditioniert, dass sie ähnliche Leistungen später auch von ihrer Partnerin erwarten – was im 21. Jahrhundert kaum mehr realistisch ist.

Und wann finden die Jungen Zeit zum Spielen? Jungen sollten Zeit haben, die Spiele zu spielen, mit denen sie sich gerne beschäftigen, ihren Interessen nachzugehen, sich zu entspannen und – auch außerhalb der Schule – mit anderen Menschen zu plaudern. Ist die Schule etwa nicht dazu da, das Selbstvertrauen der Jungen aufzubauen, ihnen realistische Ziele zu setzen? Soll sie ihnen nicht Gelegenheit geben, Spaß zu haben? Doch Spaß hat ein Junge nur, wenn er entspannt ist und sich in seinem alltäglichen Umfeld wohl fühlt.

Gewiss würde man es dieser Schule hoch anrechnen, wenn sie die Initiative ergreifen und sich über die destruktiven Werte hinwegsetzen würde, die sich die Gesellschaft inzwischen zu Eigen gemacht hat. Zunächst einmal muss wieder klar sein, dass Musik und Sport zum Spaß da sind und dass eine Schule dies gebührlich zu berücksichtigen hat. Denn die Jungen sollen ja auch als Erwachsene weiterhin ihre Instrumente spielen, ihren Lieblingssport treiben, diskutieren, an Theatergruppen teilnehmen. Und zwar deshalb, weil dies alles ihnen schon in der Schulzeit Spaß gemacht hat und sie es in ihrem Erwachsenenleben nicht missen möchten.

Hat die Schule meines Sohnes den Mumm, solche Werte offensiv zu vertreten? Ich glaube es kaum.«

## Das Cotswold-Experiment

Zwei große Fragen beherrschen derzeit die Diskussion um die Zukunft unserer Schulen und werden sogar schon auf den Titelseiten unserer Zeitungen debattiert.

Die erste dieser Debatten kreist um die Vor- oder Nachteile der Koedukation auf der einen oder eines nach Geschlechtern getrennten Unterrichts auf der anderen Seite. Jungen sind in der Schule nicht nur leistungsschwächer, ihr (schlechtes) Benehmen hindert auch häufig die Mädchen oder stillere Jungen daran zu lernen. Die Eltern vieler Mädchen lösen dieses Problem dadurch, dass sie ihre Töchter an reinen Mädchenschulen anmelden. Doch was wird aus den Jungen?

Die zweite Debatte kreist um die mangelnden Kenntnisse der Jungen und ihre ebenso unbefriedigende Teilnahme am Unterricht, wie man sie in den meisten Industrieländern beobachten kann. Die Jungen schneiden deshalb in der Schule durchweg schlechter ab als die Mädchen, besonders in Fächern wie Muttersprache, Kunst, Geschichte, Fremdsprachen etc.

Dieses Problem ließ Marion Cox, die an der koedukativen – weiterführenden – Cotswold School in der englischen Grafschaft Leicestershire für den Englischunterricht verantwortlich ist, nicht in Ruhe. Marion beschloss deshalb, ein Experiment durchzuführen. Sie trennte die Jungen und Mädchen des vierten Jahrgangs ihrer Schule im Englischunterricht nach Geschlechtern und hat an dieser Trennung zwei Jahre lang festgehalten. (In allen anderen Fächern wurden die Schüler weiterhin gemeinsam unterrichtet.)

In den neuen nach Geschlechtern getrennten Gruppen sind dann die Lehrer darangegangen, ihre Methodik (d. h. die Auswahl der Bücher und Gedichte beispielsweise) den Interessen und Vorlieben der Mädchen beziehungsweise Jungen anzupassen. Sie brauchten also keinen didaktischen Mittelweg mehr zu beschreiten, um im Unterricht Jungen wie Mädchen gleichermaßen zu motivieren. So herrschte in den beiden Gruppen schon bald eine entschiedene Mädchen- oder Jungen-Atmosphäre.

Beide Gruppen bestanden aus etwa zwanzig Schülern und waren damit kleiner als der Klassenverband vor Beginn des Experiments. Außerdem erhielten die Jungen eine besonders intensive Förderung in den Fächern Schreiben und Lesen (und wurden zudem animiert, auch im Unterricht laut vorzulesen).

## Das Ergebnis

Die Resultate waren beeindruckend. Nach Auskunft des Statistischen Amtes des Vereinigten Königreichs erreichen nur neun Prozent der vierzehnjährigen Jungen landesweit in Englisch eine Benotung zwischen A und C. (Englisch ist ein Fach, das Jungen nicht besonders mögen und in dem sie auch keine guten Leistungen erzielen.)

An der Cotswold School hingegen erreichten 34 Prozent der Jungen nach zwei Jahren getrennten Unterrichts in der Abschlussprüfung Noten zwischen A und C. Somit hatte die Schule die Zahl der Jungen mit guten bis sehr guten Noten um fast 400 Prozent gesteigert.

Aber auch die Mädchen waren erfolgreicher! Ein eindrucksvoller Anteil von 75 Prozent der Mädchen erreichte eine Benotung zwischen A und C, während dies im Vorjahr nur 46 Prozent geschafft hatten. (Man beachte, dass die Ergebnisse der Mädchen auch unter diesen Bedingungen weiterhin erheblich besser ausfielen als die der Jungen.)

Das Experiment hat in Großbritannien für erheblichen Wirbel gesorgt. In einem Interview mit der *Times* hat Marion Cox weiter ausgeführt, dass die Wirkungen eines nach Geschlechtern getrennten Unterrichts nicht nur die fachliche Benotung betreffen.

Auch das »Betragen, die Konzentration und die Lesefähigkeit verbesserten sich erheblich. Ich glaube sogar, dass wir die Erfolgsaussichten noch steigern könnten, wenn wir die Trennung nach Geschlechtern nicht erst mit vierzehn Jahren vornähmen – also noch bevor die jungen Leute Bücher zugunsten von Fernseher und Computer beiseite legen und die negativen Rollenvorbilder ihre Wirkung entfalten.«

## Es müssen keine nach Geschlecht getrennten Schulen sein

Am Telefon erzählte mir Marion Cox, dass die Jungen an ihrer Schule sich nach eigenem Bekunden besser entspannen und ausdrücken konnten, wenn die Mädchen nicht zugegen waren, und die Mädchen sagten von sich umgekehrt das Gleiche. Sie meinte zudem, dass eine Trennung »nur im Englischunterricht« einer pauschalen Trennung der Geschlechter nach Schulen vorzuziehen sei. Ferner stellte sie fest: »Besucher, die den Unterricht an unserer Schule beobachtet haben, waren zumeist von der ruhigen und entspannten Atmosphäre überrascht. Und den Jungen machte das Lesen – oft zum ersten Mal überhaupt – richtig Spaß.«

**Das Cotswold-Experiment leistete zweierlei:**

- Es erkannte die Tatsache an, dass sich bei Jungen die Sprachfähigkeit langsamer entwickelt, und setzte deshalb genau an diesem Punkt an.

- Es bot den Jungen ein Umfeld, in dem sie sich sicher fühlen konnten und nicht unbeholfen und dumm im Vergleich zu den sprachgewandteren Mädchen. Die Jungen brauchten sich auch nicht »aufzuplustern«, um über Schwächen hinwegzutäuschen, und sie trauten sich jetzt sogar, Bücher zu lesen, Gedichte zu schreiben, bei Theateraufführungen mitzuwirken und so weiter.

## Unverzichtbare Fähigkeiten, die jeder Junge erwerben sollte

Unser sprachliches Ausdrucksvermögen ist von lebensentscheidender Bedeutung. Erst die Fähigkeit, vernünftig nachzudenken und sich sprachlich adäquat mitzuteilen, macht aus einem Mann einen guten Vater, Partner und Arbeitskollegen. Auch lässt sich auf diese Weise am ehesten die für viele Jungen und Männer so typische emotionale Isolation durchbrechen, die nicht selten zum Alkoholmissbrauch, zu familiärer Gewalt und sogar zum Selbstmord führt.

Ein nach Geschlechtern getrennter Unterricht, birgt jedoch einige Risiken. Denn dabei kann es leicht zur Wiederbelebung der alten Rollenklischees kommen. Viel hängt auch von der Einstellung der Lehrer ab. Die Ergebnisse, die man in Cotswold erzielt hat, sind jedoch ermutigend: Solange die Jungen und Mädchen getrennt unterrichtet wurden, fiel es ihnen sogar leichter, auf die alten Rollenklischees zu verzichten. Die Jungen wurden sehr viel mitteilsamer und offener, die Mädchen bestimmter im Auftreten. Das Verfahren ist also offenbar für alle Betroffenen ganz überwiegend von erheblichem Vorteil.

zu große Rolle spielt, so dass weniger erfolgreiche Schüler sich ausgeschlossen fühlen und darauf mit Wut reagieren. Für manche dieser Jungen ist das Schlägern deshalb eine Methode, sich unter solchen Bedingungen wenigstens eine gewisse Achtung und Anerkennung zu verschaffen. Dr. Rigby glaubt, dass viele Schulen ihre Schüler jedoch auch selbst drangsalieren und schikanieren, indem sie sie klein machen, ihnen das Gefühl vermitteln, nutzlos zu sein, und ihnen nicht dabei helfen, in Würde zu lernen und sich zu verändern.

Ich bin davon überzeugt, dass junge Schlägertypen häufig selbst zu Hause verprügelt werden und deshalb den natürlichen Widerwillen verloren haben, der die meisten Kinder daran hindert, andere zu verletzen oder zu quälen. Sie tun anderen nur das an, was ihnen selbst regelmäßig widerfährt. Das Schlägern kommt aus einer vergangenen Zeit, als viele Männer noch ganz selbstverständlich ihre Frauen schlugen und die Mütter und Väter ihre Kinder prügelten und so fort. Gott sei Dank wird jedoch Gewalt in der Familie heute immer weniger akzeptiert.

Ken Rigby empfiehlt deshalb, dass die Schulen die körperliche Gewalt zwischen Schülern durch Regeln eindämmen und das Problem offensiv angehen (was im Einzelfall sogar bedeuten kann, dass ein Junge zum Schutz seiner Mitschüler der Schule verwiesen werden kann). Das heißt, die Lehrer müssen mit den Schülern bereits im Unterricht über die Anwendung körperlicher Gewalt sprechen und ihnen klarmachen, dass es absolut nicht in Ordnung ist, andere zu schlagen. Wichtig ist aber auch, dass auf dem Schulhof genügend Aufsichtskräfte vorhanden sind, die sofort einschreiten, wenn ein Kind sich darüber beklagt, geschlagen worden zu sein. Doch sollte man den kleinen Übeltätern nicht Gleiches mit Gleichem vergelten, sondern mit ihnen und den betroffenen Kindern offen über den Zwischenfall sprechen, damit sie begreifen, welche Schmerzen sie anderen zufügen.

Überraschenderweise ist diese Methode relativ häufig erfolgreich. Gruppendiskussionen sind deswegen wesentlich hilfreicher als Bestrafungen, weil sie das Problem offen legen und nicht noch dadurch verschlimmern, dass sie den kleinen Schläger noch weiter ausschließen oder sozial degradieren. Wichtig ist jedoch, dieses Verfahren korrekt anzuwenden. (Alan Train hat dazu das in der KidsWorld-Reihe erschienene informative Buch *»Ablachen, Fertigmachen, Draufstiefeln« – Strategien gegen die Gewalt an Schulen* mit vielen praktisch umsetzbaren Lösungsvorschlägen geschrieben.)

### Was Eltern tun können

Die folgenden Symptome deuten möglicherweise darauf hin, dass Ihr Kind in der Schule geschlagen oder schikaniert wird:

- körperliche Schäden (etwa blaue Flecken, Kratzspuren oder Schnittwunden) oder Spuren von Gewaltanwendung an Kleidern oder Gebrauchsgegenständen;
- stressbedingte Erkrankungen (Schmerzen, unerklärliche Kopf- oder Magenschmerzen);
- ängstliches Verhalten (etwa Angst, zur Schule zu gehen, die Benutzung unterschiedlicher Schulwege, der Wunsch, zur Schule gefahren zu werden);
- ein Nachlassen der schulischen Leistungen;
- wenn Ihr Kind mittags hungrig nach Hause kommt (weil jemand ihm das Pausenbrot oder das Geld, um sich einen Snack zu kaufen, gestohlen hat);
- wenn Ihr Kind um Geld bittet oder Geld stiehlt (um es an seine(n) Peiniger weiterzureichen);
- wenn Ihr Kind kaum Freunde hat;
- wenn Ihr Kind nur selten zu Partys eingeladen wird;

Praktische Hilfe

## Wie man in der Schule einen nicht ausreichend »bevaterten« Jungen erkennt

Es gibt vier entscheidende Hinweise darauf, dass ein Junge nicht genügend väterliche Zuwendung erhält:

- **Aggression im Umgang mit anderen;**
- **übertrieben männliche Verhaltensweisen und Interessen (Waffen, Muskeln, Autos – Tod!);**
- **ein extrem eingeschränktes Verhaltensrepertoire (grummelndes Herumstehen und »cooles« Gehabe);**
- **abschätziges Auftreten gegenüber Frauen, Schwulen und anderen Minderheiten.**

Diese Charakteristika sind jedem Lehrer in der westlichen Welt vertraut, der mit jugendlichen Schülern zu tun hat. Schauen wir uns an, wie sie zustande kommen.

Aggression im Umgang mit anderen deutet meist darauf hin, dass ein Junge seine eigene Unsicherheit verbergen möchte. Da er von Seiten älterer Männer kaum Lob oder Achtungsbezeugungen erhält, markiert er den starken Mann. Sein Motto lautet: Lieber einen anderen fertig machen, bevor man selbst fertig gemacht wird. Wenn ein Junge wenig Kontakt zu seinem Vater oder anderen Männern hat, dann weiß er nicht genau, wie ein Mann sich eigentlich verhält. Ihm fehlen die Worte, er ist sich über sich selbst nicht im Klaren und weiß mit seinen Gefühlen nicht richtig umzugehen. Da er positive Beispiele dafür nie kennen gelernt hat, weiß er nicht,

- **wie man einen Konflikt humorvoll austrägt;**
- **wie man entspannt und ohne sexistische Herablassung mit einer Frau spricht;**
- **wie man Sympathie, Dankbarkeit oder Traurigkeit ausdrückt.**

Ein solcher Junge hat nur zwei Quellen, aus denen er sein Wissen über männliches Verhalten beziehen kann: Filme im Kino und Fernsehen oder gleichaltrige Jungen. Wenn Rambo sein großes Vorbild ist, so dürfte ihm dies kaum dabei helfen, mit dem richtigen Leben fertig zu werden. Seine gleichaltrigen Freunde sind genauso hilflos wie er und bringen auch nicht mehr zustande, als »cool« herumzustehen, hin und wieder einmal »geil«, »ätzend« oder »krass« einzuwerfen und »einen Abgang zu machen«, wenn's schwierig wird.

Meine Jugend – und die von vielen Männern, mit denen ich gesprochen habe – war nicht selten von der Angst bestimmt, von anderen Jungen »abgelacht« oder gar verprügelt zu werden. Jungen haben Angst, lächerlich gemacht zu werden – wie unnahbar sie sich nach außen hin auch geben. Sie sind oft zutiefst beschämt darüber, wie schwer es ihnen vor der Klasse fällt, laut vorzulesen, oder wie dumm sie bisweilen erscheinen. Auch fürchten sie sich davor, von einem Lehrer vorgeführt zu werden. Jungen, denen das Lernen besonders leicht fällt, haben dafür das gegenteilige Problem und befürchten, als Streber oder Opportunist zu gelten und deshalb ausgelacht oder ausgeschlossen zu werden. Wer besonders kreativ oder einfach nur anders ist, läuft Gefahr, beispielsweise als schwul denunziert zu werden.

Ein Junge, der von seinem Vater und seiner Mutter, aber auch von Onkeln und Freunden der Familie genügend Unterstützung erhält, kann mit solchen Situationen besser umgehen, weil er sich nicht ständig in seiner Männlichkeit bedroht fühlt. Ist sich ein Jugendlicher hingegen dieser Männlichkeit nicht sicher, dann muss er seine Unsicherheit überspielen. Der beste Schutz gegen Unsicherheit ist, möglichst brutal und mitleidlos aufzutreten und Aggressivität auszustrahlen, damit niemand wahrnimmt, dass der betreffende junge Bursche in Wahrheit die Hosen voll hat. Solche Jungen gehen gleich in die Offensive und schüchtern andere ein, weil sie sich dann sicherer fühlen.

Das gleiche gilt für die Interessen solcher Jungen. Ein harter Bursche muss auch entsprechende Interessen haben. Jungen, die von einem erwachsenen Mann nicht lernen, welche Vielzahl von Interessen man verfolgen kann (sei es auf musikalischem oder sportlichem Gebiet oder daheim im

Garten oder Hobbyraum) neigen zu Hobbys, die ihnen ein Gefühl der Männlichkeit verschaffen, und bewundern mit Waffen behangene Muskelprotze oder Sportarten, bei denen die PS-Stärke eine große Rolle spielt.

### Lob ist das einzige Gegenmittel

Wenn ein Vater, Onkel oder älterer Freund einen Jungen lobt, so erweitert er damit automatisch dessen Selbstbild. Stellen wir uns einmal eine Familie vor, die von einem gemeinsamen Picknick mit Freunden nach Hause zurückkehrt. Da sagt der Vater beiläufig zu seinem Sohn: »Hast du wirklich toll gemacht, wie du mit den kleineren Kindern Fußball gespielt hast. Die haben sich darüber wahnsinnig gefreut.« Der Junge saugt dieses Kompliment tief in sich auf. (Auch seine Mutter hätte dieses Kompliment machen können, aber falls es sich um einen Teenager handelt, würde ein solches Lob nicht ganz so intensiv wirken.)

Ein männlicher Lehrer oder älterer Freund sieht, wie ein Junge mit den Fingern auf einer Tischplatte einen komplizierten Rhythmus trommelt: »Weißt du, du solltest Schlagzeuger werden – das ist ein wirklich guter Beat.« Jeder dieser Kommentare stärkt das Selbstbewusstsein des betreffenden Jungen. Er ist unter solchen Umständen weniger auf die Zustimmung Gleichaltriger angewiesen und zudem eher bereit, etwas zu riskieren.

- Verhaltensänderungen (wenn Ihr Kind sich in sich zurückzieht, zu stottern anfängt, launisch oder reizbar reagiert, aufbraust, einen unglücklichen Eindruck macht, ständig weint oder bedrückt erscheint);
- wenn Ihr Kind nicht essen will;
- wenn Ihr Kind einen Selbstmordversuch unternimmt oder von Selbstmord spricht;
- Ängstlichkeit (die sich in Bettnässen, Nägelkauen, Furchtsamkeit, nervösen Zuckungen, Schlaflosigkeit oder nächtlichem Schreien äußert);

### Bist du ein Mädchen – oder was?

Wenn man nicht weiß, wer man ist, dann gibt es noch immer die Möglichkeit, das eigene Selbstbild aufzupolieren, indem man kundtut, wer man nicht ist. Dr. Rex Stoessiger hat in seinen Arbeiten über die Behebung von Lese- und Schreibstörungen geschrieben, dass Jungen, die auf kein positives männliches Selbstbild zurückgreifen können, sich als Nicht-Mädchen definieren. Und so sind sie darauf bedacht, alles das nicht zu sein, was in ihrer Wahrnehmung ein Mädchen ausmacht – also sanft, redselig, emotional, kooperativ, fürsorglich und herzlich. Sie lehnen alles Weiche und zugleich damit Mädchen überhaupt ab.

Die Freundlichkeit vieler Eingeborenenvölker, die Wärme der Südeuropäer oder die Bescheidenheit vieler hart arbeitender Asiaten, dies alles lehnen sie ab, weil sie Angst haben, ansonsten von ihren Altersgenossen abgelehnt zu werden, die sich ebenfalls in der Pose des Rowdys gefallen. Wenn man jemanden hat, den man hassen und ablehnen kann, ist es schließlich leichter, sich stark und wertvoll zu fühlen.

Ein gesundes Selbstwertgefühl unserer Jungen könnte auch dazu beitragen, den Rassismus und Sexismus überwinden zu helfen, der in vielen Ländern des Westens viele Probleme bereitet.

- die Weigerung zu sagen, was eigentlich los ist;
- wenn Ihr Kind unglaubwürdige Ausreden für eines der vorgenannten Symptome erfindet.

Natürlich gibt es potenziell viele andere Gründe für die erwähnten Symptome, und Sie sollten deshalb möglichst einen Arzt aufsuchen, um sicher zu gehen, dass etwaige körperliche Schäden keine andere Ursache haben. Ein guter Arzt kann auch vorsichtig mit Ihrem Sohn reden, um herauszufinden, ob dieser in der Schule malträtiert wird.

Die vorstehenden Ausführungen mögen auf den ersten Blick selbstverständlich erscheinen, doch ist es eine Tatsache, dass viele Jungen zunächst nicht darüber sprechen wollen, wenn sie geschlagen werden, weil sie sich andernfalls als Memmen fühlen würden. Vielleicht hat man ihnen aber auch für den Fall, dass sie etwas über die Misshandlungen verlauten lassen, Konsequenzen angedroht, oder aber sie haben Angst, alles nur noch schlimmer zu machen, wenn sie »auspacken«.

Wenn Ihr Kind in der Schule drangsaliert wird, sollten Sie sich mit der Schulleitung in Verbindung setzen und ruhig und in schriftlicher Form darlegen, was Ihrem Sohn im Einzelnen widerfahren ist. Seien Sie darauf gefasst, dass zwei oder drei Termine nötig sind, damit die Schule den Dingen nachgehen und entscheiden kann, was zu tun ist. Werden Sie nicht vorstellig, um die Sache dann auf sich beruhen zu lassen. Denn die Klärung eines solchen Problems verlangt eine gemeinsame Anstrengung. Möglich ist aber auch, dass Sie selbst oder ein Schulpsychologe Ihr Kind wieder aufbauen und ihm beibringen kann, auf abschätzige Bemerkungen humorvoll zu reagieren, Quälgeistern zu sagen »Lass mich in Ruhe, ich mag das nicht« und dabei entschlossen aufzutreten. In der Grundschule bleibt ein Junge, der Freunde zu gewinnen vermag, Ärger aus dem Weg geht und sich nicht scheut, seine Meinung zu sagen, von mutwilligen Übergriffen meist verschont. Rigby und Slee empfehlen, gefährdete Jungen eine Kampfsportart erlernen zu lassen, damit sie mehr Zutrauen zu ihren körperlichen Fähigkeiten und mehr Selbstbewusstsein entwickeln.

Vermeiden Sie tunlichst auch übermäßig große, unpersönliche Schulen. Eine Grundschule sollte höchstens vierhundert, eine Haupt- oder weiterführende Schule maximal sechshundert Schüler haben, damit ein Kind oder ein Jugendlicher sich dort einigermaßen geborgen fühlen kann. Größere Lehranstalten sind häufig nichts anderes als ineffiziente »Bildungsfabriken«. Die Kinder schließen sich unter solchen Umständen häufig aus Gründen des Selbstschutzes zu Gangs zusammen, was beinahe zwangsläufig zu Schikanen und tätlichen Auseinandersetzungen führt.

Schulen, die dem Konkurrenzdenken keinen so hohen Stellenwert beimessen, etwa die so genannten Rudolf-Steiner-Schulen oder alternative Einrichtungen dieser Art, bieten meist eine fürsorglichere Atmosphäre. Schüler und Lehrer stehen einander dort näher und sind engagierter, so dass Aggressivität dort weniger verbreitet ist. Ein eher zart besaitetes Kind ist in einer solchen Einrichtung deshalb vermutlich besser untergebracht.

Beinahe jedes Kind, ob Junge oder Mädchen, wird irgendwann einmal von aggressiven Mitschülern drangsaliert werden und sollte deshalb lernen, sich physisch und psychisch zur Wehr zu setzen. An den meisten australischen Schulen wird das mit den Kindern inzwischen trainiert, doch vielleicht braucht Ihr Sprössling noch ein wenig mehr Unterstützung. Wir alle – ob in der Familie, der Schule oder der Gesellschaft überhaupt – müssen noch lernen, ohne wechselseitige Einschüchterung miteinander zu leben.

## Menschen lernen durch Vorbilder

Auf die immense Bedeutung positiver Vorbilder kann man gar nicht oft genug verweisen, und jeder Lehrer, mit dem man über dieses Thema spricht, wird dies bestätigen. Ja, das Lernen nach Vorbildern ist in die Entwicklung des Menschen fest eingewebt. Wir Menschen sind eher instinktarme Lebewesen und müssen uns deshalb komplizierte Fähigkeiten erst aneignen, um überleben zu können. Wenn wir Menschen, die wir bewundern, beobachten, wie sie sich benehmen, eignet sich unser Gehirn ein ganzes Geflecht von Fertigkeiten, Einstellungen und Werten an.

## Zwei Lehrer

Eine Lehrerin, mit der ich mich unlängst unterhalten habe, hat mir ein sehr schönes Beispiel für die Bedeutung des Lernens nach Rollenvorbildern erzählt. In der großen High School auf dem Lande, an der sie lehrte, erfreute sich das für gewöhnlich von Mädchen dominierte Fach Kunsterziehung plötzlich großer Beliebtheit bei den Jungen, weil der neue Kunstlehrer ein Mann mit einer beeindruckenden Persönlichkeit war. Der herzliche, positive und ein wenig strenge Mann hatte selbst Kinder. Er galt bei den Schülern schon bald als »cool«, weil er Interessen hatte, die insbesondere die Jungen akzeptieren konnten. Er organisierte an der Schule Surfwettbewerbe, war selbst ein begeisterter Surfer und liebte die freie Natur. Und so hatte er drei Vorzüge, die die Herzen der Jungen eroberten: er war »cool«, charismatisch und dazu noch ein Mann. Wahrscheinlich hätte er den Jungen sogar das Stricken beibringen können!

Das Ergebnis: Die Jungen machten plötzlich tolle Bilder und Skulpturen und legten unversehens eine Kreativität an den Tag, die, selbst als der Mann die Schule schon ein paar Jahre verlassen hatte, weiterhin anhielt.

Deswegen brauchen unsere Rollenvorbilder keine großen Helden zu sein – in gewisser Hinsicht ist es sogar besser, wenn es sich dabei schlicht um Leute handelt, die wir täglich sehen und die wir schätzen. Ein Jugendlicher ist wie eine mit einem Peilsender ausgestattete Rakete, die eine Reihe möglicher Ziele ansteuert, bis er genügend Material gesammelt hat, um eine eigene Identität zu bilden.

Ein Rollenvorbild muss für einen Teenager »jemand wie ich« sein oder »jemand, der ich sein könnte«. Mädchen brauchen Rollenvorbilder genauso dringend wie Jungen, aber Mädchen haben in der Schule auch wesentlich mehr Rollenvorbilder und weibliche Lehrkräfte bringen sich häufig wesentlich stärker in

Mit dem »Cool«-Sein ist das jedoch so eine Sache, denn Kinder lassen sich durch Äußerlichkeiten nicht lange hinters Licht führen. Bei einem Erwachsenen bedeutet »cool« sein wohl eher, dass er sich gerade keine Mühe gibt, so zu erscheinen.

Während meiner High-School-Zeit bekamen wir einmal einen neuen Mathelehrer, einen gewissen Mr. Clayfoot, der damals bereits (wir schrieben das Jahr 1965!) Jeans und einen Ohrring trug sowie einen roten Mustang mit GT-Streifen fuhr (also ein Auto, das damals der Inbegriff von »cool« war). Der Mann erlebte an unserer Schule einen kurzen Höhenflug. Auf dem Schulhof war er ständig von Jungen umlagert und von zahlreichen Mädchen umschwärmt. Doch diese Wirkung ließ bald nach, weil die Schüler auf Dauer kein Interesse an jemandem aufbringen wollten, der sich vorwiegend für sich selbst interessierte.

Kinder mögen Erwachsene, die ihnen etwas zu geben haben – ja, sie erwarten gar Selbstlosigkeit. Zu Beginn des zweiten Schuljahres verlor Mr. Clayfoot dann wegen Trunkenheit am Steuer seinen Führerschein und erschien seither des morgens zu Fuß in der Schule. Und von dem Prestige, das der Mann einst genossen hatte, war schon bald nicht mehr viel übrig.

alltägliche (Schul-)Situationen ein als männliche. Infolgedessen saugen Mädchen viel mehr Informationen darüber auf, was es bedeutet, eine Frau zu sein, als Jungen Hinweise darauf erhalten, was es heißt, ein Mann zu sein.

Es gibt ganz verschiedene, manchmal überraschende Rollenvorbilder. Aber solche Vorbilder müssen für Kinder auch eine Herausforderung sein und sie auf neue Gedanken bringen. An der ziemlich öden Vorortschule, die ich in den sechziger Jahren besuchte, gab es einige Männer, die ein echter Lichtblick waren:

- Da war zum Beispiel ein Mathematiklehrer, der auch für Hausbesuche bei unseren Eltern zuständig war (sein Besuch war im

Laufe des Jahres immer Anlass für kleinere Renovierungsarbeiten und neue Tapeten in diversen Heimen). Der Zweck seiner Besuche war es, unsere Eltern zu überreden, uns möglichst lange zur Schule zu schicken, damit aus uns einmal etwas Besseres würde (denn damals schlossen die meisten Schüler die High School noch nicht mit der für ein akademisches Studium erforderlichen HSC-Prüfung ab). Obwohl er im Unterricht durchaus etwas von einem Sklaventreiber an sich hatte, unternahm dieser Mann mit uns die erste ausgedehnte Exkursion – ein wundervolles Erlebnis für uns alle. In späteren Jahren konnte er sich einen blendenden Ruf als Professor für Pädagogik erwerben.

- Dann gab es da noch einen älteren Mann, einen ehemaligen Soldaten, der uns die Schönheiten der Dichtkunst eröffnete. Er behelligte uns sogar mit Shakespeare, obwohl der gar nicht auf dem Lehrplan stand. Er ging aber auch mit uns in den Busch hinaus, lehrte uns Yoga und verzichtete auf manches Wochenende, um mit uns Ausflüge zu machen oder irgendwo zu zelten.
- Ein radikaler Englischlehrer, der immer wieder warnend von einer Eskalation des Vietnamkrieges sprach, berichtete uns über die sozialen Errungenschaften der Sowjetunion und brachte uns dazu, australische Literatur zu lesen.

- Dann gab es da noch einen Elektronikfreak, der während der Mittagspause gemeinsam mit interessierten Kindern Radios baute oder reparierte.
- Ferner hatten wir ein paar fröhliche Sportlehrer und einige tolle weibliche Lehrkräfte, so dass wir an unserer Schule wirklich einen breit gefächerten Eindruck davon erhielten, was es bedeuten kann, ein Mann zu sein.

## Was sind »Lernschwierigkeiten«?

Fast jeder von uns leidet unter gewissen Hirnschäden. Solche Schäden treten häufig schon bei der Geburt auf oder werden später durch Stürze oder unsanfte Stöße verursacht. Aber auch genetische Defekte oder Umwelteinflüsse (etwa Autoabgase) oder aber eine Mutter, die während der Schwangerschaft raucht oder trinkt, können das Gehirn eines Menschen schädigen. Jungen sind dem Risiko, sich während der Geburt einen Hirnschaden zuzuziehen, eher ausgesetzt, obwohl bis heute nicht geklärt ist, warum sich dies so verhält.

Kleinere derartige Schäden sind kein Problem, solange sie einem Kind nicht das Lernen erschweren. Früher blie-

## Eine Schule, wie ein Junge sie sich nur wünschen kann

Die Lehrer der Jungen-High-School Ashfield in West-Sydney beschlossen, ihr Verhältnis zu den Schülern persönlicher zu gestalten. Sie glaubten nämlich, dass ein enger Kontakt zwischen Schüler und Lehrer den Lernerfolg spürbar verbessern werde.

»Wir versuchten herauszufinden, was bei uns nicht klappte. Die Jungen waren nämlich im Unterricht nicht so engagiert und erfolgreich, wie sie es eigentlich hätten sein müssen«, erzählte Ann King, die Direktorin der Schule, später der Reporterin Jane Figgis vom Sydney Morning Herald.

Zunächst gab man in Ashfield dem Lehrerumfeld der Klassen 7 und 8 ein völlig neues Gesicht. »Jungen werden jetzt nicht mehr von zehn bis dreizehn verschiedenen Lehrern unterrichtet, sondern nur mehr von fünf Lehrkräften, die jedoch nicht nur für die Stoffvermittlung, sondern ebenfalls für die Disziplin, das Wohlergehen der Kinder und die Kontakte zu den Eltern zuständig sind.«

ben Lernschwierigkeiten häufig unbemerkt, weil ein hohes Bildungsniveau in vielen Lebensbereichen nicht erforderlich war. In der heutigen Zeit sind solche Probleme vielfach eine echte Benachteiligung, doch glücklicherweise kann man dagegen eine ganze Menge tun.

Es gibt vier Haupttypen von Lernschwierigkeiten, die unterschiedliche Aspekte der Informationsverarbeitung betreffen. Wenn ein Kind etwas lernt, geschieht mit den entsprechenden Informationen viererlei: Sie werden von den Sinnesnerven an das Gehirn weitergeleitet, müssen dort zu einem sinnvollen Ganzen zusammengefügt, vom Gedächtnis gespeichert und bei Bedarf reproduziert oder reaktiviert werden.

Auch dauern die Unterrichtseinheiten nicht mehr wie früher vierzig, sondern achtzig und bisweilen sogar hundert Minuten, weil man begriffen hatte, dass man den Schülern den Unterrichtsstoff bis dahin in zu kleinen, voneinander isolierten Einheiten und ohne Abstimmung zwischen den Lehrern präsentiert hatte.

»Wir haben mit diesem Verfahren die allerbesten Erfahrungen gemacht«, sagt die Direktorin. »In vielen Bereichen sind unsere Schüler jetzt viel aktiver und erfolgreicher. Doch wenn die Lehrer und Schüler Gruppen bilden, die während des gesamten Schuljahres jeden Tag zusammenarbeiten, kommt noch hinzu, dass sich zwischen Schülern und Lehrern eine solidere und kooperativere Beziehung entwickelt.«

Gerade diese Beziehungen sind in der Mittelstufe (also in der siebten, achten und neunten Klasse) von entscheidender Bedeutung. »Schüler und Lehrer müssen lernen, einander zuzuhören, sich gegenseitig Vertrauen und Sympathie entgegenzubringen. Ja, sie müssen einander herausfordern, doch dazu kann es nur kommen, wenn sie sich in ihrer wechselseitigen Beziehung entspannt und nicht bedroht fühlen.«

## 1 Input

Dazu gehört, dass ein Kind den Lehrer akustisch versteht, dass es begreift, was ihm beispielsweise in einem Buch gezeigt wird, oder dass es Aufgabenstellungen zu folgen vermag. Mitunter sind Eltern wütend, weil ein Kind etwas »einfach nicht kapiert«, doch unter Umständen ist das Kind dafür gar nicht verantwortlich. Bisweilen hören oder sehen Kinder nämlich buchstäblich gar nicht, was wir Erwachsene hören oder sehen. Lesen Sie nur einmal die folgende Aussage eines Jungen über seine Schwierigkeiten mit bestimmten Sinneswahrnehmungen: »Ich konnte kleine Läden früher einfach nicht ausstehen, weil sie mir jedes Mal kleiner erschienen, als sie eigentlich waren. Aber auch meine Ohren spielten mir öfter einen

Streich und gaben die Lautstärke von Geräuschen falsch wieder. Wenn andere Kinder mit mir sprachen, konnte ich sie zum Beispiel manchmal kaum verstehen, bei anderen Gelegenheiten taten mir dann geradezu die Ohren weh, weil ich sie so laut hörte. Ich dachte schon, ich würde taub werden.« (Darren White)

### 2 Organisation

Hierzu gehört, dass man neue Informationen oder Aufgabenstellungen mit den anderen, die man bereits kennt, in Verbindung bringt – sozusagen eine persönliche Addition vornimmt. Ist z.B. einer der ersten Teile falsch, kann auch die Summe falsch sein: Wir sehen die Zahl 231, speichern sie jedoch als 213.

### 3 Gedächtnis

Was das heißt, weiß jeder. Wenn man bestimmte Informationen wieder »hervorholen« möchte, sind sie noch da. Wir verfügen über ein Kurz- und ein Langzeitgedächtnis und manchmal ist nur eines von beiden beeinträchtigt.

### 4 Output

Wissen Sie eigentlich, was Sie sagen oder tun, wenn Sie sprechen, schreiben oder zeichnen? Das nötige Wissen ist in Ihrem Kopf gespeichert, aber können Sie es auch reaktivieren? Wenn Sie den Eindruck haben, Ihr Kind habe mit diesen Bereichen Probleme, sollten Sie sich unbedingt nach professioneller Hilfe umschauen. Viele Lernblockaden lassen sich überwinden oder abmildern. Je früher Sie aktiv werden, um so leichter ist es, Abhilfe zu schaffen.

## Beschäftigungstherapie

Hier das Beispiel eines Jungen, dem es gelang, sein Output-Problem – die schlechte Handschrift – zu lösen.

Der achtjährige David hatte erhebliche Schwierigkeiten mit seiner Handschrift. Eine schlechte Handschrift ist bei Jungen dieses Alters nichts Ungewöhnliches, doch Davids Eltern waren beunruhigt, weil sich bei ihrem Sohn seit zwei Jahren an diesem Umstand nichts geändert hatte. Sie wussten, dass David ein kluger Junge war, befürchteten jedoch, dass die Lehrer ihn wegen seiner schlechten Handschrift für dumm halten könnten.

Wer seine Handschrift verbessern möchte, muss für gewöhnlich reichlich üben – zunächst große und dann immer kleinere Bögen und Schleifen machen, sich die einzelnen Buchstaben zu Eigen machen und sich so allmählich ein elegantes Schriftbild zulegen. Doch Davids Eltern sprachen mit jemandem, der ihnen riet, noch etwas anderes auszuprobieren – und zwar eine Bewegungstherapie.

Die Bewegungstherapeutin Kerry Anne Brown, die schon reichlich Erfahrungen mit lerngestörten Kindern gesammelt hatte, erklärte sich bereit, David näher zu untersuchen. Dabei entdeckte sie, dass nicht nur Davids Hände, sondern alle Teile seines Oberkörpers in ihren Bewegungen blockiert waren. Tatsächlich fiel ihm das Schreiben deshalb so schwer, weil er nicht richtig saß und auch seine Arme nicht richtig auf der Tischplatte lagen.

Doch war diese Schwierigkeit jetzt ererbt, durch einen Geburtsschaden verursacht oder erst später durch mangelnde Übung entstanden? Wer weiß das schon? Die Aufgabe eines Bewegungstherapeuten ist es, den Körper eines Menschen so beweglich und geschmeidig wie möglich zu machen, was auch immer die Ursache für die betreffende Störung sein mag.

Und so verordnete Kerry Anne David ein systematisches Trainingsprogramm. Er musste Balance- und Drehübungen machen und Trampolin springen, um seine Rückenmuskulatur zu stärken und Rücken, Arme und Schultern besser koordinieren zu lernen. Dieses Programm nahm ihn etwa sechs Monate lang täglich eine halbe Stunde in Anspruch. Glücklicherweise machten ihm die Übungen viel Spaß, und seine Eltern fanden ebenfalls Vergnügen daran. Wenn es etwas schwieriger wurde, reagierte David manchmal etwas unwillig, doch gehört es nun einmal zum Lernen dazu, sich durch etwaige Frustrationen nicht beirren zu lassen. Auch dachten seine Eltern sich immer neue Späße aus, und so gelang es ihnen, den Jungen bei der Stange zu halten. Nach rund sechs Monaten zeigte das Programm Wirkung und man konnte die Übungen einstellen.

Inzwischen sind drei Jahre vergangen, und David muss sich noch immer Mühe geben, schön zu schreiben – seinen Körper zu entspannen und sich zu konzentrieren. Doch hat er jetzt eine gute Handschrift für einen Jungen in seinem Alter. Obwohl er zum Schreiben lieber einen Computer verwenden würde, macht ihm das Schönschreiben jetzt sogar Spaß, und er hat es inzwischen zum Klassenprimus gebracht.

## Auf die Eltern kommt es an

Lernschwierigkeiten erfordern zwei Faktoren – Zeit und therapeutische oder pädagogische Hilfe – und beides ist ohne Einsatz nicht zu haben. Kinder, deren Eltern sich um sie kümmern und viel Zeit mit ihnen verbringen, werden glücklicher heranwachsen. Doch das erfordert eine Menge Engagement, wenn es zum Beispiel darum geht, einen Spezialisten ausfindig zu machen und sich nicht abwimmeln zu lassen. Auch ist es manchmal nötig, in der Schule »auf die Pauke zu hauen«, um dort die nötige Unterstützung zu bekommen. Sprechen Sie aber auch mit anderen Eltern und lassen Sie sich so lange nicht beirren, bis etwas geschieht, was Ihrem Kind wirklich hilft.

Therapeutische oder pädagogische Hilfe erfordert vielfach Maßnahmen, Geräte, fachkundigen Einsatz oder Dinge, die man zu Hause tun kann. Auch kann es überaus nützlich sein, wenn

Sie sich mit anderen Eltern besprechen, deren Kinder ähnliche Probleme haben wie Ihr Sohn. Denn es ist äußerst wohltuend, Informationen und Unterstützung von Menschen zu erhalten, die wirklich wissen, worum es geht.

Doch Vorsicht: Manchmal gibt es Schulen, die von Kindern mit Lernschwierigkeiten nichts wissen wollen. Sie sind vielmehr ausschließlich an der Leistungselite interessiert und um ihren »akademischen« Ruf besorgt. Ein lerngestörtes Kind wird dort lediglich unter Druck gesetzt oder aber links liegen gelassen. Schulen, die sich um die Kinder wirklich sorgen, werden stets ihr Bestes geben, und Sie würden Ihr Kind ganz sicher nicht auf eine Schule schicken wollen, wo man sich für die menschlichen Probleme der Schüler überhaupt nicht interessiert. (Zum Thema Lernen haben meine australischen Kolleginnen Jean Robb und Hilary Letts ein vorzügliches Buch geschrieben, das auf Deutsch unter dem Titel *Clevere Kids fallen nicht vom Himmel* und ebenfalls in der KidsWorld-Reihe des Beust Verlags erschienen ist.)

## Kurzgefasst

Die Schule kann für einen Jungen sehr viel Positives bewirken, falls die folgenden Bedingungen erfüllt sind:

1 Jungen sollten erst ein Jahr später eingeschult werden als Mädchen, da sie wegen der langsameren Entwicklung ihrer feinmotorischen Fähigkeiten erst später mit Schreib- und Malwerkzeug umzugehen wissen.

2 Wichtig ist auch, dass mehr (jüngere und ältere) männliche Lehrkräfte an den Schulen vertreten sind. Ferner sollten geeignete Männer aus dem sozialen Umfeld eines Jungen ihm mit Rat und Tat zur Seite stehen.

3 Hilfreich wäre es zudem, wenn der Unterricht an unseren Schulen mehr körperliche, konkrete Herausforderungen bieten würde.

4 Die für Jungen typischen Schwachstellen (besonders Lesen und Schreiben) lassen sich am besten durch einen Lese- und Rechtschreibunterricht speziell für Jungen (schon von der ersten Klasse an) beheben. In der Mittelstufe ist dann ein nach Geschlechtern getrennter Sprachunterricht besonders hilfreich.

5 Wichtig ist zudem, dass Jungen in der Mittelstufe in kleinen Gruppen unterrichtet werden und dank geringem Lehrerwechsel zu den einzelnen (männlichen) Lehrkräften ein persönliches Verhältnis aufbauen können, da sie in diesen Jahren männliche Vorbilder und »väterliche« Betreuung brauchen.

6 Denken Sie daran, dass Verhaltensprobleme auf Lernstörungen hindeuten können und verschaffen Sie sich Klarheit über die Ursachen solcher Schwierigkeiten.

# Kapitel 9
# Jungen und Sport

## Weihnachts-Cricket

Mir ist bewusst, dass man bei Ihnen auf dem europäischen Kontinent mit Cricket, diesem ureigenen englischen Spiel, nicht viel anfangen kann. Aber überall in den Ländern des ehemals britischen Kolonialreichs (von Indien über Australien bis in die Karibik) wird dieses Schlagballspiel mit heller Begeisterung von Jung und Alt gespielt (und tagelang im Fernsehen konsumiert). In der folgenden Geschichte können Sie daher vielleicht Cricket durch Fußball ersetzen.

Jedes Jahr an Weihnachten versammelt sich die Familie meiner Frau (fünf Schwestern samt Ehemännern, Kindern und Großeltern und ein oder zwei weiteren Gästen aus dem ganzen Land) im Haus eines der Verwandten in Tasmanien. Ich bin jedes Mal sehr überrascht, wie schnell und unkompliziert all die Nichten und Neffen miteinander spielen, obwohl sie sich ein ganzes Jahr nicht gesehen haben.

Wir essen Paddys Gemüse und Nanas Gerichte und treffen uns dann alle hinter dem Haus auf einem freien Platz zu einem Cricket-Spiel. Ich bin jetzt seit zwanzig Jahren Zeuge dieses Schauspiels. Damals konnten viele der Kinder kaum einen Schläger in der Hand halten, doch inzwischen sind sie herangewachsen und die Teams werden immer größer.

Was mich jedoch an diesen alljährlichen Begegnungen am meisten fasziniert, ist die Art und Weise, wie die ansonsten eher ruhigen Männer auf dem Cricket-Platz plötzlich aus sich herausgehen. Dabei dreht sich alles um die Kinder, und das Konkurrenzdenken spielt eine so geringe Rolle, dass niemand auch nur den Spielstand zu nennen wüsste.

Da versucht etwa ein kleiner Junge einen Schlag auszuführen, und sämtliche anwesenden Männer loben und ermutigen ihn und beugen sich ganz nahe zu ihm herab, um ihm gewissermaßen durch ihre guten Wünsche zum Erfolg zu verhelfen. Ein Achtjähriger wirft den Ball meterweit am »Wicket« vorbei und die älteren Männer rufen: »Gut gemacht!« und »So ist es richtig!« Jemand gibt einem der Jungen flüsternd einen Tipp, ein anderer läuft zu einem der kleinen Spieler hinüber, um einen Griff zu korrigieren. Einer der Jungen trifft den Ball nicht, darf aber trotzdem im Spiel bleiben und es noch einmal versuchen.

Doch herrscht nicht nur eitel Sonnenschein. Zwei zehnjährige Jungen wollen unbedingt die korrekte Einhaltung der Regeln erzwingen. Es kommt zu einem Streit. Einer der beiden fühlt sich betrogen. Sein Vater nimmt ihn beiseite, redet ihm gut zu und erklärt ihm: »Wir machen das hier doch nur zum Spaß, nicht um zu gewinnen« – was dem Zehnjährigen zunächst nicht recht einleuchten will. Sport hat tatsächlich viel mit Persönlichkeitsbildung zu tun.

Das Spiel geht weiter. Im gleißenden Sonnenlicht fühle ich mich in der Zeit zurückversetzt und überlege, wie die älteren Männer wohl gelernt haben, so mit Kindern umzugehen – eine Tradition der Fürsorglichkeit für die Jungen, die bis an die Wurzeln der Menschheitsgeschichte zurückreicht. Ja, der Sport kann dazu dienen, die Fürsorglichkeit junger Menschen zu entwickeln, soziales Verhalten zu erlernen und die Generationen zusammenzubringen.

## Sport – ein zweischneidiges Schwert

Im Leben der meisten Jungen spielt der Sport eine wichtige Rolle. Doch sportliche Aktivitäten können ebenso viel Nutzen wie Schaden anrichten. Sie können einem Jungen ein Zugehörigkeitsgefühl vermitteln, seinen Charakter und sein Selbstbewusstsein stärken und ihn gesundheitlich widerstandsfähiger machen. Sie können ihn aber auch körperlich schädigen, ihn geistig-seelisch verbiegen, ihm schlechte Werte vermitteln und Versagensängste in ihm schüren.

Seit Anbeginn der Geschichte haben sich die Menschen sportlich betätigt. Selbst im Mittelalter spielten die Leute bereits eine Vorform des Fußballs. In den meisten Kulturen gab es außerdem Laufwettbewerbe. Die Römer hatten Gladiatoren und die Griechen die Olympischen Spiele. Und wenn der Sport auch nicht gerade als männliche Domäne gelten kann, haben sich Jungen doch von jeher besonders zu ihm hingezogen gefühlt – vielleicht um auf diese Weise ihren Energieüberschuss abzubauen und wohl auch um sich von ihrer besten Seite zu zeigen.

In Australien – und vermutlich auch in Europa – hat der Sport schon beinahe einen sakralen Status. Keine Religion erweckt so viel Leidenschaftlichkeit, hat auch nur annähernd so viele Anhänger und erzeugt eine vergleichbare Begeisterung. Deshalb ist es für die Eltern eines Jungen unerlässlich, sich mit der Herausforderung auseinander zu setzen, die der Sport darstellt. Beschäftigen wir uns deshalb zunächst einmal mit seinen positiven Aspekten.

## Sport bringt Männer und Jungen einander näher

Der Sport eröffnet einem Jungen die Chance, seinem Vater und anderen Jungen und Männern – dank eines, auf vielen anderen Feldern nicht unbedingt selbstverständlichen, gemeinsamen Interesses – näher zu kommen. Völlig Fremde können sich miteinander über Sport unterhalten – also können das auch Väter und Söhne. Etliche meiner männlichen Freunde haben schon zu mir gesagt: »Wenn ich mit meinem alten Herrn nicht über Cricket, Tennis oder Golf reden könnte, wüsste ich überhaupt nicht, worüber ich mit ihm sprechen sollte.«

Der Sport eröffnet Mittel und Wege, sich in eine Gemeinschaft zu integrieren. So werden etwa neu in Australien eintreffende Einwandererkinder meist sofort gefragt: »Welche Mannschaft findest du am besten?« (Als ob die Leute in Albanien, im englischen Manchester oder auf Sizilien nichts Besseres zu tun hätten, als sich über australische Football-Teams den Kopf zu zerbrechen!)

## Sport bietet die Möglichkeit, gefahrlos Zuneigung zu zeigen

Einer meiner Freunde ließ sich – obwohl er eigentlich gar keine rechte Lust hatte – kürzlich überreden, in einer Cricket-Mannschaft mitzuspielen. Nach eigenem Bekunden erwartete er, sich »bei all dem Machogehabe zu Tode zu langweilen«. Doch dann war er sehr überrascht, als sich diese Erwartung überhaupt nicht erfüllte. Die Männer gingen vielmehr unglaublich freundlich miteinander um. Jeder Einsatz wurde gelobt, man gab sich gegenseitig Tips (nahm sich zwischendurch gegenseitig auf den Arm) und bewunderte allgemein die Energie und Tüchtigkeit der jungen und die Erfahrung und Weitsicht der älteren Männer. Am meisten erstaunte meinen Freund jedoch, dass er einige der Männer aus ihrem familiären und beruflichen Umfeld kannte. Doch hier benahmen sie sich völlig anders. Offenbar waren die Struktur und die Rituale des Teams so beschaffen, dass sich dort jeder der Männer von seiner besten Seite zeigen konnte. Mein Freund war über diese Erfahrung außerordentlich erfreut.

## Lektionen für das Leben

Weil im Sport Männer und Jungen am intensivsten miteinander zu tun haben, übernehmen Jungen auf dem Sportplatz auch viele der Einstellungen und Werte, die sie ein Leben lang begleiten. Schon in einem Alter, in dem er kaum einen Schläger halten oder einen Ball richtig wegkicken kann, lernt ein kleiner Junge deshalb:

- ein guter Verlierer zu sein (nicht zu weinen, jemanden zu schlagen oder ihm den Ball wegzunehmen und davonzulaufen, wenn man verliert);
- ein guter Gewinner zu sein (d. h. bescheiden zu sein, sich nichts einzubilden und andere nicht zu verletzen);
- in einer Mannschaft mitzumachen (also teamorientiert zu spielen, die eigenen Grenzen zu erkennen und die Bemühungen anderer zu unterstützen);
- sein Bestes zu geben (und gegebenenfalls trotz Müdigkeit zu trainieren und sich wirklich anzustrengen);
- für langfristige Ziele zu arbeiten (und dafür auch Opfer zu bringen);
- dass fast alles im Leben sich durch Übung verbessern lässt.

Australische Eltern unternehmen die größten Anstrengungen, um ihren Kindern die aktive Teilnahme am Sport zu ermöglichen. Die Vorteile liegen auf der Hand: Spaß, Fitness und frische Luft, Charakterbildung und Freundschaften. Auch das Gefühl, etwas zu leisten und dazuzugehören, sollte man nicht unterschätzen. Und tatsächlich profitieren die Kinder von diesen körperlichen Aktivitäten sehr.

Aber leider gibt es auch eine Kehrseite der Medaille: Denn die weit verbreitete Meinung, dass Sport nur Gutes bewirkt, ist zuletzt erheblich ins Wanken geraten. Der Sport verändert sich und das nicht nur zu seinem Vorteil. Es gibt körperliche und seelische Risiken, und die heutigen Eltern müssen ein wenig mehr darauf achten, als dies noch vor einer Generation der Fall war. Doch warum ist das so?

## Negative Rollenvorbilder und die »Sport«-Kultur

Der Sport und seine Heroen sind in unserer Gesellschaft zu einer Art Besessenheit geworden. Man stelle sich nur vor, jemand würde vorschlagen, dass wir während der letzten zehn Minuten der Abendnachrichten Berichte über Holzfäller oder Briefmarkensammler zu sehen bekämen. Der Sport genießt heute schon ein solches Prestige, dass fast jeder – wenigstens in der Freizeit – in Sportkleidung herumläuft.

Wir Eltern möchten diesen Einfluss des Sports nutzen, um aus unseren Kindern bessere Menschen zu machen. Doch können diese Bemühungen auch gerade das Gegenteil bewirken. Besonders im Bereich des von Männern dominierten Sports sehen leicht beeindruckbare Kinder zahlreiche in ihrer geistig-seelischen Entwicklung zurückgebliebene Sportgrößen, die wahrlich alles andere als gute Vorbilder abgeben.

Wo sonst sind so viele Demonstrationen der Gewalt, des Egoismus, Zornausbrüche, sexuelle Rohheit, Alkoholmissbrauch, Rassismus und brutale Übergriffe zu besichtigen wie auf dem Sportplatz? Ein Junge, der Rugby oder Fußball spielt, kann durchaus lernen, sich mutig und stark zu verhalten, genauso gut aber kann er lernen, sich bis zur Besinnungslosigkeit zu betrinken, brutal aufzutreten oder Frauen zu belästigen.

Die für den Sport Verantwortlichen – Betreuer, Trainer, Eltern und Funktionäre – gleichen in gewisser Hinsicht den Anführern eines Stammes. Sie sollten deshalb daran denken, dass Sport ein Spiel ist und dass der Sport für die Spieler da ist und nicht etwa die Spieler für den Sport (oder einen Sponsor). Wenn der Sport unseren Nachwuchs nicht besser auf das Leben vorbereitet, dann sollten wir lieber angeln gehen.

## Die Talentfalle

Niederlagen und Misserfolge sind ein Problem im Sport, doch manchmal können auch Erfolge zu Schwierigkeiten führen. Nur wenige Jungen erhalten heutzutage ausreichend männliche Zuwendung. Doch wenn sich ein Junge als talentierter Fußball-, Cricket- oder Tennisspieler erweist, bekunden die Erwachsenen plötzlich ein gesteigertes Interesse an ihm. Sein Vater oder sein Trainer überhäuft ihn unversehens mit Lobeshymnen. Und so steigt der Junge auf der Leiter seines sportlichen Erfolges empor. Die Männer haben nun jemanden, der ihnen stellvertretend ihre Träume erfüllt, und der Junge erhält das Lob und die Anerkennung, nach der er sich sehnt.

Doch was ist, wenn der Junge sich einmal verletzt? Was ist, wenn er die ihm von der Natur gesetzten Grenzen erreicht – oder wenn er wegen der übermäßigen Belastung Drogen nimmt oder sich durch übertriebenes Training kaputt macht? Plötzlich fällt

## Ein Trainer aus der Hölle!

Der vierzehnjährige Jeff war ganz versessen auf Rugby. Da es an seiner Schule für seine Altersgruppe keine Mannschaft gab, brachte sein Vater ihn zu einem örtlichen Club, der auch ein Team für unter Fünfzehnjährige hatte. Diese Mannschaft war in den vergangenen Jahren jeweils bis ins Endspiel vorgerückt, hatte jedoch keines dieser Finalspiele für sich entscheiden können.

Um hiergegen etwas zu tun, hatte man einen neuen Betreuer angeheuert – einen großgewachsenen, aggressiven Ex-Footballer –, der die Stürmer trainieren sollte. Jeffs Vater Marcus wurde zufällig von der Seitenlinie aus Zeuge, wie der neue Betreuer eines Abends kurz vor dem großen Spiel mit den Jungen sprach. Er war schockiert, als er die Anweisungen des Mannes hörte: »Sobald ihr zum ersten Mal mit den Spielern der anderen Seite in den ›Clinch‹ geht, möchte ich, dass ihr sie mit aller Kraft ins Gesicht schlagt.«

Einer der Jungen war sich nicht sicher, ob er richtig gehört hatte. »Sie meinen, äh, wenn die mich angreifen?« stammelte er.

»Nein, du Blödmann [in diesem Ton sprach der Betreuer unentwegt mit den Jungen], ihr schlagt auf sie ein, bevor sie auch nur wissen, was los ist. Verstanden?«

Marcus spürte, wie er vor Wut zitterte und wäre am liebsten auf den Platz gerannt, weil das, was er soeben gehört hatte, absolut nicht seiner Vorstellung von Sport entsprach. Aber er besann sich eines Besseren und dachte erst einmal nach. Abends rief er dann einen Freund an, der ebenfalls als Rugby-Trainer tätig war. Dieser bestätigte ihm, dass solche Schlä-

die gewohnte Anerkennung weg, und die älteren Männer sind enttäuscht. Die allgemeine Bewunderung der Umwelt schlägt unversehens in Ablehnung um. Tausende junger Menschen sind auf diese Weise zerstört oder missbraucht worden. Je talentierter ge gegen die Bestimmungen sind und sogar zu einem Feldverweis führen können – und natürlich gegen jeden sportlichen Ehrenkodex verstoßen.

Marcus wusste, dass er dem Coach die Meinung sagen musste. Und so trat er ihm eines Tages nicht ohne eine gewisse Beklommenheit entgegen, denn der Betreuer war ein Schrank von einem Mann. Doch der Mann winkte nur lachend ab: »Ach, diese Hosenscheißer, die würden es ja sowieso nie wagen, einem Gegner ins Gesicht zu schlagen. Ich wollte sie nur ein bisschen scharf machen, die kleinen Schisser. Die würden sich das sowieso nicht trauen.«

Handelte es sich also um einen Betreuer, der gar nicht erwartete, dass seine Anweisungen befolgt würden, oder versuchte der Mann jetzt nur abzuwiegeln oder meinte er vielleicht gar nicht, was er sagte? Egal. Jeffs Vater jedenfalls beschloss, dass dies für seinen Sohn nicht der richtige Ort sei, um die Regeln des Lebens kennen zu lernen. Also sprach er mit seinem Sohn darüber und dieser verabschiedete sich bereitwillig aus dem Rugby-Team. Im folgenden Jahr spielte er an seiner Schule in einer Mannschaft mit, die von einem charakterlich gefestigteren Mann geleitet wurde.

»Wenn ich jetzt so zurückblicke«, erklärte mir Marcus später, »dann habe ich von vornherein gewusst, dass mit dieser Mannschaft nichts los ist. Der Trainer hat die Jungen ständig nur fertig gemacht. Es gab dort keinen Gruppengeist, kein Lob, keine Persönlichkeitsbildung, keinen Spaß. Und obwohl die Jungen dort dreimal ins Endspiel gekommen sind, wurden sie ständig wie Versager behandelt.«

Jeffs Vater war deshalb erfreut, dass er das Problem erkannt und seine Konsequenzen gezogen hatte.

ein Kind ist, umso wichtiger ist es, dass seine Eltern es vor »Sportmissbrauch« schützen, also vor der – auch bei Eltern verbreiteten – Neigung der Erwachsenen, die sportlichen Erfolge begabter Kinder zum eigenen Vorteil zu benutzen.

## Wie Rollenvorbilder wirken

Kinder und Jugendliche ahmen Rollenvorbilder meist kritik- und einschränkungslos nach. Wenn ein Mann gut Basketball spielt, dann versuchen kleine Jungen ihm nicht nur sportlich nachzueifern, sie übernehmen auch seine Moral, seine Art von Humor, seine Einstellungen und seinen Lebensstil. (Auf diesem Prinzip beruhen das gesamte Sponsorentum und jene gigantische Industrie, die weltweit von der Werbung im und mit dem Sport lebt.)

Wenn die verantwortlichen staatlichen Stellen junge Menschen davon überzeugen wollen, dass das Rauchen schadet oder dass es besser ist, ein Kondom zu verwenden oder Müll nicht einfach wegzuwerfen, dann starten sie eine Kampagne mit einem Sportler als Aushängeschild. Wenn eine Firma beispielsweise eine bestimmte, für Wirtschaftsunternehmen nützliche Software besser verkaufen will, engagiert sie einen Segler oder Golfer. Und so absurd es manchmal auch erscheinen mag, nach solchen Erfolgskriterien wird in unserer Gesellschaft die Männlichkeit eines Mannes bemessen – und tatsächlich funktioniert dieser Mechanismus auch noch. Wenn eine ganze Zivilisation davon überzeugt ist, dass die Bedeutung eines Mannes davon abhängt, wie er einen Golfball schlägt, dann stecken wir wirklich schon tief drin im Schlamassel (An die Olympischen Spiele bei uns in Sydney denke ich in diesem Zusammenhang besser nicht.)

Bei Ihnen in Europa, wo es kühler ist und die Leute nicht soviel Zeit im Freien verbringen, ist der Sport nicht wie bei uns die einzige Freizeitbeschäftigung. Es gibt bei Ihnen eine Vielzahl von Möglichkeiten, sich als Mann zu zeigen. Viele Jungen in Europa bewundern Musiker, Künstler, Kunsthandwerker oder Filmemacher und lassen sich von diesen in den entsprechenden Fertigkeiten unterweisen.

Leider ist es so, das australische Jungen auf weniger Rollenvorbilder zurückgreifen können als in anderen Teilen der Welt. In Australien ist man entweder Sportsmann oder gar nichts. Das ist kein guter Zustand. Sport ist eine durchaus gute Sache, aber eben nicht für jeden.

## Sportverletzungen

Sport ist gesund – sagt man. Die Statistiken aber stützen diese Aussage nicht. Der Forscher Richard Fletcher, der sich vor allem mit der Gesundheit von Männern befasst hat, hat festgestellt, dass manche Sportarten so gefährlich sind, dass man besser zu Hause bleiben und fernsehen sollte.

Viele Spitzenathleten und Sportler leiden bereits früh unter schmerzhaften körperlichen Verschleißerscheinungen. Betroffen von solchen Folgeerscheinungen sind – nach zahllosen Zusammenstößen auf dem Spielfeld, übermäßiger Inanspruchnahme und übertriebenem Training – häufig die Gelenke, Sehnen und Bänder; aber auch Kopfverletzungen sind gar nicht so selten. Prellungen und Verrenkungen, wie sie im sportlichen Wettkampf immer wieder auftreten, führen häufig in späteren Jahren zu schmerzhafter Arthritis. Es ist deshalb kaum zu leugnen, dass bestimmte Sportarten für Kinder schlicht zu gefährlich sind.

Doch das eigentliche Problem ist das Konkurrenzdenken. Wer um jeden Preis gewinnen will, geht unnötige Risiken ein, reagiert aggressiv und nimmt von körperlichen Belastungsgrenzen keine Notiz. Die Schuld daran tragen die Erwachsenen. Kinder sind im Großen und Ganzen damit zufrieden, Spaß zu haben. Sie sind nicht fanatisch, es sei denn, wir stacheln sie an.

Allein in New South Wales müssen alljährlich 2000 Kinder wegen Sportverletzungen in den Unfallstationen der Krankenhäuser behandelt werden. (In dieser Zahl sind noch nicht einmal jene Kinder enthalten, die beispielsweise in Privatpraxen und von Physiotherapeuten betreut werden.) Etwa 400 dieser Verletzungen sind so schwer wiegend, dass sie eine langfristige Therapie oder gar einen Krankenhausaufenthalt erforderlich machen. Die meisten dieser Verletzungen treten bei Mannschaftssportarten wie Rugby, Fußball, Basketball und Volleyball auf, und zwar in der genannten Abfolge.

Die von Schulkindern am häufigsten davongetragenen Verletzungen sind Verstauchungen, Prellungen, Muskelzerrungen und Knochenbrüche. In den vergangenen Jahren sind sogar einige Jungen beim Rugby zu Tode gekommen, andere haben sich schwere Kopf- und Rückgratverletzungen zugezogen. Und die Zahl der Verletzungen nimmt mit zunehmendem Alter sogar noch zu. Zwischen dem zwölften und dem sechzehnten Lebensjahr steigt die durchschnittliche Verletzungsrate um das Siebenfache an. (Testosteron in Aktion, kann man da nur sagen!)

## Und was, wenn ein Junge unsportlich ist?

Ein weiteres großes Problem, vor das der (immer mehr dem Konkurrenzdenken verhaftete) Sport viele Kinder stellt, ist der Umstand, dass unsportliche Jungen einfach ausgegrenzt werden. Ich war als Kind ein großer Fußballfan. Mein Vater sorgte deshalb dafür, dass ich in unserem Ort in eine Jungenmannschaft aufgenommen wurde. Doch da ich nicht zu den besten Spielern zählte, wurde ich nie in einem Punktspiel eingesetzt. Zudem hatte ich die falschen Schuhe. Das Ganze war für mich sehr erniedrigend. Meine fußballerischen Aktivitäten beschränkten sich auf gelegentliches »Bolzen« auf dem Schulhof, und irgendwann ließ ich es ganz sein.

Ein weiteres Problem im Sport ist der Druck, den viele Eltern ausüben. Wenn ein Vater ein großer Sportler ist (oder sich we-

nigstens dafür hält), dann kann es geschehen, dass sein Sohn in Schwierigkeiten gerät, falls er sich als unsportlich erweist. Ein vernünftiger, selbstbewusster Vater ist aber auch dann stolz auf seinen Sohn, wenn dieser gut tanzt, malt oder sich mit dem Computer besonders gut auskennt. Frustrierte Väter dagegen sind nicht selten problematisch. Umgekehrt ist wiederum ein Vater, der sich für Sport nicht interessiert, für einen Sohn nicht ganz einfach, dem Sport sehr viel bedeutet.

Wichtig ist deshalb, dass Sie eine Beschäftigung finden, die Ihnen beiden – also Vater und Sohn – Spaß macht. Werden Sie nicht zum Taxifahrer und kutschieren Ihren Sohn von einem Training zum anderen – es sei denn, er zeigt sich echt interessiert, und Sie haben das Gefühl, dass es sich lohnt. Halten Sie nach gemeinsamen Interessen Ausschau. Viele Väter bringen heutzutage eine Menge Zeit und Geld auf, damit andere ihre Söhne betreuen und trainieren. Doch diese Fremden stehen Ihrem Kind oft völlig gleichgültig gegenüber und geben nur wenig von sich.

Deshalb kann es im Einzelnen durchaus sinnvoller sein, wenn Sie eine Aktivität auswählen, die Ihnen beiden Spaß macht. Wenn sie zum Beispiel gemeinsam Fußball oder Tennis spielen, zusammen angeln gehen oder hinter dem Haus einen Basketballkorb aufhängen, so ergibt sich auch die Gelegenheit, sich zu unterhalten und sich schlicht am Zusammensein zu freuen.

## Machen Sie etwas Gutes daraus

Just in diesem Augenblick hüpfen und springen, lachen und kreischen überall auf der Welt, in jedem Dorf, in jeder kleinen und großen Stadt zahllose Kinder voll Übermut und Freude und amüsieren sich bei Sport und Spiel. Für die meisten von ihnen sind diese Aktivitäten eine wundervolle Abwechslung. Solange wir Erwachsenen die Bedeutung des Sports nur richtig einschätzen, uns gemeinsam mit unseren Kindern an solchen Spielen erfreuen und ihnen die richtige Einstellung dazu vermitteln, ist alles in Ordnung.

Viele Ratschläge in diesem Kapitel verdanke ich Dr. Peter West, der viel über die Bedeutung des Sports im Leben eines Jungen geschrieben hat. (Auch zum Thema Sport hat der Beust Verlag einen KidsWorld-Ratgeber mit dem Titel *Gewinnen und Verlieren* herausgegeben).

## Kurzgefasst

1 Sportliche Aktivitäten können für Kinder ein wahrer Segen sein, da sie den Körper fordern, Spaß machen, eine Herausforderung darstellen und das Gefühl vermitteln, etwas geleistet zu haben. Sie sind zudem ein gemeinsames Band zwischen Vätern und Söhnen sowie Jungen und Männern im Allgemeinen.

2 Sportliche Aktivitäten können zur Charakterbildung und zur Entwicklung der eigenen Männlichkeit beitragen und dabei helfen, etwas über das Leben zu lernen.

3 Bedauerlicherweise hat der Sport sich in den letzten Jahren sehr zu seinem Nachteil entwickelt. Manche Sportarten begünstigen geradezu negative Persönlichkeitszüge wie Aggressivität, Egoismus, sexuelle Aufdringlichkeit und übermäßigen Alkoholgenuss. Das Bestreben, »um jeden Preis zu gewinnen«, verdrängt zunehmend die echte Sportlichkeit und das Vergnügen, sich dem sportlichen Spiel um seiner selbst willen hinzugeben.

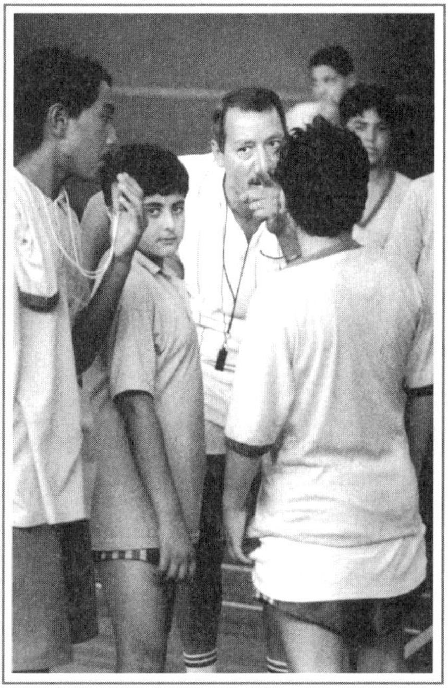

4 Wenn Konkurrenzdenken und Gewinnen einen solchen Stellenwert erhalten, läuft ein talentierter Junge Gefahr, innerlich aus dem Gleichgewicht zu geraten. Wer im Sport zu hart zur Sache geht, trägt oft bleibende Schäden davon.

5 Die Überbetonung des Konkurrenzdenkens schließt viele nicht so begabte Kinder von sport-

lichen Aktivitäten aus. Wissenschaftler haben festgestellt, dass immer mehr Jungen sich gar nicht erst mit Sport befassen.

6 Sportliche Aktivitäten müssen gemeinschaftsorientiert und ungefährlich sein. Sie sollten ferner den Elitegedanken nicht in den Vordergrund stellen und allen Beteiligten Spaß machen. Jungen brauchen sportliche Betätigung. Deshalb müssen wir verhindern, dass kommerzielle Erwägungen und unverantwortliche Funktionäre die Oberhand gewinnen.

# Kapitel 10
# Eine Herausforderung für die ganze Gemeinschaft

Die geistig-seelische Energie eines Jungen ist zu groß, als dass eine einzige Familie seine diesbezüglichen Bedürfnisse zufrieden stellen könnte, und auch sein Horizont sprengt den Rahmen der eigenen Familie. Mit fünfzehn, sechzehn Jahren möchte ein Junge den Sprung in die eigene Zukunft wagen, aber er braucht einen Ort, wohin er springen kann, und starke Arme, die ihn stützen. Das heißt, ein Junge muss in ein soziales Umfeld eingebunden sein, das ihn trägt.

Wenn Eltern ebenfalls in ein solches Umfeld eingebunden sind, können wir uns darauf verlassen, dass andere Erwachsene, sei es als Individuen oder als Angehörige organisierter Gruppen, dabei behilflich sind, unsere Sprösslinge mit dem nötigen Selbstbewusstsein auszustatten und ihnen ein Gefühl der Zugehörigkeit zu geben. Ist ein solches soziales Umfeld – also ein Netzwerk engagierter Erwachsener, die sich ganz bewusst auch um die Kinder der anderen Eltern kümmern – nicht vorhanden, dann kann es für die jungen Leute in der Zeit der Adoleszenz zu erheblichen Schwierigkeiten kommen.

Der Übertritt in das Erwachsenenalter verlangt eine gemeinschaftliche Anstrengung. Doch wie geht man dabei am besten vor? Welche Methoden sind am besten geeignet und zu welchem Zeitpunkt ist was zu tun? Und worauf kommt es besonders an? Einige der nötigen Maßnahmen sind rein praktischer Natur: So ist es etwa wichtig, jungen Leuten zuzuhören, ihnen bestimmte

Fähigkeiten zu vermitteln, ihren Denk- und Handlungsspielraum zu erweitern, sie zur Vorsicht zu mahnen und vor Gefahren zu schützen. In anderen Punkten wiederum kommt es mehr auf eine Art »magische« oder geistige Beeinflussung an.

Um dies zu verdeutlichen, habe ich drei Geschichten an das Ende dieses Buches gestellt. Jede Geschichte hat etwas damit zu tun, wie das soziale Umfeld eines Jungen diesem dabei hilft, zu einem Mann heranzuwachsen. Und jede Geschichte ist anders: Einmal handelt es sich um ein Rugbyspiel, im zweiten Fall um eine Schule in einem armen Stadtviertel und schließlich um einen Inselaufenthalt.

## Gewinnen und verlieren – mit Haltung

Das alljährliche Spiel zwischen den beiden stolzesten katholischen Schulen Sydneys, dem St. Joseph's College und der Schule in Riverview, hat für Rugby-Fans von jeher eine ganz besondere Bedeutung.

Doch die Liste der Erfolge, auf die das St. Josephs College verweisen kann, ist geradezu ehrfurchtgebietend. Und so schien es fast undenkbar, dass ein Gegner dieser Mannschaft den Siegespreis jemals werde entreißen können.

Doch 1996 lagen die Dinge plötzlich anders. Die Mannschaft aus Riverview war außergewöhnlich stark und wusste, dass sie diesmal das Unmögliche erreichen konnte. Unter einem strahlend blauen Himmel ergriff deshalb die Zuschauer an diesem Tag das Gefühl, einem historischen Ereignis beizuwohnen.

Im Fortgang des Spiels wurde dann den 15 000 Eltern und ehemaligen Schülern, die sich im Stadion versammelt hatten, klar, dass vor ihren Augen tatsächlich das Undenkbare geschah und St. Joseph's das Spiel verlieren würde. Obwohl sich die St.-Joseph's-Spieler redlich Mühe gaben und den Punktstand in der letzten Hälfte noch einmal zu ihren Gunsten verbessern konnten, gab die Riverview-Mannschaft die Führung nicht mehr ab. Schon bald ertönte die Schlusssirene und setzte der langen Siegesserie des St.-Joseph's-Teams ein Ende.

Das Spiel war vorbei – die Sieger streckten die Fäuste in die Luft und sprangen umher. Dann passierte plötzlich etwas sehr Eindrucksvolles. Die Verlierermannschaft stellte sich in dem Stadion im Kreis auf, hakte sich bei den Armen ein und stand wie in ein Gebet versunken da. Doch offenbar ging es nicht so sehr darum, die Niederlage zu verarbeiten. Die Spieler würdigten vielmehr schweigend den historischen Augenblick und die gemeinsame Anstregung. Doch dann erlebten die Menschen in dem Stadion einen geradezu magischen Augenblick. Denn von allen Seiten traten jetzt Männer, die das St.-Joseph's früher selbst einmal besucht hatten, und die Väter der Jungen an den Kreis heran und legten den jungen Spielern – ebenfalls einen Kreis bildend – die Arme um die Schultern. Und so standen jetzt plötzlich mehrere hundert Männer da und bildeten einen kraftvollen Ring männlicher Anmut.

Die Leute, die gerade die Tribünen verließen, standen wie angewurzelt da und sahen zu. Wer gewonnen oder wer verloren hatte, spielte jetzt keine Rolle mehr. Was allein zählte, war der gemeinsame Einsatz, das Gefühl, dass die Spieler dort unten zusammen für ein großes Ziel gekämpft hatten – ein gemeinschaftliches Ziel, das so alt war wie die Mammutjagd, die Verteidigung einer Stadt oder die 1000 anderen Projekte, zu deren Bewältigung sich Männer seit Jahrtausenden aus guten Gründen immer wieder zusammenschließen. Was dort unten stattfand, war eine Feier der Jugend und ihrer Herrlichkeit.

Keiner, der in jenem Kreis gestanden hat, wird dies je vergessen und alle haben diesen Tag als eine Bereicherung ihrer Männlichkeit erfahren.

## Männer bei der Arbeit

Ein großes neuseeländisches Unternehmen wollte sich in seiner Heimatgemeinde nützlich erweisen, doch nicht etwa aus bloßer Nächstenliebe, sondern durchaus aus Eigeninteresse. Für gewöhnlich hätte man bei einer solchen Gelegenheit vielleicht ein Jugendzentrum gestiftet oder einen Park angelegt. Doch die Unternehmensleitung ließ sich von einigen klugen Menschen dazu überreden, in der heruntergekommenen Gegend, in der das Unternehmen angesiedelt war, eine Art Patenschaft für die dortige Schule zu übernehmen – das heißt, nicht etwa Geld, sondern vor allem Zeit zu investieren.

Sämtliche Mitarbeiter der Firma erhielten die Erlaubnis, in jene Schule hinüberzugehen und dort einem ausgewählten Kind, das Hilfe brauchte, Nachhilfeunterricht in Mathematik, Lesen oder Schreiben oder bei der Entwicklung bestimmter motorischer Fähigkeiten zu geben. Sie konnten dieser Tätigkeit während der wöchentlichen Arbeitszeit zwei Stunden lang nachgehen. Die Schule koordinierte dieses Programm und das Unternehmen kam für die Bezahlung der entsprechenden Mitarbeiter auf.

Und so erhielten Kinder, die für ihren schulischen Erfolg auf zusätzliche Unterstützung angewiesen waren, von einem bestimmten Erwachsenen während der Schulzeit wöchentlich zwei Stunden Nachhilfeunterricht. Diese Maßnahme war so erfolgreich, dass die Schule bereits nach zwei Jahren auf der nationalen Bewertungsskala einen deutlichen Sprung nach vorne machte. Und das war nur eine der positiven Wirkungen. Denn natürlich gewannen die betroffenen Kinder durch diese Art der Anleitung auch mehr Selbstwertgefühl und entwickelten eine wesentlich positivere Lebenseinstellung.

Was würde wohl geschehen, wenn unsere zahlreichen wohltätigen Organisationen, aber auch unsere Wirtschaftsunternehmen nicht nur Geld, sondern auch menschliche Zuwendung einsetzen würden, um das Dasein unserer Kinder ein wenig zu bereichern? Es ist schwer zu sagen, wo ein solches Engagement an seine Grenzen stoßen würde. Wer mit Kindern zu tun hat, die in Schwierigkeiten stecken, verändert seine Sicht der Dinge. Und auch der Nutzen ist durchaus wechselseitig. Wäre so etwas nicht auch in einer Organisation möglich, in der Sie tätig sind? Vielleicht kann ein solcher Einsatz, würde er in dem richtigem Umfang geleistet, die ganze Welt verändern.

## Initiation

Es ist Herbst auf einer Insel vor der wunderschönen Küste des australischen Bundesstaates Victoria. Zwölf Männer und neun Jünglinge zwischen vierzehn und neunzehn Jahren hatten sich zwei Tage zuvor mit Rucksäcken und warmen Decken ausgerüstet und auf die Fähre gedrängt, die zu jener Insel hinüberfuhr. Jetzt warten sie auf die Rückkehr, um sich wieder zum Festland übersetzen zu lassen. Sie alle strahlen eine heiter-nachdenkliche Gelassenheit aus, so klar wie das sanft wogende Wasser an dem geschützten Anlegeplatz.

Sieben der Jungen sind Söhne der anwesenden Männer. Zwei der jungen Männer sind ohne Vater angereist. Einige der Männer sind verheiratet, andere geschieden, einer ist allein erziehender Vater.

Am Vortag waren sie zu einer abgelegenen Hütte auf der Insel hinübergewandert, hatten dort gekocht, die Gegend erkundet und an dem unberührten, windgepeitschten Strand gespielt oder ein Bad genommen. Abends hatten sie sich dann die Decken übergeworfen und waren in der Dunkelheit zu einem Platz hinübergegangen, wo zuvor schon Holz für ein Feuer aufgeschichtet worden war. Die Jungen saßen nervös witzelnd da und harrten gespannt der Dinge, die da kommen sollten.

Als das Feuer entzündet war, standen die zwölf Männer, die um die Glut herumsaßen, der Reihe nach auf und berichteten über ihr Leben. Manche sprühten vor Witz, andere sprachen eher stockend und gefühlsbetont. Danach erhoben sich noch einmal die einzelnen Väter und sprachen ein paar Worte über ihre Söhne. Jeder von ihnen redete über die Eigenschaften seines Sohnes, berichtete über schöne Erinnerungen und erzählte von seiner Liebe. Aber auch für die ohne Vater angereisten Jungen sprach je einer der Männer und ergänzte seine Rede noch durch die schriftlichen Mitteilungen, die der Großvater des einen Jungen und der im Gefängnis einsitzende Vater des anderen der Gruppe mit auf den Weg gegeben hatten.

Väter, die ihre Söhne ganz offen loben. Diese Erfahrung war für die meisten Anwesenden so einzigartig, dass viele der Jungen mit feuchten Augen im Dämmerlicht der Flammen dasaßen. Doch waren diese Tränen ein Ausdruck des Trostes und der Rührung und ganz und gar nicht des Kummers oder der Scham.

Als die Männer fertig waren, erzählte jeder der Jungen (mit erstaunlicher Eloquenz) von seinem eigenen Leben, seinen Werten und Hoffnungen.

Einige der Männer lasen Gedichte vor. Dann wurde eine Geschichte erzählt, in der Elemente aus der Mythologie der australischen Ureinwohner mit Themen aus dem anglo-keltischen Sagenkreis verschmolzen waren. Sie sangen Lieder, nahmen gemeinsam ein Essen ein und gingen dann in den frühen Morgenstunden zum Schlafen in ihr Lager zurück.

Im weiteren Verlauf unterhielten sich die Männer und die Jugendlichen in kleinen Gruppen über die Lebenspläne der Jungen und deren Ziele für das kommende Jahr. Diese Ziele wurden dann bei einem abschließenden Zusammentreffen der ganzen Gruppe auf rituelle Weise vorgetragen. Einer der Jungen wollte wieder die High School besuchen und sie mit einem qualifizierten Abschluss beenden. Ein anderer wollte sich einen Job suchen, wieder ein anderer hatte sich vorgenommen, seine Drogenabhängigkeit zu überwinden. Einige der Jungen wollten aber auch ein Unrecht wieder gut machen, das sie begangen hatten. Einer plante, sich eine Freundin zu suchen und noch ein anderer wollte sich »wieder mit Mami vertragen«.

Die Erwachsenen sagten jedem der jungen Männer ihre Unterstützung zu. Sie versprachen, ihnen bei ihren Studien zu helfen. Einer bot einem der Jungen an, ihn nach Melbourne zu fahren, wo dieser sich bei seiner Großmutter entschuldigen wollte, der er Geld gestohlen hatte. Außerdem einigte sich die Gruppe darauf, sich in einem Jahr wiederzutreffen, um die beschlossene Kooperation abermals zu bekräftigen.

Über ihnen am nächtlichen Himmel strahlten die Sterne, als die Fähre sie jetzt zum Festland zurückbrachte, wo jeder von ihnen seine guten Vorsätze verwirklichen wollte.

Seit der Veröffentlichung meines Buches *Männer auf der Suche* sind Hunderte von Menschen an mich herangetreten, um Näheres über die Einführung junger Menschen in die Geheimnisse des Erwachsenseins zu erfahren. In manchen Kulturen – etwa der jüdischen oder der islamischen – gibt es bis heute Initiationsrituale, mit denen junge Männer ins Erwachsenenleben zugleich aufgenommen und entlassen werden. Auch die Traditionen und Mythen der australischen Ureinwohner haben sich wenigstens zum Teil erhalten und können für diesen Zweck betrachtet werden.

Zwar befindet sich unsere Gesellschaft in vielen Bereichen in einer Art Auflösungsprozess, doch sind wir andererseits überall von den Elementen jener alten Kulturen umgeben, aus denen wir hervorgegangen sind. Wir müssen nur sehen, wie wir diese zu einem neuen und eigenen Weg verschmelzen. Für die heutige Generation unserer Jungen ist entscheidend, dass wir endlich damit beginnen.

# Anhang
## Einige Anmerkungen zum Hyperkinetischen Syndrom

Über die Ursachen des so genannten Hyperkinetischen Syndroms (engl. Attention Deficit Disorder oder ADD) besteht bis heute in Fachkreisen weitgehend Uneinigkeit. Entgegen verbreiteter Auffassung konnte bisher nicht nachgewiesen werden, dass es sich bei den als Hyperkinetisches Syndrom bezeichneten Symptomen um eine psychostrukturelle, eine biochemisch bedingte oder eine organische Erkrankung handelt. Vielmehr haben wir es bei der Störung offenbar lediglich mit einer Gruppe typischer Verhaltensweisen zu tun, die immer häufiger – und besonders bei Jungen – beobachtet werden und Eltern, Lehrer und die betroffenen Jungen selbst vor erhebliche Probleme stellen.

Nach meiner persönlichen Einschätzung brauchen diese Jungen und ihre Eltern unbedingt unser aller Hilfe – doch erfüllen Psychopharmaka diesen Zweck nur äußerst unzureichend. Im Zusammenhang mit dem Hyperkinetischen Syndrom verweisen Fachleute auf drei wesentliche Faktoren:

1 Die Anwendung starker Mittel wie Ritalin über einen längeren Zeitraum hat sich als riskant und wenig wirkungsvoll erwiesen.

2 Viel wichtiger ist es, den betreffenden Jungen (die 90 Prozent der Fälle ausmachen, während Mädchen relativ selten unter den entsprechenden Symptomen leiden) Entspannungs- und Konzentrationstechniken beizubringen.

3 Hyperaktive Kinder sind nicht gewalttätig, sondern lediglich ablenkbar und sehr sprunghaft in ihrem Verhalten. Kindliche Gewaltbereitschaft hat ihren Ursprung vielmehr oftmals in den häuslichen Verhältnissen der Herkunftsfamilie.

Wenn Ihr Kind an gewissen Symptomen des Hyperkinetischen Syndroms zu leiden scheint, sollten Sie zuerst alle anderen Erklärungen ausschließen. Denn die entsprechenden Erscheinungen können auch auf sexuellen Missbrauch zurückzuführen sein, auf Verunsicherung durch die Scheidung der Eltern, auf innerfamiliäre Gewalt, eine für den Jungen verwirrende Erziehung oder Schwierigkeiten in der Schule. Haben Sie diese Möglichkeiten (mit Hilfe des Arztes oder der Schule) ausgeschlossen, so dass als Diagnose nur das Hyperkinetische Syndrom bleibt, sollten Sie sich um die fachkundige Hilfe eines Psychologen, Kinderarztes oder eines Lehrers bemühen, der ihnen sagen kann, welche Strategien Sie anwenden können, um Ihrem Kind dabei zu helfen, sich zu entspannen beziehungsweise zu konzentrieren. Medikamente allein sind nicht ausreichend.

Vorübergehend verabreichte Medikamente können jedoch gewissermaßen eine »Auszeit« schaffen, die es Ihrem Kind gestattet, sich allmählich zu beruhigen und neue Verhaltensweisen zu erlernen. Nutzen Sie diese Zeit, um mit Ihrem Kind neue Strategien zu entwickeln und gegebenenfalls nach Hilfe Ausschau zu halten.

Verlassen Sie sich nicht darauf, dass Medikamente Ihnen die Auseinandersetzung mit dem Problem ersparen können. Wirken Sie vielmehr darauf hin, dass Ihr Kind langfristig gesehen ganz auf Medikamente verzichten kann. Etliche gute Bücher befassen sich speziell mit diesem Thema. (In der Allgemeinen Reihe des Beust Verlags ist der Titel *Das verwundete Selbst – Über die Ursachen psychischer Krankheiten* erschienen; der Autor, T. C. Colbert, befasst sich darin ausführlich mit der Frage, ob Psychopharmaka, insbesondere Ritalin, bei Kindern eine Lösung darstellen.)

# Danksagung

Als ich klein war, sprach meine Mutter sehr viel mit mir und erklärte mir Dinge. Wir unternahmen immer wieder ausgedehnte Stadtbummel (wobei ich in einem so genannten Sportwagen saß). Heute verdiene ich meinen Lebensunterhalt mit Büchern und liebe es, wenn mir der Wind durchs Haar weht. Das alles verdanke ich meiner Mutter.

Aber auch Papa verstand es, mit uns zu spielen – uns zu kitzeln und Ringkämpfe mit uns zu veranstalten. Und so hatten wir im feuchten, grünen Hügelland und an den windigen Stränden von Nord-Yorkshire einen guten Start.

Aber auch Australien ist gut zu mir gewesen – Freunde in der Schule, Lehrer, die um mich besorgt waren, und Menschen, die mir die Möglichkeit gaben, neue Dinge auszuprobieren. Und so habe ich (wie die meisten jungen Männer) zwar eine Menge schmerzlicher und verwirrender Zustände durchlebt, doch es gab stets jemanden, der freundlich zu mir war und die Dinge für mich wieder zurechtgerückt hat.

Und dann hatte ich das Glück, Shaaron zu begegnen. Ganz sicher wäre ich ohne sie ein wesentlich schlechterer Vater, Therapeut und Lehrer geworden. Danke, Sharoon für alles – besonders für unsere Kinder. Wie so oft sind Worte nicht ausreichend, meinen Dank auszudrücken.

Judi Taylor hat aus persönlichem Antrieb meine Seminare in Sydney organisiert, und gemeinsam haben wir Zehntausende von Menschen erreicht. Judi und ihr Mann Paul haben zu diesem Buch viel Hilfreiches beigetragen und mich mit Rat und Tat unterstützt. Zudem verdanke ich Paul die aufschlussreiche Geschichte über Joeys Fußballspiel.

Die *Playgroups Association* in Australien, *TREATS* in Hongkong, *Parent Network* in England, Joachim Beust in München, Marcella Reiter und *People making Books* in Melbourne sowie viele andere Gruppen an vielen Orten der Welt haben mir wundervolle Lesereisen und Seminare ermöglicht. Auf diese Weise konnten wir die für dieses Buch nötigen Ideen sammeln und immer wieder überprüfen.

Rex Finch ist ein warmherziger, prinzipientreuer und dynamischer Verleger und langjähriger Freund. Die Zusammenarbeit mit ihm führt immer wieder zu kreativen Lösungen, auf die wir allein niemals gekommen wären. Dr. Peter West, Peter Vogel, Peter Whitcombe, Paul Whyte und Dr. Rex Stoessiger haben mich alle großzügig an ihrem Fachwissen teilhaben lassen und sind Pfeiler in unserem gemeinsamen Kampf für eine Befreiung von Männern und Jungen, die diesen Namen verdient.

Wir alle lieben die Karikaturen von Paul Stanish. Dr. Jenny Harasty hat uns großzügig an ihrem Wissen über die Kommunikationsbedürfnisse von Jungen teilhaben lassen. Allison Souter hat uns mit höchst aufschlussreichem Material über Störungen der Geschlechtsidentität versorgt.

Lyn und John Sykes haben das Manuskript gelesen und zu dem Buch einige Geschichten beigetragen. Das Gleiche gilt für viele andere Leute, die sich in diesem Buch wieder finden werden, ohne hier genannt zu sein. Danke euch allen.

Steve Biddulph
Frühjahr 2000

# Urhebernachweis

Die Fotografien in diesem Buch illustrieren alltägliche Situationen aus dem Leben der Menschen in Vergangenheit und Gegenwart. Die auf diesen Fotos abgebildeten Personen stehen jedoch nicht im Zusammenhang mit den einzelnen Geschichten, Charakteren oder Situationen, die in diesem Buch dargestellt sind.

Die Fotografien im Buch stammen von: Paul und Judi Taylor, Narelle Sonter, Jim und Jenny Smith, Elia und Tony Wallace, Geoff und Chris Price, Glenda Downing, Chris und Tony Collins, Catherine James und Bruce Stephens, Ella und David Martin, Steve und Shaaron Biddulph, Glenys und Brian Atack, Steve und Henrietta Miller, Miles und Jane Felstead, Suzanne Jensen und Ral Lewis, Wendy Pettit und Currumbeena School, Robert und Sue Holloway, Davis Hancock und Tony James.

Der Autor bedankt sich für die freundliche Genehmigung zur Wiedergabe folgender Texte:
»What Fathers Do«, von Jack Kammer, wurde aus *Full-Time Dads*, Ausgabe Mai/Juni 1995, mit der Erlaubnis des Autors nachgedruckt. Beim Artikel »Mid School Crisis« von Jane Figgis, handelt es sich um einen Nachdruck mit der freundlichen Genehmigung des *Sydney Morning Herald.*

Mit einem guten Teil der Einnahmen aus seinen Büchern unterstützt Steve Biddulph Kinderhilfsprojekte auf der ganzen Welt, z.B. *TREATS* in Hongkong, *Aboriginal Teenage Health* (CAA) in Australien, *Queensland Men's Helpline, Playgroups Association Australia, Parent Network* in England, *Beijing Woman's Hotline* in China, und *AIDs prevention* in Südafrika.

# Anmerkungen

Hier finden sich Hinweise zum Haupttext und zusätzliche nützliche Informationen zu bestimmten Themen, die in den Kapiteln angesprochen werden. Jeder Hinweis nennt die Seite, auf der der entsprechende Abschnitt zu finden ist.

## Was es mit Jungen auf sich hat

***Seite 8: »Jungen stehen oft hilflos da ...« Dabei handelt es sich nicht um eine lediglich »vorübergehende Phase«.***
Zahlreiche Langzeitstudien belegen, dass man bereits bei sechsjährigen Jungen mit geradezu beängstigender Sicherheit voraussagen kann, ob sie später Straftaten begehen, mit Drogen zu tun bekommen oder betrunken Auto fahren werden. Zum Beispiel: Vom Verhalten sechsjähriger Jungen ist bereits abzulesen, ob sie als Jugendliche in Drogen- oder Alkoholabhängigkeit geraten werden, behaupten Forscher in den USA und in Kanada. Louise Musse von der University of Texas in Houston und Richard Tremblay von der Universität Montreal haben an über tausend Jungen, die zwischen ihrem sechsten und dem sechzehnten Lebensjahr beobachtet wurden, vorgenommene Verhaltensanalysen überprüft. Musse und Tremlay berichten, dass Jungen, die sich mit sechs Jahren auffallend hyperaktiv und furchtlos verhielten, etwa ab dem dreizehnten Lebensjahr überdurchschnittlich häufig Drogen und Alkohol konsumierten. Diese beiden Kriterien lassen in 75 Prozent der Fälle eine verlässliche Aussage über den künftigen Umgang eines Jungen mit Drogen oder Alkohol zu, so die Forscher. Musse und Tremblay setzen sich dafür ein, ihre Ergebnisse bei der vorbeugenden Drogen-«Erziehung« kleinerer Kinder zu berücksichtigen. Zitiert nach: *New Scientist*, 15. Februar 1997.

***Seite 8: »Schon in der dritten Klasse lesen die meisten [Jungen] keine Bücher mehr.«***
West, Peter, »Giving Boys a Ray of Hope – Masculinity and Education«, Diskussionspapier der Projektgruppe für die Gleichstellung der Geschlechter (Gender Equity Taskforce), Australien, Februar 1995.

***Seite 8: »... im Gymnasium drücken sie sich dann vor Diskussionsrunden ...«***
Ireland, Peter, »Nurturing Boys, Developing Skills«, in: *Boys in Schools*, hg. v. Rollo Browne und Richard Fletcher, Finch Publishing, Sydney 1995.

***Seite 8: »Sie stellen gegenüber allem und jedem eine gespielte Gleichgültigkeit zur Schau ...«***
Hudson, M. & Carr, L., »Ending Alienation«, in: *The Gen, Department of Education and Training newsletter on gender equity in schools,* Juni 1966. Dort heißt es: »Vielleicht sehnen sich gerade solche Jungen, die ständig in Schwierigkeiten stecken und denen anscheinend alles egal ist, am meisten nach Erfolgen ... [Die Lehrer] waren total verblüfft, als sie erfuhren, dass diese Schüler in der Schule unbedingt gute Leistungen erbringen wollten und dies sogar für sehr wichtig hielten. An einer High School befasste man sich näher mit jenen Schülern, die regelmäßig zum Nachsitzen antreten mussten, und stellte

dabei fest, dass es sich fast ausnahmlos um Jungen handelte, die unter Schreib- und Lesestörungen litten. Wir gelangten zu dem Ergebnis, dass Kinder in der Schule erfolgreich sein wollen – und zwar auch jene, die sich nach außen hin gleichgültig geben. Und diese Feststellung wurde [durch unsere Ergebnisse] immer wieder bestätigt.«

***Seite 8: »... Gefahr, dass [Jungen] eines frühen Todes sterben – vor allem durch Unfälle, Gewalt oder Selbstmord – dreimal so hoch wie bei ... Mädchen.«***
Fletcher, Richard, *Australian Men and Boys: A Picture of Health?* Department of Health Studies, Universität Newcastle, 1995. Richard Fletcher hat wie keiner sonst auf die erhebliche Bedrohung hingewiesen, unter der australische Männer und Jungen im Hinblick auf ihre Gesundheit leben. Er weist ausdrücklich darauf hin, dass dieses Problem nicht neu ist, wir uns jedoch daran gewöhnt haben, es als existent hinzunehmen. Trotzdem wird in unserem Land in erschreckendem Maße Gesundheits- und »Lebens«-Verschwendung betrieben.

## Die drei Stadien im Leben eines Jungen

***Seite 15: »... mit Milch versorgt ...«***
Beim Stillen werden Säuglinge mit Nährstoffen versorgt, die besonders die Entwicklung des Gehirns anregen. Diese Nährstoffe sind in der heute angebotenen Babynahrung nicht mehr enthalten. Kinder, die bis weit ins erste Lebensjahr hinein gestillt werden, sind später messbar intelligenter und verfügen über ein besseres Immunsystem. In Entwicklungsländern ist das Stillen oft die einzig sichere Form der Ernährung, doch gibt es etliche Produzenten von Babynahrung, die das Stillen mit der Flasche auf aggressive Weise durchzusetzen versuchen. Laut Community Aid Abroad ist diese Praxis ursächlich für den Tod von mehr als zwei Millionen Säuglingen jährlich.

***Seite 16: »... den Nachwuchs zu besänftigen!«***
Phillips, Angela, *The Trouble with Boys*, Pandora, London 1993.

***Seite 16: »Weibliche Babys verfügen über einen ausgeprägteren Tastsinn.“***
Der weibliche Tastsinn ist wesentlich weiter entwickelt als der männliche. Dieser Unterschied ist so groß, dass es zwischen den Geschlechtern nicht einmal zu Überschneidungen kommt, die »unsensibelste« Frau ist also noch immer deutlich »sensibler« als der »sensibelste« Mann.

***Seite 16: »Jungen wachsen schneller und werden rasch kräftiger ...«***
Bei der Geburt sind Jungen größer, schwerer und kräftiger (Kopfreaktion in Bauchlage/Greifreflex). Trotzdem sind Mädchen bei der Geburt weiter entwickelt: So schreiten etwa bei einem Mädchen in den ersten Lebensjahren die Knochenhärtung und die Myelinisierung (also die Entwicklung der Hülle, die die Nervenfasern umgibt) rascher voran. Auch erreichen Mädchen die Pubertät früher als Jungen.
Ein erwachsener Mann hat normalerweise einen Körperfettgehalt von zwölf Prozent, bei Frauen liegt der entsprechende Wert bei 29 Prozent. Die Muskeln eines solchen Mannes haben eine größere Dichte, und seine Knochen sind bedeutend stärker, weil sie ein größeres Gewicht tragen und höhere Belastungen aushalten müssen. Er ist zudem um 33 Prozent kräftiger als eine Frau.

***Seite 16:** »... leiden stärker unter Trennungen ...«*
Violato, C. & Russel, C., »Effects of Nonmaternal Care on Child Development«, zitiert nach Cook, Peter, *Early Childcare – Infants and Nations at Risk,* News Weekly Books, Melbourne 1997. Siehe auch: Rafael, Beverly, »Men and Mental Health«.

***Seite 16:** »... nehmen mehr Platz für sich in Anspruch.«*
Phillips, Angela, *The Trouble with Boys,* Pandora, London 1993. Diese Tatsache wird häufig so interpretiert, als ob Jungen den Raum »dominieren« oder sich darin »breit machen« wollen. Tatsächlich ist die Neigung, ständig in Bewegung zu sein und viel Lärm zu veranstalten, auf seiten der Jungen jedoch eher eine Angstreaktion. Dieses Verhalten wird zudem nur selten in Vorschulen (etwa Montessori-Schulen) beobachtet, in denen den Kindern im Klassenzimmer ein klar strukturiertes Umfeld und sehr konkrete Betätigungsmöglichkeiten angeboten werden, was Jungen besonders mögen.

***Seite 16:** »... während Mädchen einen (...) Neuling sogleich bemerken ...«*
Miedzian, Myriam, *Boys Will Be Boys – Breaking the link between masculinity and violence,* Virago, London 1992.

***Seite 17f:** »... dass (...) Bahnen in seinem Gehirn auf »Trauer« umschalten.«*
Die Psychologin Geraldine Dawson von der Universität Washington hat festgestellt, dass Kinder depressiver Mütter eine ungewöhnlich niedrige Hirnaktivität aufweisen. Gelang es der Mutter, ihren depressiven Zustand zu überwinden, und schenkte sie dem Baby wieder Zuwendung und Aufmerksamkeit, verbesserte sich auch die Situation des Kindes. Besserte sich der Zustand der Mutter, bevor ihr Säugling das erste Lebensjahr vollendet hatte, erholte sich das Kind sogar vollständig von den negativen Auswirkungen der mütterlichen Depression. Trat keiner dieser beiden Fälle ein, so schaltete das Gehirn des Kindes dauerhaft »auf Trauer«. Siehe: Nash, J. M., »Fertile Minds«, in: *Time-Magazine,* 3. Februar 1997.

***Seite 18:** »... infolge von Verlassenheitsgefühlen dazu neigen, sich emotional abkapseln.«*
Raphael, B. und Martinek, N., Department of Psychiatry, Universität Queensland, »Men and Mental Health«: Bericht an Carmen Lawrence' First National Men's Health Conference, 1996.
»Es spricht vieles dafür, dass männliche Kinder häufiger unter psychischen Störungen leiden als weibliche ... Auch lassen sich eindeutig geschlechtsspezifische Verhaltensanlagen nachweisen, die auf in früher Kindheit erzwungene Verhaltensstandards zurückzuführen sind. Der biologische Anteil an diesen Strukturen ist umstritten.« (S. 42)
»Bei kleineren Jungen überwiegen die psychischen Probleme gegenüber gleichaltrigen Mädchen etwa im Verhältnis 2:1. Vielleicht ist die Wechselwirkung zwischen elterlichen und familiären Faktoren und dem Temperament kleiner Jungen besonders prekär.« (S. 43)
»Ein Junge wird auch mit großer Wahrscheinlichkeit durch ein unvorteilhaftes schulisches Umfeld negativ beeinflusst.« (S. 43)

***Seite 19:** »... mit Leuten verbringen, mit denen sie sich besonders eng verbunden fühlen.«*
Cook, P., *Early Child Care – Infants and nations at risk,* News Weekly Books, Melbourne 1996. Der Psychiater Dr. Peter Cook hat Mutter-Kind-Beziehun-

gen von der Geburt an über viele Jahre hinweg beobachtet und gehörte zu den ersten Ärzten, die es Eltern gestatteten, bei ihrem kleinen Kind im Krankenhaus zu bleiben.
In der Zeit zwischen dem sechzehnten und etwa dem vierundzwanzigsten Lebensmonat sind kleine Jungen besonders verletzlich. So scheint zum Beispiel die radikale emotionale Trennung von einer zuvor überaus besorgten Mutter in dieser Phase die Entwicklung einer sozial gestörten Persönlichkeit erheblich zu begünstigen. Siehe auch: Brown, M., *Psychodiagnosis in brief*, Huron Valley Institute, Huron 1977.

***Seite 20:* »... möglichst viel Lärm zu veranstalten.«**
Gurian, Michael, *The Wonder of Boys*, Tarcher/Putnam, New York 1996. Gurians Buch vermittelt einen guten Überblick über die Entwicklungsphasen, die ein Junge durchläuft. Was die Erziehung von Jungen angeht, ist er heute in den US-Medien der Spezialist schlechthin. Er hebt die Bedeutung des Testosterons stärker hervor, als ich dies tun würde, und ist offenbar der Auffassung, dass dieses Hormon die Psyche eines Jungen mehr als alles andere beeinflusst. So bleibt – wenn man Gurian folgt – nicht viel Raum für individuelle Varianten oder Überschneidungen zwischen den Geschlechtern. Er spricht sich dafür aus, Jungen auch mal einen Klaps zu geben (und lässt dabei außer Acht, dass sie dadurch unvermeidlich nur noch gewalttätiger werden). Doch von diesen Vorbehalten einmal abgesehen, vertritt er viele anregende Ideen und bietet eine in vieler Hinsicht interessante Lektüre.

***Seite 21: The Courage to Raise Good Men***
Silverstein, Olga & Rashbaum, Beth, *The Courage to Raise Good Men*, Penguin, Melbourne 1994. Ein gutes Buch, das sich aber fast ausschließlich mit der Frage befasst, wie wichtig die emotionale Nähe der Mutter für ein Kind ist. Silverstein misst der Rolle des Vaters keine sonderlich große Bedeutung bei.

***Seite 22:* »... sich verschlossen und kaltherzig verhalten.«**
Es gibt mehrere Filme, die die Folgen einer solchen Sozialisierung des männlichen Kindes brillant darstellen, darunter *Was vom Tage übrig blieb* mit Anthony Hopkins und *The Browning Version* mit Albert Finney – die auch auf Video erhältlich sind.

***Seite 24:* »Entspannen Sie sich: Erfreuen Sie sich an Ihren Kindern.«**
Der australische Generalgouverneur Sir William Deane hat vor einer Gruppe von Eltern erklärt: »Es ist ... unverzichtbar, dass Schulen, Schüler und Eltern sich einen Sinn für Verhältnismäßigkeit bewahren und die Bedeutung sozialer Aktivitäten, politischer Bewusstseinsbildung, kultureller Belange, zwischenmenschlicher Kontakte und der puren Lebensfreude nicht unterschätzen.«

***Seite 28:* »Das Hyperkinetische Syndrom«**
Jureidini, J., »Debate: attention deficit disorder«, in: *Australian Doctor*, 11. Oktober 1996. Der Kinderarzt Dr. Jureidini bezweifelt ernsthaft den autonomen Krankheitsstatus des so genannten Hyperkinetischen Syndroms. Selbst Dr. Gordon Serfontein, der in Australien in der Behandlung dieses Symptomkomplexes bahnbrechende Arbeit geleistet hat, schreibt in seinem ersten Buch zu diesem Thema, dass Vaterlosigkeit erheblich zu den Problemen beiträgt, die durch dieses Syndrom verursacht werden. Er empfiehlt deshalb allen

Vätern dringend, regelmäßig mit ihren Kindern zu spielen und ihnen Selbstbeherrschung beizubringen.

***Seite 29: »... sein Testosteronspiegel steigt (...) um fast 800 Prozent an!«:***
Zum Zeitpunkt der Geburt erreicht der Testosteronspiegel sehr hohe Werte im Bereich 250 ng/dl. Zwischen dem fünften und zehnten Lebensjahr liegen diese Werte im Blut dann nur bei 30 ng. Mit fünfzehn Jahren erreichen sie 600 ng/dl, was dem Spiegel eines erwachsenen Mannes entspricht. Siehe Semple, Michael, »How to live forever«, in: *Esquire*, September 1993, S. 127. Dow, S., »Hormone new hope for flagging males« (*Age*, 19. Mai 1995, S. 11), berichtet ferner, dass u.a. der Testosteronspiegel die Häufigkeit der sexuellen Aktivitäten beeinflusst. Und Dabbs, J. M. hat in »Testosterone, crime and misbehaviour among male prison inmates« in: *Journal of Personality and Individual Differences* (1995, 18:5, S. 627-633), einen eindeutigen Zusammenhang zwischen der Höhe des Testosteronspiegels und Verhaltensproblemen im Gefängnis nachgewiesen.

***Seite 33: Mothers and Sons***
Smith, Babette, *Mothers and Sons,* Allen & Unwin, Sydney 1995, S. 20.

***Seite 44: »Wenn Jungen nicht wachsen wollen«***
(Studie über die Wirkung des menschlichen Wachstumshormons): Die Ergebnisse der von David Sandberg, einem Professor für Kinderpsychiatrie an der Universität des Staates New York in Buffalo, geleiteten Studie wurden in der Zeitschrift *Pediatrics* veröffentlicht. Hier zitiert nach dem *San Francisco Chronicle,* 11, 94, S. 832-839.

***Seite 46: »... es war geradezu tabu, darüber überhaupt nachdenken.«***
(Geschlechtsspezifische Unterschiede gibt es tatsächlich) Marsh, Colin, *Teaching Studies of Society and Environment,* Prentice Hall, Sydney 1992. In diesem, von zahlreichen Lehrern benutzten Lehrbuch räumt der Autor ein, dass »biologische Gegebenheiten wie das Geschlecht angeboren sind und dass es eindeutige Unterschiede zwischen Männern und Frauen gibt. Er verweist jedoch im selben Absatz darauf, dass es »nicht klug ist, biologische Imperative besonders zu betonen«. Mit anderen Worten: »Es gibt sie zwar, aber erzählen Sie das bloß nicht Ihren Kindern!« In diesem Buch findet man aber auch eine etwas geschmacklose Karikatur, die einen Schüler zeigt, der ein Mädchen in einer Kiste gefangen halten möchte, aus der sie sich jedoch in der Manier einer Superfrau zu befreien weiß.
Auch wenn man versteht, dass das in den Schulen und in der Lehrerausbildung verwendete Material zur Gleichstellung der Geschlechter wesentliche Unterschiede mehr oder weniger leugnet, um das früher gängige Mädchen- und Frauenklischee zu überwinden, muss man doch konstatieren, dass heute in den Schulen gegenüber Jungen nicht selten sexistische Vorurteile im Umlauf sind. Besonders gemein sind die teilweise systematischen Versuche, Jungen in der Schule beizubringen, dass mit ihrer Männlichkeit etwas nicht stimmt und dass es sich bei den Frauen um die prinzipiell überlegenen Menschen handelt. Freilich herrscht in der Gesellschaft in dieser Frage keine Übereinstimmung, und die Eltern sollten jedenfalls gefragt werden, ob sie die Teilnahme ihrer Kinder an den entsprechenden Programmen wünschen. Aber schlimmer noch: Programme, die den Jungen – wie subtil auch immer – Schuldgefühle einflößen,

könnten sogar dazu beitragen, deren psychische Probleme noch zu verschlimmern.
Wir leben in einer etwas hilflosen Übergangszeit, da in der Tat viel getan werden muss, um Mädchen zu fördern, obwohl auch Jungen aktiv diskriminiert werden. Manche von Gleichstellungsgruppen unterbreiteten Vorschläge – etwa gleiche Schuluniformen für Jungen und Mädchen – haben einiges für sich. So werden Jungen und Mädchen in der Grundschule beispielsweise unnötig voneinander getrennt und hören deshalb schon bald auf, gemeinsam zu spielen. Alles, was hilft, diese Verhältnisse zu verbessern, wäre nützlich; Kinder, die die gleiche Uniform tragen, gemeinsam Schlange stehen und so weiter, verhalten sich vermutlich »authentischer«, als wenn man sie in begrenzte Gruppen einteilt. Ein Beispiel wäre: Wenn alle Kinder Shorts tragen, dann könnten Mädchen an vielen Spielen genauso aktiv teilnehmen wie Jungen und so fort.

## Testosteron!

***Seite 49: »... weil ein Fötus im Anfangsstadium noch keine männlichen Merkmale aufweist.«***
Donovan, B. T., *Hormones and Human Behaviour, The scientific basis of psychiatry,* CUP, Cambridge 1985. Siehe auch: Fausto-Sterling, A., *Myths of Gender,* Basic Books, New York 1985.

***Seite 54f: »... beobachteten in einem Laboratorium einige Affen ...«***
Durchgeführt wurde diese Langzeitstudie, in der es darum ging, den Zusammenhang zwischen der Höhe des Testosteronspiegels und der hierarchischen Stellung innerhalb einer Gruppe von Affen zu erforschen, von Robert Rose vom Department of Psychiatry, Walter Reed Army Institute of Research, Washington. Zitiert nach Bahr, Robert, *The Virility Factor,* Longman, New York 1976.

***Seite 55: Söhne erziehen***
Elium, D. & Elium, J., *Söhne erziehen: Wie Väter und Mütter Jungen zu selbstbewussten Männern machen,* Knaur, München 1994.
In diesem bahnbrechenden, praxisnahen Buch vertreten die Eliums eine positive Auffassung von den Entwicklungsmöglichkeiten kleiner Jungen. Die Lektüre lohnt sich, auch wenn der Text im Stil vieler US-Erziehungsbücher ein wenig weitschweifig daherkommt. Das Werk ist etliche Jahre früher erschienen als Michael Gurians bekannteres Buch *The Wonder of Boys* und behandelt – wenn auch in humanistischerer Tradition – einen ähnlichen Themenschwerpunkt. Jeanne Elium ist selbst Mutter und verfügt über reichlich Erfahrungen mit Söhnen. Ihr Beitrag ist deshalb für das Buch eine große Bereicherung.

***Seite 58: »... haben kaum mit diesen geschlechtspezifischen Verhaltensdifferenzen zwischen Mädchen und Jungen zu kämpfen.«***
Auf den Umstand, dass Jungen in Montessori-Schulen sich besser betragen, hat zuerst Peter Vogel anlässlich des NSW Federation of P & C Association Forum im Februar 1997 hingewiesen. Peter ist besonders in der Jungenerziehung engagiert und Herausgeber des Magazins *Certified Male,* der Zeitschrift der australischen Männerbewegung.

***Seite 59: »... dass Jungen in einer Angst erregenden, gewalttätigen schulischen Umgebung mehr Testosteron ausschütten.«***

Das hat Dr. Rex Stoessiger in einem persönlichen Gespräch in Hobart (Mai 1997) berichtet.

*Seite 59: »... verkleinerten sich unser Unterkiefer und unsere Zähne im Laufe vieler Generationen immer mehr ...«*
Flannery, T., *The Future Eaters*, Reed, Melbourne. Dieses Buch bietet einen hervorragenden Überblick über die urgeschichtliche Entwicklung des Menschen, unseren Platz in unserer natürlichen Umwelt und darüber, welche Anpassungsvor- und -nachteile wir aus der Vergangenheit mitbringen. Im Mittelpunkt des Werkes stehen die Verhältnisse in Australien.

*Seite 64: »... in gewisser Hinsicht nicht wirklich wussten, was sie ihren Opfern antaten.«*
So Wyre, R., der 1996 als Experte vor der Woods Royal Commission in New South Wales auftrat. Raymond Wyre ist ein britischer Spezialist für die Behandlung von Sexualstraftätern. Die Woods Royal Commission wurde eingesetzt, um korrupte Praktiken der Polizei von New South Wales zu untersuchen und befasste sich dann auch mit pädophil motivierten Straftaten in diesem Bundesstaat. Auf diese Weise erfuhr die Öffentlichkeit, wie weit verbreitet derartige Praktiken in Schulen, Jugendeinrichtungen und in der Gesellschaft überhaupt sind.

*Seite 66: »... die (...) Fleckenhyäne ...«*
Stevens, Jane, »Hyenas«, in: *Technology Review I*, Februar 1995.

*Seite 67: »... Penis-mit-zwölf ...«*
Moir, A. und Jessel, D., *Brainsex*, Mandarin, London 1989.

*Seite 67: »... angeborene Nebennierenhyperplasie ...«*
Moir und Jessel, ebd. *Brain Sex* befasst sich mit den zerebralen Unterschieden zwischen Männern und Frauen. Das Buch gelangt zu etwas weit reichenden Schlussfolgerungen, da die Autoren sämtliche Belege anführen, die ihre These stützen, ohne das Material stets ausreichend kritisch zu bewerten. In diesem Punkt verhält sich *Brain Sex* beinahe spiegelbildlich zu Anne Fausto-Sterlings *Myth of Gender*, einem Buch, das mehr oder weniger den entgegengesetzten Standpunkt einnimmt. Fausto-Sterling sammelt alle möglichen Belege, um ihre Auffassung zu beweisen, dass es keine angeborenen biologischen Unterschiede zwischen den Geschlechtern gibt. (Sowohl Moir als auch Fausto-Sterling sind qualifizierte Biologen.)
Vines, Gail, *Raging Hormones – Do they controll our lives?*, Virago Press, London 1993. Vines argumentiert ähnlich wie Fausto-Sterling, freilich weniger extrem. Nachfolgend ein typisches Zitat, das ihre Position umreisst: »Nichts von alledem dient dazu, die Realität der Gehirnhormone zu leugnen oder die Tatsache, dass sie bei aggressivem Verhalten eine Rolle spielen. Der Punkt ist nur, dass es sinnlos ist, für aggressive Akte unabhängig von der lebenslangen kulturellen und sozialen Eingebundenheit des Einzelnen nach einer ausschließlich biologischen Erklärung zu suchen« (S. 81). Das Buch besticht durch Faktenreichtum und gründliche Recherchen, die auch andere als die von der Autorin gezogenen Schlüsse zulassen.
Die meisten in diesem Bereich tätigen Forscher vertreten die Auffassung, dass biologische Differenzen zwar existieren, jedoch variabel sind. Diese Unterschiede werden nämlich ihrerseits dadurch beeinflusst, wie wir auf sie reagieren. Da das menschliche Gehirn, besonders bei

kleinen Kindern, sehr flexibel ist, können wir seine Entwicklung so beeinflussen, dass beispielsweise Jungen eine wesentlich höhere Kommunikationsfähigkeit entwickeln und Mädchen in der Mathematik bessere Leistungen bringen. Das Entweder-Oder-Argument wird heute nicht mehr sehr ernst genommen. Vielmehr eröffnet das Wechselspiel zwischen biologischem Geschlecht und Umwelteinflüssen wesentlich interessantere Erklärungsperspektiven.
Doch die praktischen Schlussfolgerungen aus diesen Erkenntnissen finden in der angewandten Pädagogik bis heute nur selten ihren Niederschlag. So sind etwa die Verfahren, die bei einem Jungen die Freude am Lesen wecken können, andere als jene, die bei einem Mädchen dieselbe Wirkung erzielen. Besonders intensiv mit diesen Fragen befasst hat sich auch Dr. Judith Rapoport, die Leiterin der Kinderpsychiatrie am US National Institute of Mental Health. Auf die Frage: »Sind die Schwierigkeiten, mit denen heute so viele Jungen zu kämpfen haben, auf biologische oder auf soziale Faktoren zurückzuführen?« entgegnet sie: »Auf beides. Wir haben es hier mit einer komplexen Frage zu tun, weil sich in diesem Bereich etliche Dinge abspielen, die allesamt wahr sind.«
Ihre biologische Ausstattung ist ursächlich dafür, dass Jungen ruhelos und zappelig sind und nach Orientierung und »Führung« suchen. Unsere Gesellschaft gibt ihnen keine Möglichkeit, diese Bedürfnisse auszuleben und zwingt sie, entweder einsam zu sein oder sich einer Gruppe Gleichaltriger anzuschließen. Auch werden Jungen, die vielleicht nur eine schwierige Phase ihrer Pubertät durchmachen, nicht selten als »missraten« bezeichnet, bloß weil es heutzutage üblich geworden ist, jede männliche Lebensäußerung mit Misstrauen zu betrachten. »Wir müssen uns fragen, ob die Gesellschaft Männern inzwischen mit größerer Intoleranz begegnet und eher dazu neigt, sie in medizinischen Begriffen abzuurteilen«, ließ Rapoport gegenüber der *Los Angeles Times* verlauten. »Möglicherweise haben wir Aggressivität und andere typisch männliche Verhaltensweisen, die früher großenteils sogar bewundert wurden, derartig pathologisiert, dass Tom Sawyer heute als gestört gelten würde.« D'Antonio, M., »The Fragile Sex«, *Los Angeles Times*, 4. Dezember 1994, S. 16.

***Seite 68: »... Testosteronüberempfindlichkeit ...«***
Leo, John, »Sex: it's all in your brain«, *US News and World Report*, 27. Februar 1995, S. 22.

***Seite 68: »... in walisischen Chören ...«***
Kimura, D., »Are men's and women's brains really different?«, *Canadian Psychology*, 1987, 28.2, Seite 133ff.

***Seite 68f: »Rattenmütter lecken häufig die Geschlechtsorgane ihrer männlichen Jungen ...«***
Celia Moore und Mitarbeiter; zitiert nach Vines, G., *Raging Hormones*, ebd., S. 88f.

## Das weibliche und das männliche Gehirn

***Seite 72: »... das Gehirn des ungeborenen Kindes weist geschlechtsspezifische Merkmale auf.«***
Kimura, ebd. »Es ist vermutlich richtig, dass die Hormone das Gehirn bereits früh im Leben organisieren, und ebenso richtig ist, dass wir bei erwachsenen Männern und Frauen typische Struktu-

ren der Gehirnorganisation unterscheiden können.« Kimura fügt an, dass die Hormone die Leistungsfähigkeit unseres Gehirns zeitlebens beeinflussen und dass unsere Geschicklichkeit und Intelligenz ebenfalls auf die Organisation unseres Gehirns einwirken. Das Geschlecht ist also nicht allein ausschlaggebend, obwohl ihm eine erhebliche Bedeutung zukommt.

***Seite 72f: »Das* Corpus callosum *eines Jungen ist jedoch (...) kleiner ...«***
Die Neuroanatomin Laura Allen von der Universität Kalifornien (UCLA) hat Gehirne von Männern, Frauen und Kindern seziert und dabei festgestellt, dass das *Corpus callosum* bei Frauen wesentlich entwickelter ist. Dieses Organ vermittelt den Informationsaustausch zwischen der »logischen« und der »intuitiven« Hälfte unseres Gehirns. Vielleicht erklärt dies auch, weshalb Frauen sich besser ausdrücken können, besonders was die Mitteilung subtiler emotionaler Regungen anbelangt, beziehungsweise wie sie im Supermarkt die nötigen Einkäufe komplett erledigen können, während sie auf ein Kleinkind aufpassen und sich gleichzeitig mit einer Freundin unterhalten.

Männer hingegen benutzen vor allem eine ihrer Hirnhälften und sind deshalb besonders für Aufgaben geeignet, die logisches Denken und hohe Konzentration verlangen. Gegenüber der *Los Angeles Times* hat Laura Allen geäußert: »Wir waren früher der Meinung, dass Männer und Frauen Informationen auf die gleiche Weise verarbeiten. Doch inzwischen wissen wir, dass dies nicht richtig ist. Das ganze Gehirn eines Mannes unterscheidet sich – wenn auch nur in Nuancen – von demjenigen einer Frau.«

***Seite 73: »... während dies bei Jungen nur in einem Teil einer der beiden Hälften der Fall ist.«***
Bennett, A., Shaywitz, Sally E., »Sex Differences in the Functional Organization of the Brain for Language«, *Nature*, 373, 1995, S. 607ff. Diese Studie markiert einen Wendepunkt. Es handelt sich dabei um die erste nennenswerte Kooperation zwischen unterschiedlichen wissenschaftlichen Disziplinen – von der Radiologie über die Physik und Kinderheilkunde bis hin zur Neurologie. Um Unterschiede in der Hirnstruktur zu entdecken, verwendete man dabei die Magnetresonanztomographie (MRI), die konkrete Denkvorgänge im Gehirn sichtbar machen kann. Das MRI-Verfahren ist neu, äußerst kostspielig und für die Versuchspersonen nicht ohne Risiko und war deswegen vor seiner Verwendung in dieser Studie kaum je eingesetzt worden. Ich möchte deshalb die Zusammenfassung des Forschungsergebnisses hier ganz zitieren: »Die Frage, ob zwischen den Geschlechtern im Hinblick auf sprachliche Belange Unterschiede in der funktionalen Organisation des Gehirns zu verzeichnen sind, hat bereits erhebliche Kontroversen ausgelöst. Einer nicht mehr ganz neuen, unbestätigten Hypothese zufolge sind die Sprachfunktionen beim Mann hauptsächlich in einer Gehirnhälfte angelegt, bei der Frau hingegen auf beide Hemisphären verteilt. Wir haben daher eine funktionale Magnetresonanztomographie (fmri) verwendet, um 38 rechtshändige Versuchspersonen (19 Männer und 19 Frauen) während der Lösung orthografischer (Buchstabenerkennungs-), phonologischer (Reim-) und semantischer (Kategorisierungs-) Aufgaben zu beobachten. Dabei haben wir während der phonologischen Aufga-

benstellung je nach Geschlecht unterschiedliche Aktivierungsmuster festgestellt: Beim Mann findet die Hirnaktivierung im Bereich der linken unteren, vorderen Gehirnwindung (also des inferioren, frontalen Gyrus, IFG) statt, wohingegen bei der Frau das Aktivierungsmuster völlig anders ausfällt und breiter gestreute neurale Systeme, einschließlich der linken und der rechten ifg-Regionen einbezieht. Dieses Datenmaterial ist der erste klare Beleg für die Existenz einer je nach Geschlecht differierenden funktionalen Organisation des Gehirns im Hinblick auf sprachliche Belange und deutet darauf hin, dass solche Unterschiede wenigstens auf der Ebene der phonologischen Informationsverarbeitung zu verzeichnen sind.«

*Seite 74: »... verhindern möchten, dass Ihr Kind unter Lern- und Sprachproblemen leidet ...«*
Harasty, J., Double, K., Halliday, G. M., Kril, J. J. und McRitchie, D. A., »Language Associated Cortical Regions are Proportionally Larger in the Female Brain«, *Archives of Neurology,* Oktober 1996.
»Unsere Ergebnisse deuten darauf hin, dass Frauen im Vergleich zu Männern über proportional größere sprachbezogene Wernicke- und Broca-Regionen verfügen. Diese anatomischen Unterschiede gehen womöglich mit jenen größeren sprachlichen Fähigkeiten einher, die man schon früher bei Frauen nachgewiesen hat.«

*Seite 82: »... Feinmotorik ...«*
Vann, A. S., »Let's not push our kindergarten kids«, Bd. 57, Education Digest, 9/1/91, S. 43 (mit freundlicher Genehmigung der Electric Library). Siehe auch: Cratty, B. J., *Perceptual Motor Development in Infants and Children,* Prentice Hall, New Jersey, 1986 (612.65/Crat.).
»Geschlechtsbedingte Unterschiede in der motorischen Entwicklung sind bereits im Vorschulalter festzustellen. Die Jungen sind den Mädchen in Bereichen, in denen Kraft und Energie gefordert sind, ein wenig überlegen. Mädchen hingegen haben einen Vorsprung im Umgang mit Schreib- und Malutensilien und in manchen grobmotorischen Bereichen, in denen das Halten der Balance mit Fußbewegungen kombiniert ist, etwa beim Hüpfen und Springen. Auch sind Mädchen den Jungen in ihrer gesamten körperlichen Entwicklung voraus, was auch ihren höherentwickelten Gleichgewichtssinn und ihre präzisere Feinmotorik erklären mag. Erst in den mittleren bis späten Teenager-Jahren ziehen die Jungen dann mit den Mädchen gleich. In diesem Alter legen Jungen an Schnelligkeit, Kraft und körperlichem Durchhaltevermögen so stark zu, dass selbst der Durchschnittsjunge die meisten Mädchen in diesen Belangen übertrifft.«
Hellinck, Walter-Grietens, Hans et al., »Competence and behavorial Problems in 6- to 12-year-old children in Flanders (Belgium) and ...«, Bd. 2, *Journal of Emotional & Behavioural Disorders,* 07-01-1994, S. 130.
»Das durchschnittliche Mädchen ist bis zur Pubertät in allen Lebensaltern etwas kleiner als der durchschnittliche Junge. Kurz nach Vollendung des elften Lebensjahres überholt es dann den gleichaltrigen Jungen, weil bei einem Mädchen die Pubertät zwei Jahre früher einsetzt als bei einem Jungen. Im Alter von vierzehn Jahren übertrifft dann der Junge, dessen pubertätsbedingter Wachstumsschub nun einsetzt, das Mädchen, dessen Wachstum jetzt beinahe beendet ist, wieder an Körpergröße. Überdies wiegen Mädchen bei der

Geburt etwas weniger als Jungen, ziehen diesbezüglich im Alter von acht Jahren mit ihm gleich, übertreffen ihn mit neun oder zehn Jahren an Gewicht und halten diesen Vorsprung bis zum Alter von 14,5 Jahren.

Mädchen erzielten auch in sämtlichen Kompetenzkategorien und -unterkategorien, in denen überhaupt eine Geschlechterdifferenz nachweisbar war, beträchtlich höhere Werte, auch hinsichtlich ihrer Gesamtkompetenz. Unterschiede zwischen den Geschlechtern im Hinblick auf solche Kompetenzen sind möglicherweise eine Folge von Entwicklungsdifferenzen zwischen Mädchen und Jungen, besonders was die Aneignung jener kognitiven und sozialen Fähigkeiten betrifft, die für die schulische Leistung ausschlaggebend sind (Berk, 1989, Kogan 1983; Minuchin & Shapiro, 1983). Man könnte vielleicht annehmen, dass an Jungen (etwa in der Schule) höhere Leistungsanforderungen gestellt werden als an Mädchen und dass Eltern und Lehrer sich bei Mädchen mit bestimmten Leistungen eher zufrieden geben. Doch wurden die Mädchen in allen außersportlichen Aktivitäten höher bewertet.
Hinsichtlich gewisser Standardentwicklungsphasen – zum Beispiel der Fähigkeit, Dinge zu greifen, aufrecht zu sitzen oder zu gehen – waren zwischen den Geschlechtern keine Unterschiede festzustellen. Auch in puncto Wortschatz, Satzlängen und grammatischer Komplexität gab es bei fünf- bis sechsjährigen Kindern keine geschlechtsspezifischen Differenzen, obwohl Mädchen früher zu sprechen beginnen und Jungen wesentlich häufiger Sprachprobleme haben. Zudem sind Jungen in dem von Schulen angebotenen zusätzlichen Leseunterricht viermal so häufig vertreten wie Mädchen. Männliche Föten sind – statistisch – öfter von Fehlgeburten betroffen, sie leiden häufiger unter Erbkrankheiten und den Folgen von Sauerstoffmangel bei der Geburt. Männliche Kinder sind überdies empfindlicher (...) Weibliche Föten scheinen aber auch im Hinblick auf sämtliche Entwicklungsaspekte, die von dem Gen auf dem X-Chromosom tangiert werden, einen besonderen genetischen Schutz zu genießen.« Publiziert am 29. Januar 1996, Deseret News Publishing Co. *Lecture 7:* »Sex or gender?«

***Seite 86: Weitere Geheimnisse glücklicher Kinder***
Biddulph, Steve, Beust Verlag, München 1998.

## Was Väter tun können

***Seite 89: »So verbringen die englischen Väter zum Beispiel heute viermal so viel Zeit mit ihren Kindern ...«***
Adrienne Burgess, *Fatherhood Reclaimed,* Vermillion, London 1997.

***Seite 95: »Wer mit einem Jungen gut auskommen will, muss das Ringen lernen.«***
Paul Whyte, Sydney Men's Network, auf dem »Boys in Education«-Seminar, Hobart 1994.

***Seite 97: Wie die Liebe bleibt***
Biddulph, Shaaron und Steve, *Wie die Liebe bleibt,* Beust Verlag, München 1999.

***Seite 98: »Was Väter bewirken«***
Copyright © 1992 by Jack Kammer. Jack Kammer ist außerdem der Verfasser von *Good Will Toward Men* , St Martin's Press, New York, 1995

***Seite 110: »Die wissenschaftlichen Beweise für die Bedeutung des Vaters sind überwältigend.«***

Blankenhorn, D., *Fatherless America,* Basic Books, New York 1995. Blankenburgs Buch wartet mit seriös recherchierten Statistiken auf und trägt überzeugende Argumente vor, besonders für die USA, wo 40 Prozent der Kinder ohne Vater aufwachsen. Schwache Schulleistungen, Teenager-Schwangerschaften, Jugendkriminalität, Lernstörungen und unqualifizierte Schulabschlüsse sowie häusliche Gewalt und der sexuelle Missbrauch von Kindern – dies alles erreicht in Familien, in denen der leibliche Vater nicht anwesend ist, besonders hohe Werte. Die Schlussfolgerungen des Autors sind freilich weniger überzeugend. So behauptet er etwa, dass wir Väter »veranlassen« müssen, mehr Verantwortung zu übernehmen. Denn er versteht nicht wirklich, dass Männer gute Väter sein möchten.

Kinder brauchen im Idealfall einen Mann und eine Frau, die sich in Liebe mit ihnen verbunden fühlen. Auch allein erziehende Mütter oder lesbische Paare können Kinder gut erziehen, aber wann immer ich mit allein erziehenden Müttern oder lesbischen Eltern spreche, höre ich, dass die Betreffenden sich sehr deutlich der Notwendigkeit gleichgeschlechtlicher Rollenvorbilder für ihre Söhne bewusst sind. Die meisten von ihnen unternehmen aktive Schritte, um solche Bedingungen herbeizuführen, und zwar unter erheblichen Schwierigkeiten. Ein konkreter, im Alltag präsenter Vater ist eindeutig die beste Lösung, sofern es sich dabei um einen halbwegs vernünftigen, ungefährlichen und fürsorglichen Mann handelt.

## Mütter und Söhne

***Seite 123: »Hoden sind hochempfindlich ...«***

Ich möchte mich bei Dr. Nick Cooling von der Universität Tasmanien bedanken, der diese Auffassung aus medizinischer Sicht bestätigt hat.

***Seite 132: »Wenn ein neuer Partner in Ihr Leben tritt«***

*The Wonder of Boys,* Michael Gurian, Tarcher/Putnam, New York 1996.

***Seite 139: »Selbstachtung«***

Seligman, M., *Learned Optimism,* Random House, Sydney 1992, S. 84.

## Eine gesunde Sexualität entwickeln

***Seite 152: »Jungen, die Mädchen sein möchten«***

Soutter, Allison, »A longitudinal study of three cases of gender identity disorder of childhood successfully resolved in the school setting«, in: *School Psychology International,* Bd. 17, 1996, S. 49-57.

***Seite 153: »... eine(r) kindliche(n) Gesellschaft ...«***

Bly, Robert, *Die kindliche Gesellschaft,* Kindler, München 1997.

***Seite 162: »... hat der Anthropologe James Prescott eine umfangreiche Studie über Kindererziehung und Gewalt ... angestellt.«***

Prescott, J. W., »Body pleasure and the origins of violence«, in: *The Futurist,* Bethesda, MD.

***Seite 163: »Der ... berühmte schottische Komödiant Billy Connolly ...«***

Connolly, Billy, *World Tour of Australia,* BBC Books, London 1996.

***Seite 165: The Joy of Sex***

Comfort, Alex, *The Joy of Sex,* Quartet Press, London 1974.

***Seite 168: »... viele der Jugendlichen, die Selbstmord begehen ...«***

In ihrem Beitrag »Being gay ist a big factor in youth suicides« (*Sydney Morning Herald*, 26. Februar 1997) verweist Debra Jopson auf die umfangreichen Studien, die Dr. Gary Remafedi von der Universität Minnesota durchgeführt hat. Laut Remafedi haben 30 Prozent der von ihm befragten jugendlichen Homosexuellen erklärt, dass sie bereits einen Selbstmordversuch unternommen hätten. Besondere Risikofaktoren waren ein zu frühes Bekanntwerden ihrer sexuellen Orientierung, Drogenmissbrauch und die Neigung, sich in einer Art und Weise zu verhalten, die gemeinhin als weiblich gilt.

## Eine Revolution in der Schule

***Seite 173f: »... wichtig, dass an unseren Grundschulen immer mehr männliche Lehrkräfte eingesetzt werden.«***
Die Personalpolitik der heutigen Schulen ist in der Tat nicht unproblematisch. Viele Direktoren – besonders an Grundschulen – sind sich dieses Mangels bewusst und bemühen sich, geeignete männliche Lehrkräfte zu bekommen. Zahlreiche Lehrer haben mir berichtet, dass auch die pädagogische Ausbildung nur unzureichend ist, da an den Universitäten die Schulpraxis kaum eine Rolle spielt. Wenn sie dann vor der Klasse stehen, sind sie durch die Verhältnisse dort derart überfordert, dass sie glauben, sich nur mehr mit autoritärem Auftreten durchsetzen zu können. Diese Situation wird auch dadurch nicht gerade verbessert, dass es in den heutigen Schulen immer mehr unzureichend »bevaterte« Jungen gibt, die weder Selbstbeherrschung noch innere Ruhe kennen, so dass der Lehrer den ganzen Tag nur damit beschäftigt ist, den »Haufen« irgendwie unter Kontrolle zu halten. Setzt sich der derzeitige Trend fort, werden im Jahr 2000 95 Prozent aller australischen Lehrkräfte Frauen sein. Deshalb müssen wir dringend dafür sorgen, dass mehr Männer den Lehrerberuf ergreifen. Zwei Maßnahmen könnten hier vielleicht helfen: erstens eine bessere Bezahlung, zweitens eine bessere Ausbildung (inklusive einer beschleunigten Ausbildung für reifere Jahrgänge, damit auch Männer über dreißig, die bisher in anderen Berufen tätig gewesen sind, sich vielleicht mit der Idee anfreunden können, den Lehrberuf zu ergreifen).

***Seite 162: »Ein guter männlicher Lehrer hat die Dinge unter Kontrolle, ohne durch auftrumpfendes Verhalten ...«***
Die Neigung männlicher Lehrer, durch Jungen, von denen sie sich bedroht fühlen, ihren Hormonhaushalt aus dem Gleichgewicht bringen zu lassen, hat eine interessante Parallele im Verhalten der Primaten. »Pubertierende männliche Schimpansen auf dem Forschungsgelände unterziehen neue Mitarbeiter einem Test, das heißt, sie bespucken sie mit Wasser, schlagen wie wild auf die Käfige ein und veranstalten allerlei Mätzchen. Deborah Fouts berichtet, dass Frauen diese Initiation dreimal häufiger erfolgreich überstehen als Männer, weil Frauen diesen Unsinn einfach ignorieren. Männer hingegen reagieren oft ungeduldig, gehen wütend auf solche Provokationen ein und bringen die Schimpansen dadurch nur noch um so mehr in Rage.« Siehe: Vines, *Raging Hormones*, ebd.

***Seite 175f: »Neuere Studien belegen, dass Jungen ... in Wahrheit sehr gerne erfolgreich ... wären ...«***
Hudson und Carr, ebd.

***Seite 178: Boys in School:***
Ireland, Peter, *Boys in Schools*, Fletcher und Browne, Finch Publishing, Sydney 1995.

***Seite 179: »... das Gehirn eines Jungen ...«***
Dunaiff-Hattis, J., »Doubling the Brain: on the evolution of brain lateralization and its implications for language«; zitiert nach *Grolier's Encyclopedia.*

***Seite 191: »Was Eltern tun können«***
Train, Alan, *Ablachen, Fertigmachen, Draufstiefeln,* Beust Verlag, München 1998.

***Seite 194: »... erweitert ... automatisch dessen Selbstbild ...«***
Stoessiger, R., »Boys and Literacy – an equity issue«. Siehe »Manhood Online Website: http:// www.manhood.com.au

***Seite 202: »... Ann King, die Direktorin der Schule ...«***
»Mid-school Crisis«, in: *Sydney Morning Herald,* 17. Februar 1997, S. 12.

***Seite 203: »Lesen Sie nur einmal die folgende Auskunft eines Jungen ...«***
»What is it like to be autistic?«, White Darren, *Autism Spectrum Disorder,* Autistic Association of NSW, Sydney 1992.

## Jungen und Sport

***S. 217: »... dass seine Eltern es vor ›Sportmissbrauch‹ schützen ...«***
Messner, Michael, *Power at Play: Sports and the problem of masculinity,* Beacon Press, Boston 1992.

***Seite 219: »... Richard Fletcher ....«***
Vortrag vor der »Men's Health and Wellbeing Accociation (NSW), November 1996, Sydney.

***Seite 219: »... müssen alljährlich 2000 Kinder wegen Sportverletzungen ... behandelt werden.«***
*Sydney Morning Herald*: 75 Prozent aller Sportunfälle in Australien gehen auf das Konto von Mannschaftssportarten. Am häufigsten waren solche Verletzungen in der Rugby League und in der Rugby Union. An zweiter Stelle folgten danach der Australische Fußball, Gras-Skilaufen, Boxen, Eishockey, Fallschirmspringen, Skateboard-Fahren und das Skilaufen. Zur drittgefährlichsten Kategorie gehörten Hockey und Radfahren. An vierter Stelle der Aufzählung folgten schließlich Basketball, Gymnastik, Netzball, Fußball und Squash.
Die Footballer erlitten 54 Prozent sämtlicher Knie- und 52 Prozent aller Knöchelverletzungen. Überhaupt waren Knöchelverletzungen die häufigste Sportverletzung. Sie machten 14 Prozent sämtlicher Unfälle aus, verursachten jedoch nur sechs Prozent aller Unfallkosten. Knieverletzungen waren dagegen zwar etwas seltener zu verzeichnen, aber dafür teurer, da einer von fünf solchen Unfällen einer chirurgischen Behandlung bedurfte. Derartige Unfälle machten zwölf Prozent aller Verletzungen aus, verursachten jedoch 25 Prozent der Gesamtkosten.

## Anhang: Hyperkinetisches Syndrom

***Seite 232: »Im Zusammenhang mit dem Hyperkinetischen Syndrom verweisen Fachleute auf drei wesentliche Faktoren ...«***
Bericht vor dem National Health and Medical Research Council, November 1996; zitiert in: Smith, Deborah, »Pay Attention«, *Sydney Morning Herald,* 13. November 1996, S. A15.

***Seite 233: »Verlassen Sie sich nicht darauf, dass Medikamente ...«***
Ein gutes Buch zu diesem Thema ist zudem die im Beust Verlag erschienene Veröffentlichung *Clevere Kids fallen nicht vom Himmel* der australischen Autorinnen Jean Robb und Hilary Letts.

# Register

## Das Geheimnis glücklicher Kinder

Der Geniestreich von Steve Biddulph wurde in 15 Sprachen übersetzt und findet immer mehr begeisterte Leser von China bis Südafrika, von England bis Israel. Den »wahrscheinlich meistverkauften Elternratgeber der Welt« würde der Deutsche Kinderschutzbund am liebsten zur Pflichtlektüre aller neuen Eltern machen.

Süddeutscher Rundfunk:
»Der beste Erziehungs-Ratgeber seit langem. Ein wunderbares Buch für „Praktiker", dem es gelingt, mit „Aha"-Erlebnissen bei der Lektüre wirklich weiterzuhelfen.«

199 S., 77 farbige Ill., DM 26,80, sFr 25,-, öS 196-, ISBN 3-89530-000-4

## Weitere Geheimnisse glücklicher Kinder

Steve Biddulphs Folgeband zu *Das Geheimnis glücklicher Kinder* ergänzt diesen Titel und gibt Antwort auf zwei der drängendsten Fragen heutiger Erziehung:
Wie können Eltern lernen, Disziplin und Gehorsam von ihren Kindern zu fordern, ohne auf physische Gewalt oder Einschüchterungen zurückzugreifen?
Wie können Eltern ermuntert werden, ihre Kinder selbst zu erziehen und die Aufgabe nicht anderen Personen zu überlassen?

208 S., 50 farbige Illustrationen, DM 26,80, sFr 25,-, öS 196,-, ISBN 3-89530-020-9

## Männer auf der Suche

Dieses Buch von Steve Biddulph beruht auf einer anschaulichen These: Die Industrielle Revolution hat die Männer ihrer Väter beraubt, mit dramatischen Folgen für das männliche Seelenleben, die innere Reifung und Führungsqualitäten. Anders als über Jahrtausende zuvor wachsen Jungen seit sieben Generationen ohne Mentoren, Initiationsriten und väterliche Führung auf – weil Männer aus Sozialleben und Erziehung weitgehend ausgeschieden sind.

NDR 2, Magazin Buchtip: »... so spannend zu lesen wie ein Roman ...«

288 S., 12 s/w Fotos geb., DM 36,-, sFr 33,-, öS 263,-, ISBN 3-89530-023-3

## Wie die Liebe bleibt

Dies ist eine Anregung für alle Paare, wie die Liebe in einer dauerhaften Partnerschaft lebendig erhalten werden kann. Besonders für Paare mit Kindern ist dies nicht immer einfach, da häufig partnerschafts-fördernde Bedürfnisse hinten angestellt werden.

In einem inspirierenden, von viel Gespür und Humor getragenen Stil, weisen Shaaron und Steve Biddulph den Weg zu eigenen wichtigen Erfahrungen und Erkenntnissen in Sachen Partnerschaft.

224 S., gebunden, 16 Cartoons, 21 s/w Fotos, DM 36,-, sFr 33,-, öS 263,00,
ISBN 3-89530-025-X

**Das Väterhandbuch**

Ein lange überfälliges Handbuch, das den gesamten Prozess begleitet und wertvolle Informationen über Empfängnis, das »Nestbauen«, die drei Phasen der Schwangerschaft, das frühe Aufnehmen der Verbindung zum Kind, die Arzt- und Hebammenwahl, die Geburtsvorbereitung, Krankenhäuser und die Geburt selbst enthält: speziell für den werdenden Vater.

Steve Biddulph: »Wunderbar zu lesen, gut geschrieben, voller nützlicher Informationen. Ich kenne kein anderes Buch, das werdenden Vätern besser zur Seite steht, als das Väterhandbuch.«

ca. 160 S., 20 Fotos, DM 19,80, sFr 19,-, öS 145,-, ISBN 3-89530-037-3, Ausl. Juli 2000

**Computer machen Kinder schlau**

Die Kinder von heute erfahren den Computer als Teil ihrer Umwelt. Der Einfluß von Spiel- und Lernsoftware auf die kognitiven und emotionalen Prozesse von Kindern ist indes noch weitgehend unerforscht. Wolfgang Bergmann hat in seiner Praxis Erfahrungen gesammelt und kommt zu überraschend positiven Ergebnissen.

Der Autor beurteilt die neueste Software der wichtigsten Hersteller und macht zugleich Angaben, welche Software bei welchen Störungen – z.B. Legasthenie oder Hyperaktivität – therapieergänzend einsetzbar ist.

200 S., 38 farb. Ill., DM 26,80, sFr 25,-, öS 196,-, ISBN 3-89530-036-5, Ausl. Mai 2000